U0955352

PPP实战系列丛书

PPP模式与综合管廊

孙　洁◎主编

PPP
MODEL

PPP MODEL AND
INTEGRATED CORRIDOR

经济日报出版社

总序

PPP 模式的六大正面效应

PPP 是英文 Public-Private-Partnership 的缩写，过去直译为“公私合作伙伴关系”，其机制创新在近年于国内引起前所未有的高度重视，有关管理部门已将 PPP 意译为“政府与社会资本合作”，成为文件中的规范用语。

关于 PPP 的基本概念和定义表述，学者还有见仁见智的争鸣，但基本共识已比较清楚，它所指的是在基础设施、公共工程与公共服务领域由政府与非政府主体合作共赢式的供给机制。具体的运作形式，包括 BOT（建设—运营—移交）、TOT（移交—运营—移交）、ROT（重整—运营—移交）、BOO（建设—拥有—运营），等等。虽然 PPP 的雏形可以上溯到几百年前欧洲就已出现的政府授予公路养护者的“特许经营权”，但其在经济和社会生活实践中的大发展及其概念的明确化与大流行，还是20世纪后半期随着新公共管理运行的兴起，在发达经济体与新兴经济体的进一步创新发展中出现的。把原来已习惯地认为应由政府负责和兴办的架桥修路等公共工程以及医院、学校、航空港、垃圾和污水处理场等公共服务设施，改为与市场机制对接、吸引政府之外的企业和社会资本同政府在平等合作关系框架下一起办，其创新的特点显而易见。

从表征看，PPP首先形成了投融资机制的创新，可以将大量非政府的民间资金、社会资本引入公共工程与服务领域，但其实它又决不仅仅限于投融资模式层面的创新，它还以风险共担、利益共享、绩效升级方面的鲜明性质形成了管理模式的创新，并天然对接混合所有制改革和法治化制度建设，具有国家和社会治理模式创新层面的重要意义。所以，应当恰如其分地和全面地理解与评价PPP这一制度供给的伟大创新：它是从投融资模式，到管理模式，再到治理模式贯通的新型制度供给，特别是对于在新历史起点上面对全面建成小康和现代化的"中国梦"目标，力行全面深化改革和全面依法治国的当代中国，PPP更具有不容忽视的重大现实意义，它至少将产生如下六大方面的正面效应：

第一，缓解面对城镇化、老龄化历史进程的财政支出压力，使政府更好地发挥作用。

对于正在走向"伟大民族复兴"的中国，PPP的正面效应首先体现为：从政府主体角度看，减少财政支出的压力，提高财政资金总体使用绩效和政府履职能力。中国正处于快速发展的城镇化和迅速到来的人口老龄化过程中，未来几十年内将有约4亿农村居民要转入城镇定居，并将新增近2亿60岁以上人口的老龄医疗与生活服务供给需要，静态算账至少需60万亿元以上的公共工程投入，若作动态测算，这方面的投入将更是大得难以想象。政府再沿用"单打独斗"式思路去应对相关的城镇化、老龄化挑战，注定是没有出路的，但如能有效地调动业已雄厚起来的民间资金、社会资本，以与政府合作方式形成共同供给机制，将有效缓解上述财政支出压力。

第二，在公共服务供给中形成"1+1+1 ＞ 3"的机制，使进入中等收入阶段的社会公众可持续地受益受惠。

政府履职尽责和实现现代化战略目标，最终是“为人民服务”，使社会公众得实惠，并使这样的受益受惠可持续。从我国社会公众主体角度来看，在公共服务水平逐渐提升而确有受益的过程中，相关的问题亦不可回避、不能忽视：过去政府提供服务中存在的工程超概算、施工期拖长、质量出毛病、运行管理中服务不热情和不周到等弊病，已与进入“中等收入阶段”后公众要求更美好生活的“公共服务升级”诉求形成了明显的反差，影响到社会生活的和谐和群众的“幸福感”。恰是PPP的机制创新带来了一种使政府、企业、专业机构于合作中形成“1+1+1 ＞ 3”的公共服务绩效升级效应，因为这一合作机制，是将政府的规划与政策相对优势、企业的运行管理相对优势和专门机构的特定专业领域相对优势结合在一起，形成风险防范与处理能力的最优组合，来针对性地防控与化解项目中的相关风险。这就可望有效地克服过去司空见惯的那些弊端，可持续地使社会公众受益，从而提升公众的满意度、幸福感。这一点在实践案例中已有极好的体现，并将助益于跨越“中等收入陷阱”的全局性战略诉求的实现。

第三，为一大批作为市场主体的企业打开进一步生存、发展的空间，使现代市场体系更为健全和成熟。

在我国已经壮大并在资金力量日益雄厚起来的民间资金、社会资本持有主体中，一大批有强烈发展意愿、并在偏好类型上适合PPP的企业，会由此打开它们新的生存与发展空间，并形成在我国本土和实行“走出去”（如“一带一路”倡议）之中许多的PPP项目上，境外社会资本的参与和多方合作互动，这对于发展健全我国的市场经济有积极的促进作用。应当强调，所有参与PPP的企业的基本动机与行为定位，仍然是“在商言商”，是以市场主体“投资取得回报”的模式，来形成其物质利益追求与“社会责任”的统一，但企业方面必须接受PPP“盈利但非暴利”的原则约束。所以客观地说，不是一切企业都适合于同政府合作参与PPP，比如风险投资、创业投资、天使投资类型的社会资本，偏好“快进快出”和“以敢冒高风险博取高回报”，通常不是PPP的适宜参与者。有意愿和政府合作、锁定较长期虽不很高但“可接受”回报水平的市场主体，其实“大有人在”且资本规模可观。这些企业家偏好于较长期，甚至极长期可预期、可接受的投资回报，愿意通过参与 PPP 提高生活质量并获得发展其他事项（包括收藏爱好、文化活动和从事公益慈善等）所需的时间与闲暇，这是市场体系成熟、健全的表现，在中国特色社会主义市场经济的发展中也不例外。

第四，联结、对接意义重大的“混合所有制”改革，促进企业改革与全面改革的实质性深化。

在中国现在特定的发展阶段上，PPP 还有一项非常重要的、战略层面的制度创新意义：它直接呼应了十八届三中全会在现代国家治理、现代市场体系方面的要求，即混合所有制改革。

中国现代市场体系建设面临的一项“攻坚克难”的改革任务是企业改革，包括使国有企业消除不当垄断和使非国有企业突破前后两个“三十六条”发布后仍未突破的“玻璃门”“旋转门”“弹簧门”，使国企、民企两方面都健康地“活起来”。在 PPP 的推行与发展中，恰恰可以通过其与“股份制—混合所有制”的天然贯通来实现这一目的，因为形成一个 PPP 项目在产权方面没有任何选择上的局限，是在法治环境下形成的多产权主体间的契约。最典型的即以 SPV（Special Purpose Vehicles）的形式组成特殊项目公司来运营 PPP 项目，公司内所有股权都有清晰归属，每一份标准化的股权属于明确的股东，认定以后不会产生无法处置的纠纷（少数纠纷可通过法律途径解决），大家可以在这样稳定的、可预期的法治环境下，实现利益回报的共赢。而且，SPV 的股权结构，在天然具有混合所有制特征的同时，又天然地倾向于不使国有股权“一股独大”，因为政府股权参与的动机是发挥“四两拨千斤”的乘数效应来拉动、引致民间资本大量跟进，乘数越大，相关政府工作的业绩评价会越好，因此社会资本、民营企业的股份在 PPP 中通常会成为股权结构里的“大头”，甚至是绝大多数。显然，这方面的突破式发展，将深刻、长远地影响中国的现代化进程。

第五，促进“全面依法治国”的法治化建设，培育契约精神和催化专业、敬业的营商文明。

PPP 与十八届四中全会关于“全面依法治国”“依法行政”的指导方针具有天然内在的契合，客观上必然要求加快法治建设、打造高标准法治化的营商环境。因为一个个 PPP 项目，都需要有可预期的法治保障使作为合作伙伴的企业产生对长期投资回报的确定性与认同感，否则企业是不会自愿签署合作协议的。政府方面的“强势”会在 PPP 实施中得到约束：不论政府在前期还有多少“主导性”和“特许权在手”的强势地位，一旦签约 PPP，就要以与企业相同的“平等民事主体”身份依法定规范认定契约，并按照“法律面前人人平等”的原则遵守契约；假如政府违约，也要经由法律程序“公平正义”地加以校正和处理。这对于实质性地转变政府职能、优化政府行为和全面推进法治化，不啻是一种“倒逼”机制。PPP 的发展，对法治、契约和上述所有这些营商文明的培育都将是一种催化剂，对于降低交易成本、鼓励长期行为和促进社会和谐进步，具有国家治理现代化和包容性发展层面的全局意义。

第六，有利于在认识、适应和引领“新常态”的当前与今后的一个阶段，对冲经济下行压力，优化支持经济社会发展后劲的选择性“聪明投资”，增加有效供给。

面对现阶段的经济下行，需要特别强调投资的作用。中国投资领域的关键问题不在于总量和增速，而在于结构、质量与综合绩效。走向经济新常态，迫切需要把握好有助于支撑全局的“聪明投资”。PPP 所关联的投融资项目，都属于有利于调结构、惠民生、护生态、防风险、增绩效的选择性项目，又配合了促改革与稳增长，是利用混合所有制创新将“过剩产能”转化为有效产能（诸如钢铁、建材、施工机械与设备的制造等行业和领域），会形成一大批“聪明投资”对冲下行压力，以有效供给来增加长远发展后劲，因此，它是在供给侧助益适应和引领“新常态”。

正如财政部肖捷部长所说，目前正处于 PPP 规范发展的关键时期。但目前市场上尚缺乏配套的规范教材。孙洁博士领衔编写的这套图书，有理有据，案例丰富，对 PPP 的规范发展有参考价值。特推荐给读者！

是为序。

贾康

2017 年 7 月 5 日

序

国务院提出大力推进城市地下综合管廊建设，统筹各类市政管线规划、建设和管理，它不仅可以有效解决反复开挖路面、架空线网密集、管理事故频发等问题，同时也有利于保障城市安全、完善城市功能、美化城市景观、促进城市集约高效和转型发展，有利于提高城市综合承载能力和城镇化发展质量。所谓地下综合管廊是指在城市地下用于集中铺设电力、通信、广播电视、给水、排水、热力、燃气等市政管线的公共隧道。综合管廊的建设不仅仅需要巨大的资金投入，而且也需要高效的运营管理，如果仅仅依靠政府财政资金投资和公用事业单位人员管理，在资金上远远满足不了巨大的投资需求，管理上也很难与需要高效运营的管廊管理水平相适应。一个有效的方案就是引入社会资本，采用政府和社会资本合作（PPP）模式。

PPP 模式可以对综合管廊起到以下几个方面的作用：首先是解决财政资金投入不足。PPP 模式主是通过社会资本来实现综合管廊的设计、融资、建设并运营和管理。利用社会资本强大的资金优势，为综合管廊建设中提供所需要的资金。其次是避免地方政府债务的快速增长。由于综合管廊建设的融资由社会资本完成，因此所形成的债务为企业债务，并非政府债务。虽然政府有相应的支出责任，但这种支出责任也是在社会资本提供相应的绩效下的支出，理论上并没有一定要确定的政府债务的依据。第三是确保综合管廊建设的质量。由于社会资本获得的收益是在其收入中送去其运营管理的费用，如果管廊质量不高，导致运营管理费用较高，这样社会资本的收益就没有保障，并由此会下降甚至全亏损。因此，社会资本为了提高收益率，一定会保障综合管廊的质量。第四是减少财政的压力。由于综合管廊收益较低，在过去通常会采用 BT 模式，项目完成后政府按 433 的比例支付资金。采用 PPP 模式后，支付时间通常为 10 到 30 年，这样会大大减少财政支付的压力。如果社会资本对综合管廊再有较好商业开发，就会进一步减少财政支付的压力。第五是减少财政供养人员。由于综合管廊建设完成后，其后续的运营管理依然是由社会资本来负责，这样便大大减少政府对综合管廊维护所需要的人员。

《PPP 模式与综合管廊》一书，以案例分析为主，在案例分析的基础上，为读者提供相应的理论基础知识，同时指出了 PPP 模式在综合管廊运用所常常出现的问题及相应的解决方案。适用于一般 PPP 理论研究者，也适用于综合管廊中需要采用 PPP 模式的专业从业者。

编者

2017 年 7 月 5 日

目录 CONTENTS

第一章　城市管廊的发展

一、城市管廊基础知识

城市地下管道综合管廊也称“共同沟”“共同管道”，是在城市地下建造一个集约化的隧道空间，将电力、通信、燃气、供热、给排水等两种以上市政管线集中敷设在该隧道内，并设有专门的检修口、吊装口和监测系统，实施统一规划、设计、施工和维护。具有综合性、长效性、可维护性、高科技性、抗震防灾性、环保性、低成本性、投资多元性和营运可靠性等特点。

（一）管廊分类

综合管廊根据所收容的管线性质可分为干线型综合管廊、支线型综合管廊、缆线型综合管廊三种；按照断面形式可分为矩形、圆形、半圆形和拱形综合管廊，目前规划建设以矩形断面居多。根据舱位数量可以分为单舱综合管廊、双舱综合管廊及多舱综合管廊。

1. 按管线性质分类

综合管廊宜分为干线型综合管廊、支线型综合管廊及缆线型综合管廊。

干线型综合管廊：用于容纳城市主干工程管线，采用独立分舱方式建设的综合管廊。

支线型综合管廊：用于容纳城市配给工程管线，采用单舱或双舱方式建设的综合管廊。

缆线型综合管廊：采用浅埋沟道方式建设，设有可开启盖板但其内部空间不能满足人员正常通行要求，用于容纳电力电缆和通信线缆的管廊。

（1）干线型综合管廊

设置于机动车道或道路中央下方，采用独立分舱铺设主干线的综合管廊，负责向支线型综合管廊提供配送服务。其特点为结构断面尺寸大、覆土深、系统稳定且输送量大，具有高度的安全性，维修及检修要求高。

（2）支线型综合管廊

支线共同沟为干线型综合管廊和终端用户之间相联系的通道，设置在道路两侧或单侧，采用单舱或双舱敷设配给管线。其特点为有效断面较小，施工费用较少，系统稳定性和安全性较高。管廊断面尺寸一般与干线型综合管廊一样，有的还比干线型综合管廊大。

（3）缆线型综合管廊

电缆沟一般埋设在人行道下，采用浅埋沟道方式建设，设有可开启盖板，但其内部空间不能满足人员正常通行要求。其特点为空间断面较小，埋深浅，建设施工费用较少，不设有通风、监控等设备，在维护及管理上较为简单。

2. 断面类型

（1）矩形断面

建设成本低、利用率高、保养维修操作和空间结构分割容易、管线敷设方便，一般适用于新开发区、新建道路等空旷的区域。

（2）圆形断面

一般用于支线型市政综合管廊和缆线型市政综合管廊。可以在繁华城区的主干道和穿过地铁、河流等障碍时采用盾构掘进的施工方法进行施工，这样可以减少对人们日常生活和交通的影响，保护了市容环境。但是圆形断面比矩形断面的利用率低，建设成本较高，而且容易产生不同市政管线之间的空间干扰，增加了工程造价成本和各管线部门之间的协调难度。

（二）施工方法

1. 明挖现浇法

利用支护结构支挡条件下，在地表进行地下基坑开挖，在基坑内施工采取内部结构的施工方法。其工艺简单、施工方便，但工程造价相对较高，工期长。适用于城市新建区的管网建设。

2. 顶管法

当管廊穿越铁路、道路、河流或建筑物等各种障碍物时，采用的一种暗挖式施工方法。在施工时，通过传力顶铁和导向轨道，用支撑于基坑后座上的液压千斤顶将管线压入土层中，同时挖除并运走管线正面的泥土。适用于软土或富水软土层。无须明挖土方，对地面影响小；设备少、工序简单、工期短、造价低、速度快；适用于中型管道施工，但管线变向能力差，纠偏困难。

3. 明挖预制拼装法

是一种较为先进的施工方法，要求有较大规模的预制厂和大吨位的运输及起吊设备。特点是施工速度快，施工质量易于控制，模具重复利用率高，管廊施工量大的情况下工程总造价相对比较低。

4. 盾构法

使用盾构在地中推进，通过盾构外壳和管片支撑四周围岩，防止发生隧道内的坍塌，同时在开挖面前方用刀盘进行土体开挖，通过出土机械运出洞外，靠推进油缸在后部加压，并拼装预制混凝土管片，形成隧道结构的一种机械化施工方法。

5. 浅埋暗挖法

在明挖法和盾构法不适应的条件下，浅埋暗挖法显示了巨大的优越性。它具有灵活多变，对道路、地下管线和路面环境影响性小，拆迁占地少，不扰民的特点，适用于已建区的改造。

二、城市管廊技术特点

地下管廊之前在我国只有零星的运用，我国也曾颁布过国家标准《城市综合管廊工程技术规范》，编号为 GB50838—2012。在 PPP 大的浪潮下，国家大力推广，2015 年 5 月 22 日，中华人民共和国住房和城乡建设部发布关于国家标准《城市综合管廊工程技术规范》的公告（第 825 号），批准《城市综合管廊工程技术规范》为国家标准（以下简称新国标），编号为 GB50838—2015，自 2015 年 6 月 1 日起实施。在实施的过程中，也应当把握好地下管廊的基本特点，使所建设的地下管廊能够发挥应有的作用。在地下管廊项目落地过程中，政府与社会资本应当注意把握以下几个要点。

1. 做好地下管廊的规划工作

综合管廊工程建设应以综合管廊工程规划为依据。国务院《关于加强城市基础设施建设的意见》（国发〔2013〕36 号）明确指出："规划引领，统筹建设。坚持先地下、后地上，先规划、后建设，科学编制城市地下管线等规划，合理安排建设时序，提高城市基础设施建设的整体性、系统性。严格实施城市地下管线规划管理。按照先规划、后建设的原则，依据经批准的城市地下管线综合规划和控制性详细规划，对城市地下管线实施统一的规划管理。"

综合管廊工程建设应因地制宜，科学合理。综合管廊工程应结合新区建设、旧城改造、道路新（扩、改）建，在城市重要地段和管线密集区规划建设。住房城乡建设部陈政高部长强调："建设综合管廊一定要达到当代国际标准，但必须因地制宜。新区可以全面推开，老区要视情而做，可以结合地铁建设、河道改造、老区改造、道路改造等进行，千万不要一哄而上，更不能建后悔工程、半拉子工程。"

为保障综合管廊工程正常运营而建设的附属工程同时运营。综合管廊应统一规划、设计、施工和维护，并应满足管线的使用和运营维护要求。应同步建设消防、供电、照明、监控与报警、通风、排水、标识等设施。

国务院《关于加强城市基础设施建设的意见》（国发〔2013〕36号）明确指出：“城市地下综合管廊应统一规划、建设和管理，满足管线单位的使用和运行维护要求，同步配套消防、供电、照明、监控与报警、通风、排水、标识等设施。”

2. 给水、雨水、污水、再生水、天然气、热力、电力、通信等城市工程管线可以采用综合管廊方式敷设

城市工程管线是指用于服务人民生产生活的市政常规管线，包括给水、雨水、污水、再生水、燃气、热力、电力、通信、广播电视等，这些市政管线应因地制宜地纳入综合管廊。根据国内外工程实践，各种城市工程管线均可以敷设在综合管廊内，从技术层面上，通过安全保护措施可以确保这些管线在综合管廊内安全运行。

工业管道是工矿企业为生产制作各种产品过程所需的工艺管道及其他辅助管道。如石油天然气中的长输管道，往往跨越不同的省、市行政区，穿、跨越江河、道路等，中间设有加压泵站的长距离（一般大于50千米）管道。管道设计按照《输气管道设计工程规范》GB50253或《输油管道工程设计规范》GB50251等标准规范设计。

国务院《关于加强城市基础设施建设的意见》（国发〔2013〕36号）明确指出：“原则上不允许在中心城区规划新建生产经营性危险化学品输送管线，其他地区新建的危险化学品输送管线，不得在穿越其他管线等地下设施时形成密闭空间，且距离应满足标准规范要求。”

3. 雨水管道可以采用综合管廊方式敷设

原规范对重力流管线纳入综合管廊比较慎重，规定“地势平坦建设场地的重力流管道不宜纳入综合管廊”。主要原因是考虑到重力流管道进入综合管廊会对管廊埋深产生影响，同时由于排水管线自身的工艺要求，也对综合管廊的空间布置等方面提出更高要求，引起工程投资大幅增加。在地势单一坡度或排水管道覆土较浅或采取压力流制时，宜纳入综合管廊。

新国标强调了进入综合管廊的排水管道应采用分流制，雨水纳入综合管廊可利用结构本体或采用管道排水方式。同时为保障正常的使用功能要求，规定了对雨水管道进入综合管廊的应设置检修闸门或闸槽管道，管道的安装应进行功能性试验。

4. 污水管道可以采用综合管廊方式敷设

一般情况下污水管道也是重力流管道。新国标强调了纳入综合管廊时应采用管道排水方式，污水管道宜设置在综合管廊的底部。主要原因是由于污水中可能产生的有害气体具有一定的腐蚀性，同时考虑综合管廊的结构设计使用年限等因素，因此污水进入综合管廊，无论压力流还是重力流，均应采用管道方式，不应利用综合管廊结构本体。

5. 天然气管道可以采用综合管廊方式敷设

鉴于燃气管道发生事故的危害性和对临近管线的破坏性，原规范不建议燃气管道纳入综合管廊内，仅规定“燃气管道和其他输送易燃介质管道纳入管廊尚应符合相应的专项技术要求”。国务院《关于加强城市基础设施建设的意见》（国发〔2013〕36号）原则上不允许燃气管道在穿越其他管线等地下设施时形成密闭空间。《城镇燃气设计规范》GB50028也不建议燃气管道敷设在密闭的空间。

新国标对燃气管道在综合管廊内敷设的要求有了突破。为了综合管廊的安全，对燃气管道纳入综合管廊给予了比较明确和严格的技术规定，如限定为压力级别不大于1.6兆帕的天然气管道；天然气管道应在独立舱室内敷设；天然气管道应采用无缝钢管；天然气管道的连接应采用焊接，其阀门、阀件系统设计压力应按提高一个压力等级设计；天然气管道分段阀宜设置在综合管廊外部；当分段阀设置在综合管廊内部时，应具有远程关闭功能；天然气管道进出综合管廊附近的埋地管线、放散管、天然气设备等均应满足防雷、防静电接地的要求。

6. 热力管道可以采用综合管廊方式敷设

热力管道可以纳入综合管廊内。热力管道采用蒸汽介质时应在独立舱室内敷设。热力管道不应与电力电缆同舱敷设。热力管道应采用无缝钢管、保温层及外护管紧密结合成一体的预制管，并应符合国家现行标准《高密度聚乙烯外护管硬质聚氨酯泡沫塑料预制直埋保温管及管件》GB/

T29047 和《玻璃纤维增强塑料外护层聚氨酯泡沫塑料预制直埋保温管》CJ/T129 的有关规定。此外，管道附件必须进行保温。这些规定主要是从安全性方面考虑，同时也减少热力管道对其他管线和周边环境的影响。

7. 综合管廊可以配备检修车

综合管廊内可以配备检修车。配备检修车的综合管廊检修通道宽度不宜小于 2.2 米。这也是体现以人为本的思想，降低劳动强度。规定对于容纳输送性管道的综合管廊，宜在输送性管道舱设置主检修通道，用于管道的运输安装和检修维护，为便于管道运输和检修，并尽量避免综合管廊内空气污染，主检修通道宜配置电动牵引车，参考国内小型牵引车规格型号，综合管廊内适用的电动牵引车尺寸按照车宽 1.4 米定制，两侧各预留 0.4 米安全距离，确定主检修通道最小宽度为 2.2 米。

8. 管线设计的技术特点

综合管廊的建设最主要的目的是便于管线的安装、维护等，为了合理使用综合管廊内部空间，管线的安装、敷设应在综合管廊的系统规划和总体设计指导下进行，因而新国标增加了管线设计的相关内容，对管线的空间、材料等进行约定。

9. 预制拼装综合管廊结构的技术特点

国务院《关于加强城市基础设施建设的意见》（国发〔2013〕36 号）明确指出："积极推广新工艺、新材料和新设备，推进新型建筑工业化，支持发展装配式建筑，推广应用管道预构件产品，提高预制装配化率。"为此，对预制装配式综合管廊的相关条文进一步细化和完善。

三、城市管廊的国际发展历史

在城市中建设综合管廊的概念，源于 19 世纪的欧洲，首先出现在法国。自从 1833 年的巴黎诞生了世界上第一条地下管线综合管廊系统之后，经过百年探索、研究、改良和实践，其技术水平已日臻成熟。建设技术和设计理念也在不断地完善和提高，全球范围内的建设规模也越来越大。铺设地下综合管廊是综合利用地下空间的一种手段，某些发达国家已经实现了将市政设施的地下供、排水管线发展到地下大型供水系统、地下大型能源供应系统、地下大型排水及污水处理系统，与地下轨道交通和地下街相结合，构成完整的地下空间综合利用系统。现已成为国外发达城市市政建设管廊现代化象征和城市公共管理的一部分。

早在 19 世纪，法国（1833 年）、英国（1861 年）、德国（1890 年）等就开始兴建地下综合管廊。到 20 世纪，美国、西班牙、俄罗斯、日本、匈牙利等国也开始兴建地下综合管廊。据不完全统计，截至 2008 年年底，全世界已建成综合管廊超过 3000 千米。

（一）法国巴黎地下管网与管廊

地下综合管廊最早见于法国，1833 年为了改善城市的环境，巴黎就系统地在城市道路下建设了规模宏大的下水道网络，同时开始兴建地下综合管廊，最大断面达到 6.0 米，高约 5.0 米，容纳给水管道、通信管道、压缩空气管道及交通通信电缆等公用设施，形成了世界上最早的地下综合管廊。

作为一座有 1200 万人口的大都市，巴黎拥有一个大约 1300 名维护人员的高效运转的地下管网系统。这个始建于 19 世纪的以排放雨水和污水为主的重力流线管线系统，管网纵横 2450 千米（足以往返北京至武汉），包括 1.8 万个排污口、2.6 万个下水管盖、6000 多个地下蓄水池，而且还能通过管道内部铺设供水管、煤气管、通信电缆、光缆等管线，进一步提高了管网的利用效能，在管网的末端，通过现代化污水处理厂，系统每天处理超过 300 万立方米的高腐蚀性废弃物，最终实现对生态环境和城市面貌的良好保护，确保巴黎市的正常运作和发展。

1. 巴黎地下管网系统的发展历程

（1）城市扩张引发的生态问题是建设巴黎地下管网的起因

1785 年，巴黎人口已达 60 万，全挤在市中心的贫民区内，人均寿命只有 40 岁，当时巴黎市区的公墓已经完全饱和，市内建筑道路杂乱无章，污水未经处理直接排放到塞纳河，一遇到大雨满街就会污水横流。如此严重的生态危机为启动长期争议的巴黎重建工作提供了动力。

（2）科学规划是地下管网系统成功的关键

1850年，巴黎人口达到100万，城市因地狭人稠而不堪重负。到1878年止，修建了600千米的下水道。随后下水道即开始不断延伸，直到现在长达2450千米。

（3）巴黎地下的石灰岩结构为地下管网的建设提供了便利条件

巴黎地下拥有非常良好的石灰石岩层。从12世纪到15世纪，巴黎城市建设的建筑用石都是来自当时郊区的地下采石场。

（4）不断改进的系统确保满足城市需求

现在，先进的信息管理系统确保了管网系统的高效运作。下雨时，安装在主要下水管道中的传感器会持续检测水位。如果水位过高，过剩的水流会通过水泵分流到水位较低的管道中去。如果所有管道的水位都过高，过剩的水流就会汇集到分布在城区的大型地下蓄水池，水退以后，积蓄的水位会再排放到下水管道中。一旦整个系统过载，安全系统将立即发挥作用——45条直达塞纳河的排水管道在水流的作用下会自动启动安全门，让过剩的水流直接排往塞纳河。19世纪以前，巴黎市经常出现污水在街道泛滥的情况。巴黎平均每年只有4次被迫向塞纳河直排污水。

2. 巴黎地下管网系统的主要特点

（1）巴黎地下管网系统是地下综合管廊概念的发源地

在以排水为主的管廊中，巴黎市创造性地在其中布置了一些供水管、煤气管和通信电缆、光缆等管线，进一步提高了管网的利用效能，并形成了早期的地下综合管廊。

地下综合管廊也叫“地下城市管道综合管廊”，即地下管廊。它是把设置在地上架空或地下敷设的各类公用管线集中容纳于一体，并预留检修空间的地下隧道，便于科学合理地做好地下管线的规划和铺设，集中共同管理。地下综合管廊内排水、消防、电气系统、监控系统、通风、照明等附属设施一应俱全，主要适用于交通流量大、地下管线多的重要路段，尤其是高速公路、主干道。

目前，国外大城市已普遍采用地下综合管廊、地下污水处理厂、地下电厂、地下河川以及其他地下工程，其总趋势是将有碍城市景观与城市环境的各种城市基础设施全部地下化。地下综合管廊是市政管线集约化建设的趋势，也是城市基础现代化建设的趋势。传统的市政管线直埋方式，不但造成了城市道路的反复开挖，而且对城市地下空间资源本身也是一种浪费。沿城市道路地下构筑综合管廊，将各种管线集约化，采取地下综合管廊的方式敷设，不仅有利于各种管线的增减，还有利于各种管线的检修管理，是一种较为合理科学的模式。并且，综合管廊已成为衡量城市基础设施现代化水平的标志之一。

（2）使用先进的机器人技术提高管道检修和建设的效率

地下管道的每个区域每年都要检查两次并记录在案。巴黎地下管道管理局使用先进的光缆铺设机器人和管道检测机器人提高管道检修与建设的效率。

（3）利用现代化的污水处理技术保护生态环境

污水收集后存放在封闭的池中，加细菌生产的气体收集可作燃料；离心处理后的污泥干燥后经过处理，最终得到成品化肥或建材添加剂应用于工业。

（二）日本城市地下综合管廊技术发展规划

1926 年，日本开始建设地下共同沟，建设供排水、热力、燃气、电力、通信、广电等市政管线集中铺设的地下综合管廊系统（日本称“共同沟”），已成为日本城市发展现代化、科学化的标准之一。

虽然日本很早就开始建造地下综合管廊（如关东大地震后，为复兴首都而兴建的八重洲地下综合管廊），但真正大规模地兴建地下综合管廊，还是在 1963 年日本制定《关于共同沟建设的特别措施法》（以下简称《共同管沟实施法》）以后。自此，地下综合管廊就作为道路合法的附属物，在由公路管理者负担部分费用的基础上开始大量建造。

管廊内的设施仅限于通信、电力、煤气、上水管、工业用水、下水道

6种。随着社会不断发展，管廊内容纳的管线种类已经突破6种，增加了供热管、废物运输管等设施。筑波科学城建立的一整套垃圾管道运送和焚烧处理系统，输送管道就布置在地下公用设施的地下综合管廊中。日本国土狭小，地下综合管廊的建造首先在人口密度大，交通状况严峻的特大城市展开。现在已经扩展到仙台、冈山、广岛、福冈等地方中心城市。截至1982年，日本拥有地下综合管廊共计156.6千米，至1992年日本已经建造地下综合管廊310千米。目前仍以每年15千米的速度增长。预约使用者负担的投资占全部工程费用的60%~70%。

1926年，日本相继建造了九段阪地下综合管廊、淀町地下综合管廊、八重洲地下综合管廊。九段阪地下综合管廊长270米，宽约3米，高约2米，沟内敷设了电力电缆、电信、给水、污水等管线，全盘引进欧洲的建设经验和技术标准，全部采用钢筋混凝土箱形结构形式。淀町地下综合管廊修建在人行道下，宽约1米，高0.6米；电信电缆沟宽约0.4米，高约0.3米，覆土较浅（0.5~1.5米）。修建目的是为了消除地面架空线。八重洲地下综合管廊是为了探索煤气管道的敷设模式而单独修建，宽约1.3米，高约1米。1959年又分别在新宿和尼崎建造了地下综合管廊。

“共同沟”一词源自日本，因为日本对其他国家和地区综合管廊的建设产生的影响较大，在综合管廊建设方面，日本有着雄厚的资金支持，完善的法律法规，先进的城市发展建设理论，所以它的发展速度最快，建成的综合管廊里程最长。

1963年4月颁布《共同管沟实施法》首先在尼崎地区建设综合管廊889米，同时在全国各大城市拟订五年期的综合管廊连续建设计划。

1963年，日本颁布《共同管沟实施法》。从法律层面规定了日本相关部门需在交通量大及未来可能拥堵的主要干道地下建设“共同沟”。国土交通省下属的东京国道事务所负责东京地区主干线地下综合管廊的建设和管理，次干线的地下综合管廊则由东京都建设局负责。

1991年成立专门的地下综合管廊管理部门，负责推动地下综合管廊的建设工作。日本现已成为地下综合管廊建设最先进的国家。

如今已投入使用的日比谷、麻布和青山地下综合管廊是东京最重要的地下管廊系统。采用盾构法施工的日比谷地下管廊建于地表以下 30 多米处，全长约 1550 米，直径约 7.5 米，如同一条双向车道的地下高速公路。由于日本许多政府部门集中于日比谷地区，须时刻确保电力、通信、供排水等公共服务，因此日比谷地下综合管廊的现代化程度非常高，它承担了该地区几乎所有的市政公共服务功能。

于 20 世纪 80 年代开始修建的麻布和青山地下综合管廊系统同样修建在东京核心区域地下 30 余米深处，其直径约为 5 米。这两条地下管廊系统内电力电缆、通信电缆、天然气管道和供排水管道排列有序，并且每月进行检修。其中的通信电缆全部用防火帆布包裹，以防出现火灾造成通信中断；天然气管道旁的照明用灯则由玻璃罩保护，防止出现电火花导致天然气爆炸等意外事故。这两条地下综合管廊已相互连接，形成了一条长度超过 4 千米的地下综合管廊网络系统。

在东京的主城区还有日本桥、银座、上北泽、三田等地下综合管廊，经过了多年的共同开发建设，很多地下综合管廊已经联成网络。东京国道事务所公布的数据显示，在东京市区 1100 千米的干线道路下已修建了总长度约为 126 千米的地下综合管廊。在东京主城区内还有 162 千米的地下综合管廊正在规划修建。

日本城市综合管廊建设总体发展目标是：21 世纪初，在县政府所在地和地方中心城市等 80 个城市干线道路下建设约 1100 千米的地下综合管廊。在人口最为密集的城市东京，提出利用深层地下空间资源，建设规模更大的干线综合管廊网络体系设想，反映出日本乃至全世界城市综合管廊建设的趋势和今后的发展方向。

（三）德国地下管廊

地下综合管廊在德国已有逾百年历史。虽然初始投资较高，但建造运营总体成本低，环保、可持续发展等优势显而易见。

德国最早的地下综合管廊于 19 世纪出现在北部城市汉堡，后来在东德地区较为流行。德国建筑研究所数据显示，东德建造的地下综合管廊总长度超过 400 千米。

东德城市耶拿的第一条综合管廊建于 1945 年，内置蒸汽管道和电缆。如今，耶拿共有 11 条综合管廊，通常在地下 2 米深处，最深的一条位于地下 30 米处。这 11 条管廊中，8 条归耶拿市政设备服务公司所有并经营，两条在私人投资者手中，一条属于一个科技园区。

耶拿市政设备服务公司经营的管廊总长 15 千米，共有 10 个用户。公司已在不掀开地面的情况下更换了管廊内大约 1000 米的饮用水管道，接入网络光缆及其他缆线、管道都很方便快捷。

地下综合管廊将多种管线，水、气、电、通信、供暖所用管线均用于同一管廊。这样，在管线检测、维修、更换或增减时较为便捷，可持续发展优势明显。廊道内，管线可放置在底部，也可用支架等固定在墙上。由于受到廊道保护，管线几乎不受土壤压力、地面交通负荷等外部因素影响，管线所用材料也可更轻便些。

德国目前的地下综合管廊并没有统一设计，所用材料也不尽相同。材料可以是钢筋混凝土，也可以是钢纤维混凝土或波纹钢板。横截面可能是圆形、椭圆形、正方形，也可能是拱形。

德国地下管廊设计建造时都考虑到土壤、湿度等因素，因地制宜，同时，防火、通风和逃生通道等设施必不可少。地下综合管廊虽然初始投资较高，但长期来看，总体成本还是要较传统的直埋式低。在日常修理维护中，也不会因挖掘道路、堵塞交通而造成资源浪费。

（四）美国地下管廊

美国从 1960 年起，开始综合管廊的研究，研究结果认为，从技术、管理、城市发展及社会成本上看，建设综合管廊都是可行且必要的。1970 年，美国在 White Plains 市中心建设综合管廊，其他如大学校园内，军事机关或为特别目的而建设，但均不构成系统网络。除了煤气管外，几乎所有管线均容纳在综合管廊内。此外，美国具有代表性的还有纽约是从东河下穿越并连接 Astoria 和 Hell Gate Generatio Plants 的隧道，该隧道长约 1554 米，容纳有 345 千瓦输配电力缆线、电信缆线、污水管和自来水干线。而阿拉斯加的 Fairbanks 和 Nome 建设的综合管廊系统，是为防止自来水和污水受到冰冻。Fairbanks 系统长约有六个廊区，而 Nome 系统是唯一将整座城市市区的供水和污水系统纳入综合管廊的系统，沟体长约 4022 米。

（五）英国地下管廊

英国于 1861 年在伦敦市区兴建综合管廊，采用 12 米 ×7.6 米的半圆形断面，收容自来水管、污水管及瓦斯管、电力、电信外，还敷设了连接用户的供给管线。迄今伦敦市区建设综合管廊已超过 22 条，伦敦兴建的综合管廊建设经费完全由政府筹措，属伦敦市政府所有，完成后再由市政府出租给管线单位使用。

（六）北欧地区地下管廊

北欧地区地质条件良好，是地下管廊开发利用的先进地区，特别是在市政设施和公共建筑方面。瑞典南部地区供水的大型系统全部通过综合管廊完成，埋深 30~90 米，隧道长 80 千米，靠重力自流。典型的大型地下排水系统，不论是在数量上还是在处理率上，都在世界上处于领先地位。瑞典排水系统的污水处理厂全在地下，仅斯德哥尔摩就有大型排水隧道 200 千米。拥有大型污水处理厂 6 座，处理率 100%。在其他一些城市、小城市，也都有地下污水处理厂。斯德哥尔摩有 30 千米的地下管廊建在岩石中，直径 8 米，战时可做民防工程。芬兰赫尔辛基的大型供水系统，隧道长 120 千米，过滤等处理设施全在地下。挪威的大型地下供水系统，其水源也实现地下化，在岩层中建造大型储水库，既节约土地又减少水的蒸发损失。

俄罗斯、意大利、捷克等国家均有地下管廊建设。

四、城市管廊建设的重要价值和意义

（一）城市综合管廊建设的价值

城市地下管线是指城市范围内供水、排水、燃气、热力、电力、通信、广播电视、工业等管线及其附属设施，是保障城市运行的重要基础设施和“生命线”。近年来，随着城市快速发展，地下管线建设规模不足、管理水平不高等问题不断暴露，一些城市相继发生大雨内涝、管线泄漏爆炸、路面塌陷等事件，严重影响了人民群众生命财产安全和城市运行秩序。全国仅媒体报道的地下管线事故平均每天高达 5.6 起，每年由于路面开挖造成的直接经济损失高达 2000 亿元。在这种情形下，建设城市地下管廊的价值凸显。

1. 减少道路反复开挖

传统的道路工程建设流程通常是先进行道路主体施工，随后进行其他管道工程施工。在后期管道施工过程中往往需要对原道路进行一定的围挡，阻碍交通通畅。对于一些道路工程已经完善的老城区，管道工程规划滞后于工程技术发展，对于一些后期建设管道（如中水管、直饮水管、天然气管等）由于路面紧张，需埋设在车行道下，施工时会造成道路断交。另外，车行道下一些已建管道维修时也需要对道路进行破除。在车流量密集、城市拥堵现象严重的今天，占道施工会对人们出行造成极大影响，也会给城市造成一定的负面影响，大幅降低城市宜居性。

2. 加强管线敷设科学性

管线敷设混乱，难以管理。我国的历史条件决定着我国工程技术在发展过程中存在着许多不可避免的问题。由于我国工业起步较晚，早期工程技术水平不高，在工程建设和规划方面存在着工程资料不齐全、缺乏整体规划的问题。这就直接导致了我国地下管道敷设混乱，许多管线在施工时由于技术和管理水平低下而未能按照规划设计施工。在多重因素的作用下，地下管道工程错综复杂，后期施工和维护困难，经常会因基础资料不齐全而导致施工过程中将现有管道损坏，严重影响周边居民及工矿企业的生产生活。

3. 方便管线维修维护

改革开放已经走过 30 多个年头，我国基础设施建设也在这 30 多年中迅猛发展。随着时间的推移，许多地下管道工程已经出现老化损坏的现象。经济的快速发展也使得城市人口在短时间内大幅增加，管道负荷快速加重，有些地区已经出现了管道负荷不足的现象。但我国管道工程基本上都采用直埋方式敷设，后期维修及改扩建不仅涉及管道工程，同时还需要涉及道路工程、绿化工程等相关工程，手续复杂，浪费严重，严重制约着基础设施的发展与建设。

4. 充分利用地下空间

在我国经济发展的同时，我国工程技术水平也在不断发展，人民生活水平不断提高，这就对基础设施建设有着更多的要求。随着轨道交通的快速发展，中水、直饮水等新型管线不断敷设，直接导致地下空间严重不足，制约着城镇化的发展，这就需要有一个更加集中的方式来统筹建设各种管道，实现线下空间的高效利用。

5. 潜在经济价值巨大

综合管廊建设的一次性投资常常高于管线独立铺设的成本。据统计，日本、中国台北和上海的综合管廊平均造价（按人民币计算）分别是 50 万元 / 米、13 万元 / 米和 10 万元 / 米，较之普通的管线方式的确要高出很多。但综合节省出的道路地下空间、每次的开挖成本、对道路通行效率的影响以及对环境的破坏，综合管廊的成本效益比显然不能只看投入多少。台湾曾以信义线 6.5 千米的综合管廊为例进行过测算，建综合管廊比不建只需多投资 5 亿元新台币，但 75 年后产生的效益却有 2337 亿元新台币。

（二）城市地下管廊建设的意义

1.PPP 项目的目的和意义

任何事物不能只看表面，都要深究其内部原因，特别是国家的大政方针，弄懂之前一定要深究其出台的目的，国务院 2014 年开始大力推广 PPP

模式，可是为什么国家过去如此重视过该种合作模式。所以我们要深究PPP模式的目的和意义，这样在操作PPP模式时才能明确如何去做。

政府和社会资本合作模式是在基础设施及公共服务领域建立的一种长期合作关系。其实为贯彻落实党的十八届三中全会关于“允许社会资本通过特许经营等方式参与城市基础设施投资和运营”精神，拓宽城镇化建设融资渠道，促进政府职能加快转变，完善财政投入及管理方式（财金〔2014〕76号），党中央提出政府战略转型、政府负债包袱巨大、进行财税体制改革以及政府在提供市政基础设施、公共产品和服务过程中效率低下的背景下推出的，通常模式是由社会资本承担设计、建设、运营、维护基础设施的大部分工作，并通过“使用者付费”及必要的“政府付费”获得合理投资回报；政府部门负责基础设施及公共服务价格和质量监管，以保证公共利益最大化。当前，我国正在实施新型城镇化发展战略。城镇化是现代化的要求，也是稳增长、促改革、调结构、惠民生的重要抓手。立足国内实践，借鉴国际成功经验，推广运用政府和社会资本合作模式，是国家确定的重大经济改革任务，对于加快新型城镇化建设、提升国家治理能力、构建现代财政制度具有重要意义。

（1）推广运用政府和社会资本合作模式，是促进经济转型升级、支持新型城镇化建设的必然要求。政府通过政府和社会资本合作模式向社会资本开放基础设施和公共服务项目，可以拓宽城镇化建设融资渠道，形成多元化、可持续的资金投入机制，有利于整合社会资源，盘活社会存量资本，激发民间投资活力，拓展企业发展空间，提升经济增长动力，促进经济结构调整和转型升级。城镇化是现代化的必由之路，对全面建成小康社会、加快推进社会主义现代化具有重大意义。据有关方面估算，目前我国城镇化率为53.6%，如果把户籍人口及相应的公共服务因素考虑进去，又远低于这一比例，预计到2020年城镇化率达到60%，由此带来的投资需求约为42万亿元。原有城镇化建设主要依赖财政、土地的投融资体制弊端已显现，难以持续，亟须建立规范、透明的城市建设投融资机制。PPP模式抓住了有效解决城镇化融资需求这一关键环节，有利于吸引社会资本，拓宽城镇化融资渠道，形成多元化、可持续的资金投入机制。

（2）推广运用政府和社会资本合作模式，是加快转变政府职能、提升国家治理能力的一次体制机制变革，是从“国家管理”向“国家治理”的一次转变。党的十八届三中全会提出了“国家治理”的概念，表明政府与社会、公众关系定位的新变化。从内涵意义看，“治理”与“管理”相比，更强调不同主体的平等性，更注重“法治”规则、契约精神、市场观念。通过 PPP 模式提供公共服务，政府要从“管理者”变为“监督者、合作者”，更加注重“按合同办事”，更加注重平等协商、公开透明，有助于解决政府职能错位、越位、缺位问题，推动从“国家管理”向“国家治理”转变。规范的政府和社会资本合作模式能够将政府的发展规划、市场监管、公共服务职能，与社会资本的管理效率、技术创新动力有机结合，减少政府对微观事务的过度参与，提高公共服务的效率与质量。政府和社会资本合作模式要求平等参与、公开透明，政府和社会资本按照合同办事，有利于简政放权，更好地实现政府职能转变，弘扬契约文化，体现现代国家治理理念。

（3）推广运用政府和社会资本合作模式，是深化财税体制改革、构建现代财政制度的重要内容。1994 年财税体制改革，分税制施行，导致地方政府财政收入锐减，慢慢变成严重依靠土地财政，加上 2008 年以来的融资平台公司导致政府债台高筑。根据财税体制改革要求，现代财政制度的重要内容之一是建立跨年度预算平衡机制、实行中期财政规划管理、编制完整体现政府资产负债状况的综合财务报告等。政府和社会资本合作模式的实质是政府以民事主体的身份与社会资本平等地进行商业互助，为社会提供公共产品与服务。要求从以往单一年度的预算收支管理，逐步转向强化中长期财政规划，这与深化财税体制改革的方向和目标高度一致。推广使用 PPP 模式，是支持新型城镇化建设的重要手段，有利于吸引社会资本，拓宽城镇化融资渠道，形成多元化、可持续的资金投入机制。

（4）推广运用 PPP 模式是改进政府公共服务的重要举措。推进国家治理体系和治理能力现代化，是十八届三中全会全面深化改革的总目标之一。从管理到治理，这是重大的理论创新，强调政府、市场、社会等多元主体之间的良性互动和各自定位，明确平等的责任义务。PPP 模式能够将政府的战略规划、市场监管、公共服务与社会资本的管理效率、技术创新有机结合在一起，有助于厘清政府与市场边界，提升政府的法制意识、契约意识和市场意识，更好地履行公共职能，全面提升公共服务水平。

（5）推广 PPP 是推动基础设施——从“供给不足”向“有效供给”的一次转变。近年来，虽然我国经济增长较快，但基础设施等公共服务不足仍是“短板”。据统计，目前我国人均公共基础设施资本存量，仅为西欧国家的 38%、北美国家的 23%，城镇化率比发达国家低 20 多个百分点，其中蕴藏着较大的供给空间。特别是到 2020 年，3 个“1 亿人”的城镇化，将带来大量的基础设施需求。通过 PPP 模式提供公共服务，可以撬动社会资本参与建设，形成多元化、可持续的资金投入机制，有效满足新型城镇化建设的需要。

（6）让专业的人做专业的事。PPP 模式对政府来讲，不仅可以减轻政府债务负担，减缓地方融资平台压力，还能有效促进政府职能转变，减少对微观事务的干预，腾出更多的精力放到规划和监管上。对企业来讲，可以降低参与公共领域项目的门槛，拓宽私人部门的发展空间，进一步激发非公有制经济的活力。对社会来讲，通过“让专业的人做专业的事”，高低效益相配置，产生宏观效益，提高公共产品供给效率。

（7）节约市政建设成本。建设综合管廊可大大节约市政建设成本，虽然综合管廊建设的一次性投资常常高于管线独立铺设的成本。日本、中国台北和上海的综合管廊每米平均造价分别是 50 万元、13 万元、10 万元人民币，较之普通的管线方式的确要高出很多。但综合各自为政建设成本、每次抢修的开挖成本、节省出的道路地下空间、发生地下管线引发事故处理的资金、对道路通行效率的影响以及环境的破坏，综合管廊的成本效益比显然不能只看第一次投入的多少。台湾曾以信义线 6.5 千米的综合管廊为例进行过测算，建综合管廊投资 1 亿人民币，但 75 年后产生的效益却有 480 亿人民币。可见，从长远角度看，建设综合管廊更具有经济性。

（8）解决事故隐患。当前由于许多地下管线超过使用年限、材质落后、漏损严重，存在很大的事故隐患。2013 年 11 月 22 日 10 时 25 分，位于山东省青岛经济技术开发区的中石化股份有限公司管道储运分公司东黄输油管道原油泄漏发生爆炸，造成 62 人死亡、136 人受伤，直接经济损失达 7.5 亿元。事故的发生早有警示，2007 年提出现有管道维修困难、隐患大，2010 年上报东黄（复）线、东临线隐患整治工程项目环境影响报告书，但没能解决问题。青岛输油管道爆炸事故是一次惨痛教训，国内其他地下管网爆炸事故不胜枚举，轻则断水断电影响群众生活，重则造成伤亡和重大经济损失。因此我们要建设综合管廊来“扫雷”，综合管廊是城市的良心。

（9）避免道路反复开挖。近期曲靖城区紫云路、南宁路、建宁路部分路段进行路面施工，不时有媒体报道，某处电力中断、某处网络中断，有关部门组织人力抢修，及时恢复，保障民生。这个不是野蛮施工的问题，也不是某个公司不给图纸的问题，而是我们不能拿出翔实的地下管网施工图。当前中国城市地下管线多头敷设、多头管理，平均每平方千米的建设区面积，就有 30~40 千米的地下管线，施工队进行开挖时只有设计图没有区域管线图施工图，中国没有一座城市能拿出翔实的地下管网图，如果不知道要开挖的地方其他管线的情况，有的连自己的管线也不太清楚，出事的概率就很大，所以我们每到一座城市，都可以看到道路被挖开施工，维修抢修管线。建设综合管廊可以很好地解决这方面的问题。

五、城市管廊在中国的发展和前景

（一）城市管廊在国内的发展

近年来，我国城市化进程不断加快，城市综合实力不断增强，对外交流日益增多，城市地下空间不断被开发，综合管廊的重要性越来越被人们认识。

党中央和国务院领导高度重视城市地下管线问题，为切实加强地下管线建设管理工作，国务院办公厅下发了《关于加强城市基础设施建设的意见》（国发〔2013〕36号），明确指出：“城市基础设施是城市正常运行和健康发展的物质基础，对于改善人居环境、增强城市综合承载能力、提高城市运行效率、稳步推进新型城镇化、确保2020年全面建成小康社会具有重要作用。当前，我国城市基础设施仍存在总量不足、标准不高、运行管理粗放等问题。加强城市基础设施建设，有利于推动经济结构调整和发展方式转变，拉动投资和消费增长，扩大就业，促进节能减排。开展城市地下综合管廊试点，用3年左右时间，在全国36个大中城市全面启动地下综合管廊试点工程；中小城市因地制宜建设一批综合管廊项目。新建道路、城市新区和各类园区地下管网应按照综合管廊模式进行开发建设。”

为进一步加强城市地下管线建设管理，保障城市安全运行，提高城市综合承载能力和城镇化发展质量，国务院办公厅又发布了《关于加强城市地下管线建设管理的指导意见》（国发〔2014〕27号），要求：“深入学习领会党的十八大和十八届二中、三中全会精神，认真贯彻落实党中央和国务院的各项决策部署，适应中国特色新型城镇化需要，把加强城市地下管线建设管理作为履行政府职能的重要内容，统筹地下管线规划建设、管理维护、应急防灾等全过程，综合运用各项政策措施，提高创新能力，全面加强城市地下管线建设管理……稳步推进城市地下综合管廊建设。在36个大中城市开展地下综合管廊试点工程，探索投融资、建设维护、定价收费、运营管理等模式，提高综合管廊建设管理水平。通过试点示范效应，带动具备条件的城市结合新区建设、旧城改造、道路新（改、扩）建，在重要地段和管线密集区建设综合管廊。城市地下综合管廊应统一规划、建设和管理，满足管线单位的使用和运行维护要求，同步配套消防、供电、照明、监控与报警、通风、排水、标识等设施。鼓励管线单位入股组成股份制公司，联合投资建设综合管廊，或在城市人民政府指导下组成地下综合管廊业主委员会，招标选择建设、运营管理单位。建成综合管廊的区域，凡已在管廊中预留管线位置的，不得再另行安排管廊以外的管线位置。要统筹考虑综合管廊建设运行费用、投资回报和管线单位的使用成本，合理确定管廊租售价格标准。有关部门要及时总结试点经验，加强对各地综合管廊建设的指导。”

根据习近平总书记关于“加强地下管线建设”的讲话精神和近期中央经济工作会要求，财政部、住房城乡建设部决定开展中央财政支持地下综合管廊试点工作，下发了《关于开展中央财政支持地下综合管廊试点工作的通知》（财建〔2014〕839 号），主要包括：“一、中央财政对地下综合管廊试点城市给予专项资金补助，一定三年，具体补助数额按城市规模分档确定，直辖市每年 5 亿元，省会城市每年 4 亿元，其他城市每年 3 亿元。对采用 PPP 模式达到一定比例的，将按上述补助基数奖励 10%。二、试点城市由省级财政、住建部门联合申报。试点城市应在城市重点区域建设地下综合管廊，将供水、热力、电力、通信、广播电视、燃气、排水等管线集中铺设，统一规划、设计、施工和维护，解决‘马路拉链’问题，促进城市空间集约化利用。三、试点城市管廊建设应统筹考虑新区建设和旧城区改造，建设里程应达到规划开发、改造片区道路的一定比例，至少 3 类管线入廊。”

住房城乡建设部 2015 年 4 月 10 日在广东省珠海市举办全国城市地下综合管廊规划建设培训班，陈政高部长指出：“要统一认识，统一思想。事实证明，城市地下综合管廊建设在国际上是一条成功的道路。综合管廊建设的意义在于充分地利用地下空间，节省投资，对拉动经济发展、改变城市面貌、保障城市安全都具有不可估量的重要作用。建设综合管廊一定要达到当代国际标准，但必须因地制宜。城市综合管廊工程技术规范是综合管廊建设的重要依据。”

工程示范，标准先行，住房城乡建设部标准定额司、城市建设司快速启动地下管廊国家标准规范的修订工作。根据住房城乡建设部《关于请参加〈城市综合管廊工程技术规范〉GB50838—2012 修订工作的通知》（建标标函〔2015〕36 号）的要求，规范编制组经广泛调查研究，认真总结实践经验，参考有关国际标准和国外先进标准，并在广泛征求意见的基础上，编制了《城市综合管廊工程技术规范》作为国家标准，编号为 GB50838—

2015。

回顾我国城市地下管廊发展之路，也经历了一个从摸索到快速发展的过程。

我国第一条地下综合管廊是1958年在北京市某广场下建设约1.3千米的综合管道，断面为方形，宽3.5~5.0米，高2.3~3.0米，埋深7.0~8.0米。

1978年12月23日，宝钢在上海动工兴建。被称为宝钢生命线的电缆干线和支干管线大部分采用综合管廊方式敷设，埋设在地面以下5~13米。

1978年，大同市在新建道路交叉口以下建设地下综合管廊，沟内设置有电力电缆、通信电缆、给水管道、污水管道。

1985年，北京市建设中国国际贸易中心综合管廊，其中容纳服务于2栋公寓大楼、1栋商业大楼、1栋办公楼的公用管线，管廊内有电力、通信、供热管等管线。

1988年，天津新客站工程为穿越7股铁路线路建设了一条约为50米的地下综合管廊，内设雨水管道、给水管道及动力控制线。

1991年，济南3号矿井工业场地地下综合管廊开始建设，至1993年年底共完成1806米。

1994年，上海开始建设浦东新区张杨路地下综合管廊。张杨路地下综合管廊位于浦东新区张杨路南北两侧人行道下，西起浦东南路，东至金桥路，全长11.125千米。沟体为钢筋混凝土结构，其横断面形状为矩形，由电力室和燃气室两部分组成。电力室中央敷设给水管道，两侧设有支架，分别设电力和通信电缆；燃气室为单独一空室，内敷设燃气管道。地下综合管廊还配备各种各样安全设施，有排水、通风、照明、通信广播、闭路电视监控、火灾检测报警、可燃气体检测报警、氧气检测、中央计算机数据采集与显示系统。

1997年，连云港建造西大堤地下综合管廊。断面为梯形，构体北侧为挡浪板，南侧靠内海，设宽为40米的防撞墩，沟内高为1.5~1.7米，宽为1.7~2.4米，内设给水管道、电力电缆、电信电缆。

1998年，天津在塘沽某小区内建造了410米的地下综合管廊，断面为矩形，宽为 2.3 米，高度为 2.8 米，内设采暖管道、热水管道、消防管道、中水管道等。

2000 年，北京某道路改造工程在道路两侧的非机动车和人行道下建造了 600 米的地下综合管廊。南侧断面为矩形，宽为 11.15 米，高为 2.7 米，埋深约 2.0 米，采用明挖施工，内设电信电缆、热力管道、给水管道、电力电缆；北侧断面为圆形，直径为 3 米，采用暗挖施工，内设电信电缆、天然气管道、给水管道。

2001 年，济南市泉城路地下综合管廊分南北两条，高为 2.7 米，宽分别为 3.4 米和 3.75 米，内设监控、消防、通风、排水系统，地下还将建设主控室，系统由地下主控室控制。

2001 年，深圳市对大梅沙至盐田地下综合管廊进行可行性研究，沟体采用半圆形城门拱形断面，高 2.85 米，宽 2.4 米，结构采用初期支护和一次衬砌的钢筋混凝土复合断面结构，内设给水管道、压力污水管道、高压输气管道以及电力电缆。此地下综合管廊已经建成，是深圳市第一条地下综合管廊。

2002 年，衢州结合旧城改造，建造了坊门街地下综合管廊，长 491.48 米，内宽 2.2 米，高 2.4 米，内设电力电缆、给水管道、通信电缆。此条地下综合管廊含电力、供水、电信、移动、铁通、联通、广电传输网络 7 个单位，按使用容量分摊资金合股建设。

2002 年年底，嘉定区安亭新镇地下综合管廊动工兴建。安亭新镇地下综合管廊系统服务全镇，贯穿主要道路，总长约 6000 米，形成“日”字形格局，主体结构采用钢筋混凝土矩形框架结构形式，断面长宽均为 2.4 米。入沟管线主要为给水管线、电力管线、通信电缆、广播电视电缆、燃气管道等。管沟箱结构分为电力室和燃气室两部分，电力室两侧设有支架，都是以层架形式布置于地下综合管廊内，分别设电力、通信电缆和给水管道等，而燃气管道则置于上方的专用燃气室内。

2003 年，北京修建的中关村广场地下综合管廊位于中关村西区。地下工程建设面积近 30 万平方米，分为地下综合管廊和地下空间两部分，整个地下工程投资约 17 亿元。地下负一层是贯穿整个社区的交通环廊，将地面交通移到地下，较好解决了地面交通问题，今后在科技园核心区地面上全是步行街、花坛、绿地，充分体现了科技与人文的设计理念；负一层为车库、商业、餐饮、库房、物业服务管理等设施；负二层为地下综合管廊，有燃气、热力、电力、电信、自来水等公用设施。为了将这些公用设施送到地面，共敷设主支管线约 3000 米。管廊距地面约 14 千米，各种管线放置在单独的管沟中，单个管沟宽约 1.1 米，深约 2.4 米。此管沟不同于单纯的地下综合管廊，结合中关村西区地下商业网点的建设，把各种管线规划在单独的管沟中，方便了管线管理，增加了管线的安全性，但投资很大。

2003 年，上海松江新城示范性地下综合管廊（一期）长度为 323 米，高度和宽度均为 2.4 米，沟内从上到下依次铺设了粗细不等的电力电缆、通信电缆、有线电视电缆、给水管道、燃气管道等。

2004 年，广州市结合科韵路南延长线道路改造，建设了一条全长约 3.5 千米的地下综合管廊，共有电信、移动、联通等多家通信运营商参与。该项目工程完工后，广州市的通信管道集约化“同沟同井”管线将达 45 千米。广州大学城（小谷围岛）综合管廊建在小谷围岛，总长约 17 千米，其中沿中环路呈环状结构布局为干线管廊，全长约 10 千米；另有 5 条支线管廊，长度总和约 7000 米。该综合管廊是广东省规划建设的第一条共同管沟，也是目前国内距离最长、规模最大、体系最完善的共同管沟，它的建设是我国城市市政设施建设及公共管线管理的一次有益探索和尝试。

2006 年在中关村西区建成了我国大陆地区现代化的综合管廊。该综合管廊主线长 2 千米，支线长 1 千米，包括水、电、冷、热、燃气、通信等市政管线。

武汉王家墩商务区综合管廊总长 12.7 千米，其中干线沟为 8.98 千米，支线沟为 3.72 千米。规划投资约 2 亿元。

福州重点工程琅岐环岛路首段综合管廊全长约 40000 米。管廊为矩形双舱断面，基本结构尺寸为宽 5.8 米，高 3.2 米。综合管廊造价约为 4.15 万

元 / 米。

杭州目前最长的综合管廊——钱江新城第一条长达 2.16 千米的综合管廊也于 2006 年年初完工。杭州在站前广场改建工程中，为避免站层和各地块进出管线埋设与维修开挖路面，从而影响车站的运行，将给水管、污水管、电信电缆、电力电缆、铁路特殊电信电缆、有线电视电缆、公交动力线、供热管等置于综合管廊内。

2014 年，四川新川创新科技园区—新区大道综合管廊开工工程，平面布置在中分带内，全场 3580 米。全段采用南北分舱结构，综合管廊埋置深度大部分在 7.5 米以内，局部段穿越雨污水管，纵断面较深，最深处达 11 米。管廊宽度为 7.75 米，高度为 4.0 米。

2014 年 4 月 28 日，四川成都红星路南延线段一期综合管廊工程建设完成。主线隧道全长 2793 米，为城市快速路，核心区域综合管廊长 503.42 米；综合管廊分舱：分为电力舱、水舱、电信舱三舱分布，纬六路 110 千瓦电力进线单独设置电舱，采用四舱布置，结构净空 12.30 米 ×5.50 米。项目设计内容主要包括：道路工程、市政管线工程（包括雨污水、电力浅沟、综合管廊、市政管线迁改、管线综合）、隧道结构工程、雨水泵站工程、基坑工程、机电工程（包括电力、智能监控、通风、消防）建筑景观及装修工程、交通工程、电力隧道工程、渠道工程 10 部分内容。

台湾地区：台北市在 1991 年开始建设综合管廊，至 2003 年 12 月 31 日已经在 21 个地段建设了干线地下综合管廊、支线地下综合管廊及电缆沟。合计干线地下综合管廊 60111 米，支线共同沟 52026 米，电缆沟 66005 米。台湾在 1992 年规划城市管线地下综合管廊长约 65 千米，并将在台北市的快速路下建一条长约 7000 米的管线地下综合管廊。随后为了促进综合管廊的快速有序健康发展，台湾制定和颁布了多项相关的法律法规，如《共同管道法实施细则》法律和《共同管道设计标准》技术规范，有效地推进综合管廊的发展。

目前，台湾已经建成的有淡海及高雄新市镇、南港经贸园区等的综合管廊，正在规划综合管廊的有台中市、嘉义市、新竹市、台南市、基隆市，这些已建和规划的综合管廊大多数非常重视与地铁、高架道路、道路拓宽等大型城市基础设施的整合建设相结合。如台北市东西快速道路综合管廊的建设，全长 6.3 千米。其中，2.7 千米与地铁整合建设；2.5 千米与地下街、地下车库整合建设；独立施工的综合管廊仅 1.1 千米。将它们一起建设，分担了建设成本，避免多次开挖施工，从而大大地降低总的投资资金。目前，全台湾地区已建综合管廊有 300 余千米。

目前，国务院高度重视推进城市地下综合管廊建设，2013 年以来先后印发了《国务院关于加强城市基础设施建设的意见》《国务院办公厅关于加强城市地下管线建设管理的指导意见》，部署开展城市地下综合管廊建设试点工作。

住建部会同财政部开展中央财政支持地下综合管廊试点工作，确定包头等 10 座城市为试点城市，计划到 2018 年建设地下综合管廊 389 千米（2015 年开工 190 千米），总投资 351 亿元。根据测算，未来地下综合管廊需建 8000 千米，若按每千米 1.2 亿元测算，投资规模将达 1 万亿元。

除了住建部之外，包括发展改革委、财政部等相关部门都已经下发有关文件，支持地下管廊建设。2015 年 1 月，住建部等五部门联合发出通知，要求在全国范围内开展地下管线普查，此后决定开展中央财政支持地下综合管廊试点工作，并对试点城市给予专项资金补助。

试点的 10 座城市总投资 351 亿元，其中中央财政投入 102 亿元，地方政府投入 56 亿元，拉动社会投资约 193 亿元。以试点示范带动全国建设地下综合管廊的积极性。全国共有 69 座城市在建地下综合管廊约 1000 千米，总投资约 880 亿元。

（二）城市管廊发展遇到的问题

总的来说，我国城市综合管廊建设相对缓慢，既有资金和技术上的问题，也有意识、利益纠纷上的问题。

1. 思想交流不足

因为缺乏标准，全国各设计单位在近十年甚至更长的时间里，只采用一套或两套通用图，与其他地区交流甚少，就该课题也没有形成全国范围内的思想大交流或学术研讨会，科学调研少，设计市场处于封闭状态，逐步形成本地区习惯性的设计思维。这样就导致因缺乏不同类型的通用图，设计者不能在选取类型方案时，针对工程的具体情况和地质、地形及施工条件等情况，进行多种管沟类型方案的比较和论证，造成推荐方案不尽合理、工程造价较高等情况的出现。

2. 法律范围上的匮乏和设计上的不足

在国外，因为城市发展成熟，工程界对综合管廊研究较早，基础设施建设完善，现代化程度高。日本早在 1963 年通过并颁布了《共同管沟实施法》，随后日本的综合管廊得到迅速发展，成为世界上综合管廊技术最发达，已建成综合管廊里程最长的国家。我国台湾地区在 2000 年公布实施《共同管道法》等共 34 条法律法规，在这些法律法规的指导下，台湾地区综合管廊的建设发展也进入了快车道。中国台湾和日本都成为发展综合管廊的良好典型。

我国大陆对于综合管廊的建设和设计起步较晚，认识不足。在综合管廊建设的法律体制方面，虽做了一定的努力，并制定了《城市地下空间开发利用管理规定》《城市道路设计规划》等一些与综合管廊建设相关的规范性文件，也有如《杭州市城市地下管线管理条例（草案）》等一些地方性的指导规范，但在设计上，相关具体的设计理念和权威的设计规范方面几乎处于空白状态。没有行业上规范统一的设计、施工、验收方面的规范标准，大多数设计只是参照相近的技术标准，并经常采用其他规范来进行综合管廊的设计，或者依据别人的建设经验进行设计，这样就出现这种情况，各地在建和已经建好的综合管廊，往往都是设计单位依据单位内部或者地方性的建设规范，再根据设计经验来完成综合管廊的设计和建设任务，并没有一个完整的理论体系和统一的指导意见，这在一定程度上影响了我国综合管廊往高质量、低成本发展的脚步。

目前，我国一些城市在建设综合管廊时，其设计思路采用日本 20 世纪 80 年代的技术，我国城市目前的发展环境和遇到的难题，跟国外的情况也不同，国外早期的综合管廊技术已经不能满足我国现代化城市功能的可持续发展要求。'我国城市的发展建设，设计人员不能简单抄袭模仿国外设计方案，要有自己的特点，在借鉴和创新的基础上发展具有中国特色国际先进水平的市政综合管廊。

3. 规划管理上有难度

现在我国直埋地下管线分属不同的政府部门，由于涉及利益问题，主管管线的部门服务意识薄弱，信息共享不及时等原因，造成了市政管线的重复建设和投资浪费。而且随着城市基础设施的不断更新和完善，对地下空间的利用越来越多，规划管理上的落后已经制约了城市的发展，成为可持续发展的瓶颈。

4. 资金投入上有不足

综合管廊是一项系统工程，具有投资周期长、回收效益慢的特点，总的建设投资比直埋式管线大，未形成规模前难以发挥作用，产生效益。由于我国在城市基础设施建设上的投入一直过低，只有国内一些经济发达的城市有能力建设综合管廊，其他地区甚至都没有综合管廊的规划。资金的投入不足也造成我国国内综合管廊整体发展缓慢，要改变这一现状，需要政府部门加大资金投入。

（三）综合管廊在我国的应用前景

1. 经济基础

经过 30 余年的改革开放，我国城市经济发展迅速，具备一定的建设综合管廊的经济基础。根据国际地下空间开发利用经验，一般城市人均 GDP 大于 3500 美元时，城市进入地下空间开发利用快速发展期。据有关报道，截至 2010 年，中国内地有 10 座城市的人均 GDP 突破 1 万美元，按 7% 的年增长率考虑，至 2020 年，我国人均 GDP 将达到 8000 美元，至少有 20 座大城市的人均 GDP 超过 2 万美元，全国有上百座城市人均 GDP 超过 1 万美元。

目前，我国至少有 20 座城市已经建有综合管廊，在建和已规划设计综合管廊的城市也多达 20 余座，国内综合管廊建设除在一线城市外，还将逐步扩展至二线城市。

2. 建设时期

城市的基础设施建设直接关系到城市的生活质量和投资环境，各种市政管线是城市基础设施的重要组成部分，号称“城市的血脉”。综合管廊相对于管线直敷的优点无须赘述，各发达国家的发展实例已经摆在面前，关键是看我国的推动能力和经济实力。我国城市老城区改造、新城区建设正处于热潮之中，在这个阶段大力推进综合管廊的建设是造福市民及促进城市建设的明智之举。

3. 发展空间

有关资料表明，目前日本综合管廊总长度达到 1100 千米。成为世界上综合管廊规模最大的国家。我国台湾地区至 2005 年，综合管廊建设总长度已经超过 250 千米；大陆地区目前已建成的综合管理长度约有 300 千米，在建和已经规划设计的管沟长度约有 200 千米。据推测，2020 年我国大陆地区综合管廊总长度将达到 800 千米以上；2030 年在全国 100 座大中城市中的综合管廊总长度将达到 1300 千米以上。这就意味着在今后十余年中，我国综合管廊总长度将以平均每年 50 千米以上的速度增长。

4. 建设环境

在我国，综合管廊的设计、施工技术已没有问题，抓紧制定完善与综合管廊相关的技术规范标准，是目前最紧迫需要解决的问题。日本综合管廊就是在 1963 年《共同管沟实施法》颁布以后快速发展起来的，我国台湾地区也于 2000 年颁布了《共同管道法》，而我国大陆的综合管廊方面的立法迟迟未出台，尽管我国在 2015 年也出台了《城市综合管廊工程技术规范》作为国家标准，编号为 GB50838—2015。但是相关配套规范没能及时跟上，这也制约了我国综合管廊的健康快速发展。我国应参照国际先进经验，结合国情，完善综合管廊的规范标准建设，为综合管廊的快速可持续发展创造必要的前提条件。

我国经过近 40 年的改革开放，国家生产力水平不断增加，人民的物质生活水平发生了天翻地覆的变化，人民群众的衣食住行基本得到了保障。从深层次上说，这种保障还是低层次的保障。过去的经济的高速发展，在城市建设中由于认识的不足，更是囿于经济实力的限制，仍然存有“欠账”。“城市看海”就是城市建设过程中存在“欠账”的一种表现。

国家经过近40年的高速发展，简单粗犷的经济增长方式也到了不得不转换方式的节点。但是经济“硬着陆”又为我国庞大的经济体量所不能接受，因此削减、淘汰落后产能、转移消化产能就成为当下经济改革的突破口。投资量巨大的城市地下管廊建设就切合了转移消化产能需求，为国家产业经济逐步调整提供消化产能的空间。此时城市地下管廊的推广建设堪称“一举两得”之作。

我国经过近40年励精图治的发展，经济实力空前强大，有能力、有实力推进投资额巨大、经济效益不能迅速显现的城市地下管廊建设。这是国家满足人民群众日益增长的物质文化需求的一种具体体现，体现着人民政府为人民服务的担当。偿还过去城市建设过程中留下的“欠账”，建设“有良心的”城市，已成为各级政府与人民群众的共识。

未来50年，我国都将处在城市化的过程当中，新城区的开发、扩建，其城市地下管廊的建设已经以立法的形式确定了下来。已经与土地使用权获得、项目规划报建一样成为城市建设项目立项审批的法定内容，城市地下管廊的建设已经纳入了法制化的轨道。城市地下管廊与城市同步发展必将在全国铺开。

参考文献

[1] 胡敏华、蔺宏：《论市政共同沟发展史及其意义》，载《基建优化》2004年6月第25卷第3期。

[2] 于成龙、张作慧：《国内外城市地下管廊的发展历程及现状》，载《建设科技》2015年第17期。

[3] 国内外地下综合管廊发展现状研究 _https：//wenku.baidu.com/view/4d873a0f04a1b0717ed5dd58.html

第二章　城市管廊与 PPP[①]

一、PPP 的概念

PPP 英文全称 Public-Private Partnerships。国务院在《国务院关于创新重点领域投融资机制鼓励社会投资的指导意见》（国发〔2014〕60 号）中，给出的官方翻译为政府与社会资本合作。就 PPP 概念的定义，从国际范围看，目前还没有一个公认的说法，不同的机构、不同的人从不同的角度会有不同的理解和定义。尽管国内最高行政权力机关国务院对 PPP 有具体定义，但是，在贯彻、执行 PPP 过程中，各部门、各地区对 PPP 又给出了各自的诠释。下面介绍几种具有代表性的定义。

（一）国际机构给出的概念

1. 联合国发展计划署 1998 年给出 PPP 的概念是：PPP 是指政府、营利性企业和非营利性组织基于某个项目而形成的相互合作关系的形式。通过这种合作形式，合作各方可以达到比预期单独行动更有利的结果。合作各方参与某个项目时，政府并不是把项目的责任全部转移给私营部门，而是由参与合作的各方共同承担责任和融资风险。

2. 联合国培训研究院的概念是：PPP 涵盖了不同社会系统倡导者之间的所有制度化合作方式，目的是解决当地或区域内的某些复杂问题。PPP 包含两层含义：其一是为满足公共产品需要而建立的公共和私人倡导者之

① 根据网络公开资料整理。

间的各种合作关系；其二是为满足公共产品需要，公共部门和私人部门建立民事合作关系进行的大型公共项目的实施。

3. 欧盟委员会的概念是：PPP 是指公共部门和私人部门之间的一种合作关系，其目的是为了提供传统上由公共部门提供的公共项目或服务。

4. 美国 PPP 国家委员会的概念是：PPP 是介于外包和私有化之间并结合了两者特点的一种公共产品提供方式，它充分利用私人资源进行设计、建设、投资、经营和维护公共基础设施，并提供相关服务以满足公共需求。

5. 加拿大 PPP 国家委员会的概念是：PPP 是公共部门和私人部门之间的一种合作经营关系，它建立在双方各自经验的基础上，通过适当的资源分配、风险分担和利益共享机制，最好地满足事先清晰界定的公共需求。

（二）学术界给出的概念

1.PPP，首先是广义界定，指公共和私营部门共同参与生产和提供物品与服务的任何安排。其次，它指一些复杂的、多方参与并被民营化了的基础设施项目（E.S.Savas，2002）。最后，它指企业、社会贤达和地方政府官员为改善城市状况而进行的一种正式合作（Perry Davis，ed.，1986）。

2.PPP 是指为了实现共同目标和互惠互利，公共部门与私人部门权力共享、共同经营、维护以及信息共享而形成的合作关系（Kernaghan）。

3.PPP 是指公共部门与私营部门之间签订长期合同，由私营部门实体来进行公共部门基础设施的建设或管理，或由私营部门实体代表一个公共部门实体（利用基础设施）向社会提供各种服务。这种模式通常有如下特征：（1）公共部门实体通常根据协议向私营部门实体移交基础设施（是否付款作为回报要视情况而定）。（2）由私营部门实体建设、扩建或重建一项基础设施。（3）由公私部门指定基础设施的运行特性。（4）私营部门实体在既定期限内利用基础设施来提供公共服务（通常对运营和定价进行限制）。（5）在协议到期后，私营部门实体同意向公共部门移交基础设施（是否付款视情况而定）。

4.PPP 是一种“合作关系”，包括合同安排、联合、合作协议和协作活动等方面，通过这种合作关系来促进政策和计划的实行，提供政府计划和服务（Armstrong）。

5.PPP，在两个或多个实体之间达成协议，从而使合作各方为共同或相互兼容的目标而协同经营，并在一定程度上共享权力、共担责任，联合投入资源，共担风险，互惠互利（Treasury Board Secretariat，Impediments to Partnering）。

通过上面众多概念可以看出，无论是机构或是专家，对 PPP 都还没有形成一个完全一致的表述，但是，从这些定义和解说中我们可以发现一些共同的特征：首先是公共部门与私营部门的合作，合作是前提，每个概念中都包含合作这个关键词。其次是把提供公共产品或服务，包括提供基础设施，作为合作的目标。再次是强调利益共享，就是说在合作过程中，私营部门与公共部门共赢。最后是风险共担。这些特征大体上概括了 PPP 概念的基本要素，在此基础上，我们认为，PPP 概念中包含有合作、提供公共产品或服务、利益共享、风险合理分配这样几个要点。

（三）国内 PPP 定义

国务院对 PPP 的定义，《国务院关于创新重点领域投融资机制鼓励社会投资的指导意见》（国发〔2014〕60 号），在国务院层面，第一次以 PPP 三个大写英文字母表述政府与社会资本合作。《国务院办公厅转发财政部　发展改革委　人民银行关于在公共服务领域推广政府和社会资本合作模式指导意见的通知》（国办发〔2015〕42 号），给出了 PPP 完整的定义：政府和社会资本合作模式是公共服务供给机制的重大创新，即政府采取竞争性方式择优选择具有投资、运营管理能力的社会资本，双方按照平等协商原则订立合同，明确责权利关系，由社会资本提供公共服务，政府依据公共服务绩效评价结果向社会资本支付相应对价，保证社会资本获得合理收益。政府和社会资本合作模式有利于充分发挥市场机制作用，提升公共服务的供给质量和效率，实现公共利益最大化。

财政部对 PPP 的定义。财政部在《关于推广运用政府和社会资本合作模式有关问题的通知》（财金〔2014〕76 号）中给出的 PPP 定义为：政府和社会资本合作模式是在基础设施及公共服务领域建立的一种长期合作关系。通常模式是由社会资本承担设计、建设、运营、维护基础设施的大部分工作，并通过“使用者付费”及必要的“政府付费”获得合理投资回报；政府部门负责基础设施及公共服务价格和质量监管，以保证公共利益最大化。

发展改革委对 PPP 的定义。发展改革委在《国家发展改革委关于展开政府和社会资本合作指导意见》（发改投资〔2014〕2724 号）文中指出，政府和社会资本合作（PPP）模式是指政府为增强公共产品和服务供给能力、提高供给效率，通过特许经营、购买服务、股权合作等方式，与社会资本建立的利益共享、风险分担及长期合作关系。

国内主流 PPP 学者观点：所谓 PPP，是指政府公共部门与民营部门合作过程中，让非公共部门所掌握的资源参与提供公共产品和服务，从而实现政府公共部门的职能并同时也为民营部门带来利益。其管理模式包含与此相符的诸多具体形式。通过这种合作和管理过程，可以在不排除并适当满足民营部门的投资营利目标的同时，为社会更有效率地提供公共产品和服务，使有限的资源发挥更大的作用。我们知道，政府应当为社会公众提供公共产品和服务，但大量准公共产品与服务的提供过程，并不必然排斥私人部门的参与，相反，还可能带来一系列正面效应。如果让民营部门做这些事情，理所当然要经过政府公共部门的同意或许可；同时，为了确保民营部门提供公共产品的质和量，民营部门必然要接受政府部门的监督。政府公共部门为了能够让民营部门合理参与，也必然要为其设置相应的条件，如保证其实现一定的利益、帮助其控制相应的风险等，只有这样，民营部门才愿意做过去本该由政府公共部门做的事情。一旦民营部门做了公共部门的事情，一定是民营部门与政府公共部门合作的结果，而非相互竞争的结果——虽然在具体的民营企业或机构参与者的确定或挑选过程中，一般应当安排必要的竞争，那只是民营部门做这个事在项目具体落实程序中、环节上的单方面的内部竞争。

（二）PPP 基础知识

1.PPP 项目所涉基本概念

（1）名词解释

全生命周期（Whole Life Cycle），是指项目从设计、融资、建造、运营、维护至终止移交的完整周期。

产出说明（Output Specification），是指项目建成后项目资产所应达到的经济、技术标准，以及公共产品和服务的交付范围、标准和绩效水平等。

物有所值（Value for Money，VFM），是指一个组织运用其可利用资源所能获得的长期最大利益。VFM 评价是国际上普遍采用的一种评价传统上由政府提供的公共产品和服务是否可运用政府和社会资本合作模式的评估体系，旨在实现公共资源配置利用效率最优化。

公共部门比较值（Public Sector Comparator，PSC），是指在全生命周期内，政府采用传统采购模式提供公共产品和服务的全部成本的现值，主要包括建设运营净成本、可转移风险承担成本、自留风险承担成本和竞争性中立调整成本等。

使用者付费（User Charge），是指由最终消费用户直接付费购买公共产品和服务。

可行性缺口补助（Viability Gap Funding），是指使用者付费不足以满足社会资本或项目公司成本回收和合理回报，而由政府以财政补贴、股本投入、优惠贷款和其他优惠政策的形式，给予社会资本或项目公司的经济补助。

政府付费（Government Payment），是指政府直接付费购买公共产品和服务，主要包括可用性付费（Availability Payment）、使用量付费（Usage Payment）和绩效付费（Performance Payment）。政府付费的依据主要是设施可用性、产品和服务使用量及质量等要素。

委托运营（Operations & Maintenance，O&M），是指政府将存量公共资产的运营维护职责委托给社会资本或项目公司，社会资本或项目公司不负责用户服务的政府和社会资本合作项目运作方式。政府保留资产所有权，只向社会资本或项目公司支付委托运营费。合同期限一般不超过 8 年。

管理合同（Management Contract，MC），是指政府将存量公共资产的运营、维护及用户服务职责授权给社会资本或项目公司的项目运作方式。政府保留资产所有权，只向社会资本或项目公司支付管理费。管理合同通常作为转让—运营—移交的过渡方式，合同期限一般不超过 3 年。

建设—运营—移交（Build-Operate-Transfer，BOT），是指由社会资本或项目公司承担新建项目设计、融资、建造、运营、维护和用户服务职责，合同期满后项目资产及相关权利等移交给政府的项目运作方式。合同期限一般为 20~30 年。

建设—拥有—运营（Build-Own-Operate，BOO），由 BOT 方式演变而来，二者区别主要是 BOO 方式下社会资本或项目公司拥有项目所有权，但必须在合同中注明保证公益性的约束条款，一般不涉及项目期满移交。

转让—运营—移交（Transfer-Operate-Transfer，TOT），是指政府将存量资产所有权有偿转让给社会资本或项目公司，并由其负责运营、维护和用户服务，合同期满后资产及其所有权等移交给政府的项目运作方式。合同期限一般为 20~30 年。

改建—运营—移交（Rehabilitate-Operate-Transfer，ROT），是指政府在 TOT 模式的基础上，增加改扩建内容的项目运作方式。合同期限一般为 20~30 年。

2.PPP 项目主体

政府是指本级人民政府及所属机构、部门、事业单位。

社会资本：是指已建立现代企业制度的境内外企业法人，但不包括本级政府所属融资平台公司及其他控股国有企业。

项目公司（SPV 公司）：政府与社会资本合作，社会资本一方可以是单独的一方社会资本，也可以是 SPV 公司。在 SPV 公司中，政府可以参股也可以不参股，但是政府参股的份额不得超过项目公司股权的 50%。SPV 公司的主要特征如下：

贷款用途通常是用于建造一个或一组大型生产装置、基础设施、房地产项目或其他项目，包括对在建或已建项目的再融资；

借款人通常是为建设、经营该项目或为该项目融资而专门组建的企业法人，包括主要从事该项目建设、经营或融资的既有企业法人；

还款资金来源主要依赖该项目产生的销售收入、补贴收入或其他收入，一般不具备其他还款来源。

SPV 股东与 SPV 风险隔离，股东不为 SPV 提供担保，债权人只能以 SPV 之收费权作为还款保障，债权人无或只具有有限追索权。

（三）PPP 的基本特征

在明确 PPP 的概念和考察其起源之后，我们可以做出一个关于其特征的总结。PPP 的运行具有四个重要特征：减轻政府负债、民事合作关系、利益共享和风险合理分配。

1. 民事合作关系

民事关系是 PPP 第一个特征，政府以民事主体的身份与社会资本建立一种平等的民事合作关系。可以说，民事合作关系是 PPP 中最为首要的问题，没有民事合作关系就没有 PPP。政府购买商品和服务，给予授权，征收税费和收取罚款，这些事务的处理并不必然表明民事合作关系的真实存在。比如，即使一个政府部门每天都从同一个餐饮企业订购三明治当午餐，这也不能构成一种民事合作关系。PPP 中民营部门与政府公共部门的民事合作关系与其他关系相比，一个显著的独特之处就是项目目标一致。公共部门之所以和民营部门合作并形成民事合作关系，核心问题是在其中存在一个共同的目标：在某个具体项目上，以最少的资源，实现最多的产品或服务。民营部门是以此目标实现自身利益的追求，而公共部门则是以此目标实现公共福利和利益的追求。

2. 利益共享

利益共享是 PPP 的第二个特征。在这里需要明确的是，PPP 中公共部门与民营部门并不是分享利润，而且还需要对民营部门可能的高额利润进行控制，即不允许民营部门在项目执行过程中形成超额利润。其主要原因是，任何 PPP 项目都是公益性项目，不以利润最大化为目的。如果双方想从中分享利润，其实是很容易的一件事情，只要允许提高价格，就可以使利润大幅度提高。不过，这样做必然会带来社会公众的不满，最终还可能会引起社会的混乱。既然形式上不能与民营部门分享利润，那么如何与民营部门实际地共享利益呢？共享利益在这里除了指共享 PPP 的社会成果之外，也包括使作为参与者的民营部门、民营企业或机构取得相对平和、稳定的投资回报。

3. 风险分担

PPP 的第三个特征是风险分担。民事合作关系不仅仅意味着利益共享，同时也意味着风险分担。与市场经济规则兼容的 PPP 中，利益与风险也有对应性，风险分担是利益共享之外民事合作关系的另一个基础。如果没有风险分担，也不可能形成这种民事合作关系。

无论是市场经济或计划经济，无论是民营部门或公共部门，无论是个人或企业，没有谁会喜欢风险。即使最具冒险精神的冒险家，其实也不会喜欢风险，而是会为了利益千方百计地来避免风险。在 PPP 中，公共部门与民营部门合理分担风险的这一特征，是其区别于公共部门与民营部门其他交易形式的显著标志。如政府采购过程，之所以还不能称为公私合作民事合作关系，是因为双方在此过程中是让自己尽可能小地承担风险。而在公私民事合作关系（PPP）中，公共部门却是尽可能大地承担自己有优势方面的伴生风险，而让对方承担的风险尽可能小。一个明显的例子就是在隧道、桥梁、干道建设中，如果因车流量不够而导致民营部门达不到基本的预期收益，这时公共部门可以对其进行现金流量补贴，这种做法可以在“分担”框架下有效控制民营部门因车流量不足而引起的经营风险。与此同时，民营部门实际会按其相对优势承担较多的甚至全部的具体管理职责，而这个领域，对于公共部门而言，却正是管理层“道德风险”的易发领域，这种风险由此而得以规避。

如果每一种风险都能由最善于应对该风险的合作方承担，那么毫无疑问，整个基础设施建设项目的成本就能最小化。PPP 管理模式中，更多的是考虑双方风险的最优应对、最佳分担，而将整体风险最小化。事实证明，追求整个项目风险最小化的管理模式，要比公、私双方各自追求风险最小化更能化解准公共产品领域内的风险。所以，我们强调，PPP 所带来的“一加一大于二”的机制效应，需要从管理模式创新的层面上理解和总结。

二、公共产品供给与 PPP

公共产品（public good）是私人产品的对称，是指具有消费或使用上的非竞争性和受益上的非排他性的产品。公共座椅，亦称“公共财货”“公共物品”。西方经济学用语。指能为绝大多数人共同消费或享用的产品或服务。如国防、公安司法等方面所具有的财物和劳务，以及义务教育、公共福利事业等。特点是一些人对这一产品的消费不会影响另一些人对它的消费，具有非竞争性；某些人对这一产品的利用，不会排斥另一些人对它的利用，具有非排他性。一般有政府提供、私人提供和第三部门提供。

典型的公共产品有国防、秩序、环保、科技、教育、文化以及供水、供电、供暖、供气，等等。

（一）公共产品的基本特征

1. 非竞争性

一部分人对某一产品的消费不会影响另一些人对该产品的消费，一些人从这一产品中受益不会影响其他人从这一产品中受益，受益对象之间不存在利益冲突。例如国防保护了所有公民，其费用以及每一个公民从中获得的好处不会因为多生一个小孩或一个人出国而发生变化。

2. 非排他性

是指产品在消费过程中所产生的利益不能为某个人或某些人所专有，要将一些人排斥在消费过程之外，不让他们享受这一产品的利益是不可能的。例如，消除空气中的污染是一项能为人们带来好处的服务，它使所有人能够生活在新鲜的空气中，要让某些人不能享受到新鲜空气的好处是不可能的。

公共产品的非排他性和非竞争性，要求公共产品：第一，生产必须有公共支出予以保证；第二，经营管理必须由非营利组织承担。

（二）公共产品分类

1. 纯公共产品

一般说来，公共产品（此处指纯公共产品）是指那些为整个社会共同消费的产品。严格地讲，它是在消费过程中具有非竞争性和非排他性的产品，是任何一个人对该产品的消费都不减少别人对它进行同样消费的物品与劳务。

纯公共产品的本质特点：

（1）非竞争性

非竞争性有两方面含义：

①边际成本为零。这里所述的边际成本是指增加一个消费者对供给者带来的边际成本，例如增加一个电视观众并不会导致发射成本的增加。

②边际拥挤成本为零。每个消费者的消费都不影响其他消费者的消费数量和质量。如国防、外交、立法、司法和政府的公安、环保、工商行政管理以及从事行政管理的各部门所提供的公共产品都是属于这一类，不会因该时期增加或减少了一些人口享受而变化。此类产品增加消费者不会减少任何一个消费者的消费量，增加消费者不增加该产品的成本耗费。它在消费上没有竞争性，属于利益共享的产品。

（2）非排他性

非排他性是指某些产品投入消费领域，任何人都不能独占专用，而且要想将其他人排斥在该产品的消费之外，不允许他享受该产品的利益是不可能的，所有者如果一定要这样办，则要付出高昂的费用，因而是不合算的，所以不能阻止任何人享受这类产品。例如，环境保护中，清除了空气、噪声等污染，为人们带来了享受新鲜空气和安静环境的便利，如果要排斥这一区域的某人享受新鲜空气和安静的环境是不可能的，在技术上讲具有非排他性。

（3）非分割性

另外，纯公共产品还具有非分割性，它的消费是在保持其完整性的前提下，由众多的消费者共同享用的。如交通警察给人们带来的安全利益是不可分割的。可见，具有非竞争性、非排他性而且不能分割的纯公共产品具有公共消费的性质，即在消费这类产品时，消费者只能共享，消费者也可以不受影响的共享，而不能排斥任何人享用。管理以及从事行政管理的各部门所提供的公共产品都是属于这一类。纯公共产品不仅包括物质产品，同时还包括各种公共服务。所以有时把公共产品与劳务连在一起来看，除可供公共消费的物质产品外，政府为市场提供的服务包括政府的行政和事业方面的服务也是公共产品，这就是说，广义的公共产品既包括物质方面的公共产品，又包括精神方面的公共产品。纯公共产品一般由政府提供。

2. 准公共产品（混合产品）

（1）混合产品的概念

混合产品是兼具公共产品和私人产品属性的产品。在公共产品和私人产品之间，还存在许多不具有纯粹的公共产品或私人产品的属性，但在一定程度上又或多或少地同时具有这两种产品性质的产品和服务，通常称之为混合产品或准公共产品。准公共产品亦称为“混合产品”。这类产品通常只具备上述两个特征的一个，而另一个则表现得不充分。

（2）混合产品的性质

从整体上讲，混合产品不能同时具有非竞争性和非排他性，否则其就成为纯公共产品。同样混合产品也不能同时具有竞争性和排他性，否则其就成为私人产品。既然混合产品兼具公共产品和私人产品的属性，那么根据其所具有的两种产品属性的不同组合状况，可将其分为以下三类：

①具有非竞争性的同时也具有排他性

这类混合产品在具有公共产品非竞争属性的同时也具有私人产品排他的属性。比如公园，就是这种类型的混合产品。在游客没有超过一定人数的条件下，游客的增多并不会影响原有游客的效用水平，即公园的消费具有非竞争性，但公园可设置围墙或栏杆将不买门票者拒之门外，即其消费也具有排他性。诸如教育、影院、高速公路等都属此类的混合产品。

②具有非排他性的同时也具有竞争性

这类混合产品在具有公共产品非排他属性的同时也具有私人产品的竞争属性。比如公有的草场就是这种类型的混合产品。由于草场公有，所以大家都可以到草场放牧，即草场具有非排他的属性。但是如果超过草场的载畜量，草场的使用就具有了竞争性。诸如生活小区的健身设施、公有的森林、公海的渔业资源等都属于这种类型的混合产品。

③在一定条件下具有非竞争性和非排他性

这类混合产品在一定条件下具有非竞争性和非排他性是指，只要不超过一定的限度，该产品的消费是非竞争的和非排他的，但若超过一定的限度，则具有竞争性和排他性特征。比如，不收费的桥梁，只要不产生拥挤，则具有非竞争和非排他的属性，但如果产生了拥挤，就具有了竞争性，为了解决拥挤问题，政府就采用收费的办法，于是也就具有了排他性。显然，这类混合产品与前两类混合产品是不同的，前两类混合产品是同时兼具公共产品和私人产品的属性，而后者则是在不同的时间或者说在不同的条件下，要么具有公共产品的属性，要么具有私人产品的属性，判断其到底是具有公共产品的属性，还是具有私人产品的属性，应考虑特定的条件具体问题具体分析。

纯公共产品的范围是比较狭小的，但准公共产品的范围较宽。如教育、文化、广播、电视、医院、应用科学研究、体育、公路、农林技术推广等事业单位，其向社会提供的属于准公共产品。此外，实行企业核算的自来水、供电、邮政、市政建设、铁路、港口、码头、城市公共交通等，也属于准公共产品的范围。与上述公共产品相对应的是，私人产品也可以分成两类，即纯私人产品和俱乐部产品。纯私人产品是指那些同时具备排他性、竞争性特征的产品，包括大多数私人产品。此外还有一类称为“俱乐部产品”。这是指在某一范围内由个人出资，并在此范围内的所有个人都可以获得利益的产品，如消费合作社等。准公共产品一般由准公共组织提供，也可以由私人提供。

（三）公共产品的供给

1. 政府提供

公共提供这种情况是指由公共部门生产出公共产品，然后，由公共部门向社会提供（包括物品和劳务）。所谓公共提供，首先是指这些公共产品是由公共部门供给的，其次它是一种以不收费的方式来提供公共产品的。政府的纯公共产品，特别是行政部门，主要采用公共生产和公共提供的方式来供给公共劳务或服务。

2. 私人提供

公共提供公共产品并不一定都要由公共部门生产，有时，由政府购入私人产品，然后向市场提供。例如，国家可以将制片商已经拍好的电视片购买过来，在电视台播放。甚至武器和军事装备也由私人部门生产，然后由政府采购。

3. 社团提供

一般来说，公共产品应当由公共部门来提供。然而，有些准公共产品，尤其是在性质上接近于私人产品的准公共产品在向社会提供过程中，为了平衡获益者与非获益者的负担，提高资源的使用效益，政府往往也采取类似市场产品的供应方式，即按某种价格标准向消费者收费供应。这样，消费者必须通过付款才能获得消费权。例如，对于医疗产品既可以采取政府供给方式，也可以采取政府供给、个人付费方式，此外，自来水、电、煤气等，也都可以采取收费方式来供给。但是，由于混合供给方式包含了政府的政策因素，它与市场供给的私人产品，在性质和管理上是有很大区别的。

在上述三种公共产品生产方式中，前两种采用的是公共提供方式，第三种采用的是混合提供方式，这两者的区别就在于由谁来付款。公共产品无论是采用公共生产、公共提供，还是采用私人生产、公共提供方式，其结果是生产公共产品的费用完全由政府负担，亦即财政拨款。公共产品若是采用混合提供的方式，则其生产成本将由政府和受益的企业或个人共同分担。

（四）公共需求

公共需求在观念形态上是一种欲望、理念；在价值形态上是政府需求，是政府购买力，是财政资金，是总需求的一部分。而公共产品是为公共服务的产品或服务，是有特定用途的产品。公共产品在经济上的意义，是总供给的一部分，体现为被政府需求所购买的那部分社会产品，是公共需要的使用价值形态。一种产品产出之前或刚刚产出而没有买主之前，它的身份并没有打上公共产品或私人产品的烙印，它的身份是中性的，可以成为私人产品也可以成为公共产品，只有当它被公共需求所购买之时，它的身份才被确定为公共产品。例如，一座花园，被政府购买，成为公园，即成为公共产品；被私人购买，成为私家花园，即成私人产品。

公共需求可以转化为公共产品。作为公共需要的价值形态的公共需求以两种形式分配出去，一种是购买性支出，从而直接转化为公共产品；另一种为转移性支出，这部分支出，在其形成结果上，可以有两种：其一还是用来购买公共产品，例如，中央政府给予地方政府的补贴，一般主要用于购买性支出，另一种虽然为了公共需要的目的而支出，但其最终结果归个人使用。例如，对企业补贴的支出、用于社会保障救助穷人的支出，最终形成私人产品。所以，政府需求从根本上说，是为了满足社会公共需要，但从最终结果上，公共需求却转化为公共产品与私人产品两类。当然，政府需求的绝大部分都转化为公共产品。

（五）PPP 模式提供公共产品的特征

PPP 为社会提供公共产品的方式与上述政府提供、私人提供、社团提供不同。其区别在于政府提供、私人提供、社团提供这三种方式都是由单一主体提供，PPP 模式是政府与社会资本联合提供，公共产品的提供者是一个民事联合体。PPP 的实质是政府与社会资本合作为社会提供公共产品和服务的全生命周期内，政府承担法律风险、政策风险、最低使用量采购风险；社会资本承担设计、承建、融资、运营、维修维护等一切商业风险。PPP 模式下提供公共产品与传统公共产品提供方式，除了提供产品与服务的主体机构不同外，还有以下显著的不同。

1. 实现减轻政府负债

国务院推广 PPP 的初衷，一个很重要的因素就是减轻政府负债。过去二三十年间，城市基础设施建设领域 BT、BOT 大行其道。客观上基础设施、公共事业得到了前所未有的发展，城市建设耳目一新。但与之相伴的是政府负债急剧加大，大有难以驾驭的势头。在这种经济大背景下，国务院及时推出 PPP 模式，对城市基础设施、公共事业的建设进行有效调控，减轻政府负债，是保障经济长期稳定发展之举。PPP 模式的核心是政府不为项目公司提供任何形式的担保。而过去的 BT、BOT 项目绝大多数都能看到政府提供的担保的影子。因此，PPP 项目政府不为项目公司提供担保，从根本上断绝了 BT、BOT 的融资模式，迫使 BT、BOT 向 PPP 转型。

2.PPP 与政府购买服务不同

政府购买服务，顾名思义，政府与社会资本之间形成一种法律上的“买卖关系”。业主与社会资本之间的法律关系受《合同法》调整。PPP 是政府与社会资本合作，政府与社会资本之间形成的是一种民事合作关系，受《民法总则》调整。因此，从法律上看，政府购买与 PPP 是两种完全不同的民事行为。从 PPP 的实操上看，在 PPP 实操流程采购阶段，政府采购的并不是“公共产品与服务”，而是社会资本。

将 PPP 简单地归为政府购买，在理论上和实操上都难圆其说。

3.“政”“事”分开

PPP 不仅是一种新的投资模式，也是政府投融资机制改革的深入。PPP 模式的适用范围为能源、交通运输、水利、环境保护、农业、林业、科技、保障性安居工程、医疗、卫生、养老、教育、文化等公共服务领域。这一领域与传统的事业单位所涉及的领域基本吻合，可以说，国务院推广 PPP，是我国的改革从企业改革向事业单位改革的拓展，是改革的深入与发展，是实现政府与事业单位分离的有效抓手。

将 PPP 与政府推进的事业单位改革相结合，有益于 PPP 项目的落地。

4. 效率与公平兼顾

PPP 不是政府与社会资本之间的一场婚礼，而是一场婚姻。引进社会资本从事公共产品的提供，本质上就是引入社会资本在商业运营中的高效率，有效盘活政府沉淀的资产，提高资产运营效率。政府参与合作，承担最低使用量采购风险，就是保障社会资本在提供公共产品的过程中基本的投资回报，保障社会资本的合理收益。与此同时，由于政府保障了社会资本年投资的合理收益，极大地减轻了社会资本所面临的市场风险，因此，PPP 项目一旦产生超额利润，政府也就享有分成的权利，实现了真正意义上的政府与社会资本合作。

三、城市管廊在公共产品供给过程中的特点

（一）在技术、资金、管理上的特点

1. 技术特点

（1）规划技术。规划中相当重要的是准确地预测管线的未来需求量使地下综合管廊在规划寿命期内能满足服务区域内的管线需求，在推定未来需求量时，应该充分考虑社会经济发展的动向、城市的特性和发展的趋势。

（2）设计技术。地下综合管廊的设计在国外发达国家都有相关的设计规范，已形成比较成熟的技术，我国地下管廊的国家标准实施不久，有待

在实践中不断完善。

（3）施工技术。在国外，地下综合管廊的本体工程施工一般有明挖现浇法、明挖预制拼装法、盾构、顶管等，而从国内已建的地下综合管廊工程来看，多以明挖现浇法为主，因为该施工工法成本较低，虽然其对环境影响较大，但是，在新城区建设初期采取此工法障碍较小，具有明显的技术经济优势。今后随着地下综合管廊建设的推广，施工工法也会趋于多样化，地下综合管廊与其他地下设施的相互影响也会加大，对施工控制也会逐渐提高要求，因此研究相关技术已成为当务之急。

（4）信息化技术。地下综合管廊是城市生命线走廊，收容的管线种类多样，采用现代信息技术对地下综合管廊进行管理与监控是不可或缺的手段。地下综合管廊的监控包括对运行中的管线安全状况的监测，以及对地下综合管廊内部环境的检测，避免内部环境因素对设备管线的影响及对工作人员的伤害，从已建的地下综合管廊运营状况来看，国内在研究信息化监控方面与国际水平较接近，但也有差距。

2. 建设资金特点

由于地下综合管廊是多种管线敷设一气呵成，一次完工，重复使用的，所以一次性成本较大。目前，地下综合管廊建设资金的来源总体呈现出政府投资为主、积极寻求多元化投资的特征。由于地下综合管廊属于市政公用基础设施，带有公共产品性质，投资大、回收期长，这些特点决定了政府在地下综合管廊投资中的重要地位。近年来，随着我国城市基础设施投融资体制的改革，地下综合管廊的投资也在积极寻求多元化、市场化运作模式。随着国家对城市基础设施多元化投资模式的日益重视，伴随着相关制度的改革与创新，地下综合管廊的多元化投资模式也将取得突破，PPP 模式具有广阔的市场前景。这与国外成熟的综合管廊的融资模式形成鲜明对比。

3. 管理模式

城市地下管线综合管廊项目在政府公共管理中的职能定位直接决定了它的发展和所能发挥的作用。国外对综合管廊设施的定位是社会公共产品，与城市道路、下水道、公园等公共设施处于同等地位，并以法律的形式予以规定，它的管理归属部门也有统一的规定。而国内，综合管廊的职能定位较模糊，更没有国家统一的法律法规予以规范，除了一些新兴开发区的领导层凭自己的认识观念予以决定是否要实施综合管廊项目外，其余的都是要由政府城市建设管理部门的决策者对综合管廊的实施理念来推动它的发展。就是建成后的综合管廊的归口管理也较混乱，从目前来看，有属于城市道路管理部门的（浦东张杨路综合管廊），有属于政府管理部门的（世博园区综合管廊），也有属于各开发公司管理的（松江新城综合管廊），等等。因此，当前对我国在地下综合管廊的职能定位的研究须加快脚步。

（二）在结构上的特点

1. 城市管廊类型特点

地下综合管廊根据所收容管线输送性质的不同，其性质与构造亦有所差异，依其特性与功能，地下综合管廊的功能类型可分为：干线型综合管廊、支线型综合管廊和缆线型综合管廊（CAB）。干线型综合管廊为通过型地下综合管廊，支线型综合管廊为供给型地下综合管廊，缆线型综合管廊为仅收容电力、电信缆线的小型地下综合管廊。

（1）干线型综合管廊

干线型综合管廊是指收容通过性的管线，不直接提供接户服务的综合管廊，为通过型综合管廊，其收容的管线为市政管线中的主干管网，管径大，作用重大，往往为区域资源、能源、信息供给的“主动脉”，例如，给水系统中的输水干管，供电系统中的高压输配电线路，燃气管网中的高压干管等，这些管线的共同特点是不直接连接用户，而是连接下一级配送管网。因此，干线型综合管廊一般断面较大、有人员进出、构造复杂、附属设施齐全，安全要求等级高，多埋设于城市主干道的中央下方，埋深不小于 2.5 米。在日本的大深度地下空间开发中，干线型综合管廊也是重要组成部分。

（2）支线型综合管廊

支线型综合管廊是从干线型综合管廊分支引出来与沿线用户连结的支线，功能为收容直接服务沿线用户管线的设施，因此大都设置在道路人行道的下方，其目的是防止人行道的挖掘或消除人行道上方架空电线或电杆，达到道路无杆化的目标，属于配给型的综合管廊，是连接干线和用户的重要纽带。

（3）缆线型综合管廊

缆线型综合管廊最初在日本是指仅收容电力和电信缆线的综合管廊，其断面较小，内部高度小，不提供人员进出，直接埋设于道路两侧人行道铺面下，通过直接打开盖板进行内部维护，并提供接户服务，属于供给型综合管廊。其内部构造简单，除集水、排水设施外，基本没有其他附属设备，因此，造价低，规划建设灵活方便，在日本和我国台湾地区有广泛的应用。

其他还有诸如混合式的综合管廊等，因其断面比干线型的要小，也是设置于人行道下，所以也属于支线型综合管廊。综合管廊不同的类型在功能和成本上都有较大的差异，因此在城市或某个特定区域综合管廊的投资决策中，选择合适的功能类型的综合管廊也是城市建设管理部门重要的决策点。

（三）综合管廊的基本网络结构特点

当一座城市或某个特定区域要推动综合管廊的建设时，首先着手的工作应该是做综合管廊网络系统的规划，然后再按照网络系统的分布情形，由点而线而面逐一推动才能达成建设的目标。

建立城市综合管廊网络系统是推动建设的指标，但并非城市里每一条道路皆可设置综合管廊，首先应明了设置的目的、设置的条件、评估可行性，选用适当的时机，参照管线单位提出的预估需求量，然后才能确定规划原则而进行网络系统的规划。

建设综合管廊网络系统的主要内容包括规划系统的路线、结构、防洪、排水、管线需求容量、通风、照明、环境冲击、景观等项，综合管廊网络是城市或区域内综合管廊的线路布局、层次结构、分支构造等构成的主体结构系统。综合管廊的网络规模及其构造特点关系到综合管廊的区域综合效益，而且，网络规模又直接关系到整体的投资规模，因此，合适的网络规模是投资决策的重要环节，优化的网络结构是规划设计的首要环节。综合管廊的网络系统主要包括三个特征要素。

1. 线路布局

综合管廊网络的线路布局就是确定综合管廊沿哪些道路分布，以及由此形成的平面线型与纵断面线型。在城市里不是每条道路都适合建设综合管廊，需要从成本与效益进行分析。一般来说，综合管廊的线路布局要考虑城市的经济发展水平、城市的总体发展形态、城市功能分区、城市道路网络结构，以及城市相关基础设施的规划建设布局。

2. 层次结构

综合管廊网络的层次结构就是要合理确定综合管廊不同功能类型的比例，如前文所述，不同类型的综合管廊在功能上和成本上都具有较大的差异。综合管廊的层次结构与线路布局有密切的关系，在考虑线路布局时就要结合考虑所采用的功能类型。综合管廊的层次结构应该综合考虑城市总体的发展水平、区域的发展定位与功能定位、区域内管线的功能与性质、道路等级结构等要素，把握区域内建设综合管廊的主要目标和准备解决的主要问题，选择最佳成本与效益比的层次结构。

3. 分支构造

综合管廊的分支构造是综合管廊网络的不可缺少的组成，所谓分支构造是指综合管廊不同管段之间的衔接构造，综合管廊引入接出构造，综合管廊特殊功能构造等，是综合管廊网络的节点。分支构造是连接综合管廊各标准段使之形成一个网络的必需构造，分支构造的处理往往对综合管廊的建设成本有较大影响，是体现综合管廊设计水平的重要一面。

（四）综合管廊网络体系的特点

综合管廊网络不是一个孤立系统，而是一个开放的系统，综合管廊能否发挥其功能，及其功能的效益水平很大程度上取决于综合管廊网络系统与相关设施的关系，从而使综合管廊系统很好地融入整个区域的基础设施系统中并发挥作用，这也是决策者在做决策时必须要考虑的因素之一。

1. 综合管廊与上游管线接入的关系

任一综合管廊都是城市或某一特定区域内管线系统的一部分，这就存在综合管廊与其上游管线的接入问题。例如，某一特定区域建设的支线型综合管廊，其所收容管线为提供接户的配送管线，那么其上游管线为相应的主干管线或上一级配送管线，其上游管线可能为综合管廊建设方式，也可能为传统埋设建设方式，此时，合理经济地将各相关管线引入该支线型综合管廊内就是要注重处理的关系之一。对于供给型综合管廊必须提供接户服务，接户的引出构造是这类综合管廊需要重点处理的问题，接户的线路往往有一定的距离与空间的要求，此时应合理安排综合管廊与其他相关设施的协调关系，以便利接户的需要。

2. 综合管廊网络与相关管线网络的关系

市政管线规划是城市规划的重要部分，在规划中，各类管线往往最初都有各自的管线规划网络，而且各个规划单位彼此独立地进行管线规划，而综合管廊网络是在各类管线网络规划的基础上进行整合与统一，从而实现管线规划建设的集约性。因此，综合管廊网络与相关管线网络的整合和协调关系是综合管廊网络规划与设计中的重要内容，通过综合管廊网络规划打破各管线部门各自为政的局面，通过反馈与调整实现管线网络最佳的综合效益。这就是后文要讨论的针对管线部门所做的使用综合管廊的意愿程度和综合管廊的未来预测方法，这也是决策者在做决策时要考虑的因素，以免造成资源的浪费和经济的损失。

3. 综合管廊与其他构筑物的构造整合关系

综合管廊作为地下空间开发的一部分，其必须与其他地下构筑物合理地共建、整合，以充分高效地利用地下空间资源并保证各种设施的安全，这是在综合管廊规划设计实践中普遍遇到的问题，比如综合管廊与轨道交通隧道、车站的关系，综合管廊与地下人行通道，以及综合管廊与横向雨污水管等的关系，这些关系都是规划设计中应重点处理的关系。

（五）综合管廊在公共产品提供过程中的困境

1. 综合管廊建设遭遇的瓶颈问题

国内综合管廊的建设虽已走过了十几年的历程，但总体呈现缓慢，甚至停滞的局面。究其原因是因为城市建设管理决策层在决策时面临着必须解决的五大问题。

（1）经济可行性问题。这其实就是到底要不要实施的问题，如何对综合管廊的所有成本进行测算，如何对它所产生的直接和间接效益进行量化计算，又如何对不实施综合管廊而实行管线直埋敷设引起的道路重复开挖带来的成本与效益之间进行分析和比较。这是决策层决策依据的重点和难点问题。

（2）财政支付能力问题。当前政府是推动综合管廊建设的主导力量，因此财政投入是目前进行综合管廊建设的资金主体。然而有限的政府财力制约了综合管廊建设的发展速度。因此有没有资金成了政府决策层在决策时的重要依据，寻求综合管廊投融资的创新形式和模式是目前这一领域的研究重点。

（3）管理体制问题。综合管廊项目在国内来说还属于新生事物，基本处于研究、探索和实践当中。国外成熟的管理体制和模式在国内并不完全适应，因此探索和研究完全适应我国国情和体制的综合管廊管理体制成了政府决策层进行决策时的依据支撑。

（4）功能性问题。在城市特定的区域建设综合管廊是否能在将来满足管线敷设的需求是决定综合管廊是否达到预期效果，实现功能最大化的主要因素。而对政府决策者来说，如何对未来综合管廊利用率的预测也成了决策的依据关键。

（5）可能性问题。这也是能不能建设，技术上是否已满足现行使用功能的问题。十几年来，国内建设者在汲取国外成熟经验的基础上，结合我国实际，已经制定了一整套设计和建设方面的标准规范。因此这已经不成为政府决策层的决策依据了。

这五大问题是当前我国在综合管廊项目建设中，城市管理决策者在决策是否在特定城区实施综合管廊项目的决策支持理论依据。

2. 综合管廊建设中各方的争议焦点

建设城市地下管线综合管廊可以实现城市基础设施及维护管理的现代化，达到对城市地下空间的合理利用的目的。目前国内已建成或规划建设的综合管廊项目的实施中存在着一些争议。

（1）政府部门与管线部门之间的争议。现阶段国内推动综合管廊建设的主体力量是政府，是积极倡导者，也是城市管理体现现代化的标志，因此作为政府部门的管理者必然会主张建设。而与此相对应的是，管线部门的积极性却日渐下行，甚至有积极反对的迹象。政府考虑的是宏观的社会利益，而管线部门顾及更多的是微观的局部利益，双方不同利益的代表者才是导致争议存在的关键。

（2）政府公共管理中的环保部门与财政部门之间的争议。在政府公共部门管理职能的运作中，环保部门的职责是：保护环境，建设以人为本的城市，建设与自然协调发展的和谐城区，实现城市基础设施功能聚集，消除城市视觉污染，创造和谐的城市生态环境，而地下综合管廊正好可以实现这一目标，因此环保部门也是综合管廊项目建设的有力支持者。对财政部门来说，有限的财力必须投在社会管理和社会服务的功能上，这是它的公共管理职责。综合管廊的公共产品属性的不明确制约了政府财政投资的积极意义。

（3）各类管线部门之间的争议。从待建综合管廊项目的前期调研来看，由于国内各管线部门基本属于垄断性行业，各部门各自为政的运作模式决定了它们之间的利益是不可调和的。特别是现在我国的城市地下利用空间使用权的免费性，更突出了管线部门直埋敷设管线的坚持性。地下管位的争夺成了部门之间的利益争夺。因此集各类管线于一体的地下综合管廊也就成了管线部门共同抵制的对象。

（4）综合管廊管理者与使用者之间的争议。从目前已建综合管廊的现实情况来看，由于综合管廊的管理机构运营费用和管理费用成本的增加，势必要求作为使用者的管线部门付费或有偿使用。而现阶段，由于我国许多大中城市的管线单位都已实现了企业化、市场化的运行机制。综合管廊的有偿使用必然会增加管线单位的运行成本，而这种成本如果转嫁到消费者的生活成本上来的话，显然是不现实的，因为城市生活必需品的定价是一项系统工程，不会因为局部利益的变化而轻易调整。这也是综合管廊管理者与使用者之间存在争议的原因。

四、PPP 在城市管廊领域的应用

（一）城市管廊经济分析

成本—效益分析是综合管廊决策分析的重要手段，通过成本与效益的比较分析可以确定当前建设综合管廊的需求程度，并且可以在一定程度上进行量化计算以提高分析的精确度。

由于综合管廊属于重大的市政工程，对城市构成较大的影响，其成本与效益在很大程度上超出了项目本身的运作范围，从而表现出明显的成本与效益外溢，自然地，将综合管廊的成本分为内部成本与外部成本，效益分为内部效益与外部效益，以便于分析比较。

1. 内部成本

内部成本主要包括综合管廊的建设成本、日常维护成本。其中，建设成本可分为主体结构建设成本、附属设施建设成本以及工程调查设计等成本，此外还可能包括既有管线动迁成本、道路空间占用成本等；而日常维护成本则可分为主体结构维护管理成本和附属设施维护管理成本。

综合管廊的建设成本在不同的地区有较大的差异，根据国内部分已建综合管廊的建设成本统计来看，综合管廊的建设成本在 8000–12000 万元 /

千米。

2. 外部成本

综合管廊的外部成本主要是指综合管廊施工期间对环境的影响，包括对自然环境和周围的其他构筑物的影响，对交通的冲击以及运营期间可能存在的环境问题。其中，施工期间对道路的占用而导致的交通效率损失是较为明显的外部成本。当然不同的施工方法对侵占道路而引起的交通损失成本是不同的。例如，明挖覆盖法和盾构施工法所产生的外部成本就相差很大。

3. 内部效益

综合管廊的效益是相对于管线传统埋设方式而言的，在传统埋设方式下，必然地要反复开挖道路进行管线埋设与管线维护，为此，管线单位、管线用户、道路管理部门以及社会公众都付出不同程度的成本。就管线单位而言，其成本包括管线成本、埋设成本、定期更换成本、故障维修成本、管理成本以及道路挖掘与复旧成本。而管线用户的成本主要来自管线更换及故障时所造成的不便。道路管理部门的成本则是因道路经常挖掘而缩短寿命时，必须重建或维修的成本。

内部效益主要是指不采用传统埋设方式所节省下来的直埋建设成本与维护成本，包括各种管线的反复挖掘复旧成本、管线更新维护成本等，以及有些国家或地区所实行的道路地下空间使用费等。综合起来它包括五方面内容：（1）节省道路维修费用；（2）增加道路使用年限；（3）落实道路路面的管理；（4）易于编列道路维修费用的预算；（5）扩大地下空间的使用率。

4. 外部效益

同样地，综合管廊的外部效益也是相对应于传统埋设方式所带来的各种外部成本，包括反复开挖道路所造成的交通成本、道路寿命降低、管线寿命降低以及对城市景观的破坏等，这些成本由于采用了综合管廊建设方式而得以消除或减低，从而可视为综合管廊的外部效益构成。它包括五方面的内容：（1）减少挖掘道路，减轻交通干扰，促进交通的流畅。（2）电信、电力、电缆地下共管化后开放道路上部空间，减轻消防救灾阻碍。（3）都市无杆化，提升都市景观。（4）多目标土地使用充分利用道路地上，地下空间。（5）潜在预期管线的危险性预警设施的启用避免引起公共危险的发生（都市防灾）。

（二）决策的后续条件：兴建的时机

决策者在决策兴建综合管廊时，除了建设的成本和效益外，还需结合兴建的时机为参考因素共同作为决策的依据，因为时机的不同，所造成的成本也不同，甚至相差巨大。根据近几年综合管廊建设的实践和经验来看，兴建综合管廊的最佳时机要掌握好以下几方面：

1. 配合各管线单位在旧管线重大维修或更新计划时：管线为维持良好的传输质量，各管线单位对其既有之管线皆有维修或更新的计划，并进行大规模的挖掘维修，若借此机会兴建综合管廊，将可促进管线单位兴建的意愿。

2. 配合道路之新开辟或更新拓宽：在都市道路新开辟或拓宽、重铺之际兴建综合管廊，可延长道路的使用寿命，免去常常因埋修管线挖掘道路，最重要的乃在于减少交通阻塞。

3. 配合管线单位新建计划：管线单位拟订新建计划，或管线抽换更新之时，可进行综合管廊建设，借机纳入。

4. 配合重大工程：重大工程在建时配合共构，为最经济时机，否则日后再兴建综合管廊时，费时又费事。

5. 配合新市镇或新小区的开发：新市镇或新小区的开发最为单纯，整体网络的配置规划、设计、计划年需求预测易于掌握预估，又无障碍，故为综合管廊兴建的最好时机。

（三）PPP 项目前期工作内容

1. 项目建议及其必要性分析

综合管廊的发起不是偶然的，是一座城市发展过程的内在需求，其决策过程应严谨，有必要进行充分的论证。因此，项目的提出不是一时兴起，而是一个科学分析与论证的过程。

项目发起是项目运作的第一步，这一步不是可有可无的，是相当关键的一步。应对城市的发展状况、市政管线建设的现状与趋势进行科学严谨的调查与分析，并对城市规划建设综合管廊的时机进行分析，把握重要的建设机遇。

2. 项目方案规划及投资估算

综合管廊的建设有城市自身发展的内在动因，但是受到经济能力的限制，难以在短时间内在一座城市全面建设综合管廊，因此，需要对规划建设的区域进行分析，初步确定拟规划建设的路段，分析综合管廊网络规模及其投资规模。

项目方案规划应从城市市政管线建设的现实需求与预测需求出发，规划经济合理的规模，通常可以提出多种方案进行比选与优化选择，这一过程通常需要委托有实力的专业机构进行或通过公开招标方式征集方案，通过方案规划并进一步分析效益与成本，以此作为决策的重要依据。

3. 提出“预可行性研究报告”

以上两步是综合管廊项目决策的基础与依据，通常以“预可行性研究报告”的方式提请相关部门决策，这是项目建议的主要成果形式，一方面作为决策依据，另一方面也是进行项目投融资、项目具体设计等进一步运作的指南。

4. 确定实施方案

提交“预可行性研究报告”之后，决策机构应集合相关部门及专家组对研究报告进行评审与论证，并根据成本与效益分析做出决策，选择一种规划方案作为项目实施方案，在此基础上对确定的实现方案进一步进行工程可行性研究。

工程可行性研究除了进一步论证项目实施的必要性与可行性之外，还应根据实施方案对综合管廊进行初步设计并进行工程预算，最终形成“工程可行性研究报告”进一步深化实施方案，提请决策机构讨论并进行项目立项。

5. 项目立项

立项，是指决策机构对项目以文件形式同意建设的批复，也就是项目的决策成果。项目立项通过的审批文件一般被作为编制初步实施方案的依据。项目立项是在前期反复论证的基础上进行的，对工程总体规模，相关经济、技术指标已基本明确，以此作为项目投资建设的控制标准。

项目立项过程离不开政府相关部门的参与，通常包括市府主管部门、计委、建委、规委、土地局、物价局、财政局、税务局等其他相关部门，这些政府职能部门从不同的方面对项目进行论证，并且相关部门进行充分协调以确保项目的进一步运作。目前 PPP 项目在政府投资主管部门实行核准制或备案制。

6. 两个论证

PPP 项目必须做两个论证：一个是“物有所值”评价，一个是“政府财政承受能力论证”。评价的对象是项目初步实施方案。物有所值评价所要解决的是项目的投资回报在法律上是否具有合法合规性、在经济上是否具有可行性。政府财政承受能力论证是要解决对于政府负有支付责任的项目，政府的财政支付能力是否能够满足项目的需求。通过了两个论证的项目，应该说基本具备了采用 PPP 模式运作的条件。

7. 编制项目实施方案

项目实施方案是项目未来编制 PPP 合同的依据，是对政府与社会资本合作双方权利义务的分配以及实现投资回报的具体商业路径。实施方案包含七个方面的内容，即项目基本情况、风险分配、运作方式选择、交易架构、合同体系、监督架构、采购方式。实施方案通过地方政府批准之后，成为 PPP 项目编制招投标以及编制合同的依据。

8. 社会资本采购

实施方案一经通过，即可开始具体实施。由于综合管廊建设资金大，筹集建设资金是首要问题，应想方设法动员各方资金参与投资综合管廊项目，投资者招标是项目运作过程的重要一步，能否成功吸引投资者参与项目投资直接关系到项目的投资建设与今后的运营管理。

由于综合管廊项目的盈利能力低，在投资者招标过程中存在一定的困难，但是，通过合理的项目结构设计与灵活的体制安排可以吸引长期资金投资综合管廊。在此过程中，聘请专业的中介机构与咨询公司对项目投融资结构进行设计往往是不可缺少的环节。

9. 合同签署

投资者招标后，对中标候选人，政府部门应与之进行合同谈判，进一步确定投资细节并以合同形式予以确定。合同中应明确各方投资者的权利与义务关系，并确定资金联合方式，各方出资比例及建设期、运营期的资金投入与回收方式等其他相关细节。

合同文件是项目投资建设的主要约束文件，直接关系到参与各方的利益及项目的成败，因此，整个操作过程应当合法、合规。

五、项目公司主要工作内容

（一）组建投资方联合体（项目公司）

通过投资者招标及签署合资协议，即可按协议规定组建投资方联合体，通常以项目公司的形式作为下一阶段项目运作的主体。至此，项目运作由政府过程过渡到市场过程，项目公司应按照市场规则进行融资、工程招投标等运作。

需要强调的是，由于综合管廊是城市的生命线系统，在市场运作过程中，政府的职能不能松懈，政府从前期运作主体的地位退至监管地位上，并在相关政策上对项目公司予以支持以促使其顺利融资及其他相关运作，既保证项目市场化运作的高效率，又确保项目实现既定目标，发挥社会效益。

（二）项目融资

组建完投资方联合体（项目公司），项目公司即可通过各种渠道进行融资，包括银行信贷、国际贷款、发行债券或股票等，由于综合管廊一次性投入比较大，为分散风险，项目公司通过融资以减少自有资金投入比例，因此，安排合理的融资结构可以增强项目效益。但是，不可否认的是，目前国内的综合管廊项目运作在融资上存在很大的困难，已建的综合管廊政府投入占很大比例。尽管如此，我们仍然希望通过体制创新与法制完善来促进综合管廊项目的融资。

（三）项目建设与工程验收

通过对项目资金结构的设计与安排，并进行有效的现金流管理与风险控制，项目应立即着手建设，以降低资金成本。

项目建设过程，应对工程设计方、施工承包商等进行公开招标，以增强项目的透明度及确保项目的安全高效建设，保证工程质量。在建设过程中，工程的完工保证与质量保证对整个项目的运作至关重要，因此，应通过严格法定程序以控制风险，并定期定时进行检查，组织专家及专业咨询机构进行全过程管理与监控，确保工程顺利完工并通过工程验收。

（四）项目交付运营

项目完工并通过验收后，即可交付运营。综合管廊的运营模式与项目结构有较大关系，通常应强调项目的市场化运营模式，以委托专业的物业管理公司进行管理与运营，政府部门及投资方对其进行监控与管理以确保综合管廊的安全高效运营，发挥工程效益。

（五）项目移交

城市管廊项目投资额大、建设期长、投资回报率有限，因此通常采用 PPP 模式下的 BOT 方式。政府与社会资本合作期届满之时，社会资本应当将城市管廊的资产以及经营管理权返还政府。返还时城市综合管廊的各项经济技术指标应当达到 PPP 合同约定的条件。

参考文献

[1] 贾康、孙洁:《公私伙伴关系（PPP）的概念、起源、特征与功能》，载《财政研究》2009 年第 10 期

[2] 53 个城市地下管线综合管廊项目建设中的决策支持研究 _ http://www.landong.com/u/p_17_263144.html

[3] PPP 基本概念及理论基础 http://www.lunwenstudy.com/hbyh/98429.html

第三章　城市管廊 PPP 项目的总体应用

一、城市管廊领域应用 PPP 的特点

（一）地下综合管廊优势明显

地下综合管廊，又叫综合管沟或共同沟，是通过将电力、通信、给水、供热、制冷、中水、燃气、垃圾真空管道各类公用管线集中铺设预留检修通道的地下共同隧道，实施统一规划、设计、建设、管理和运营维护。由于管线自身特点以及相应的建设成本的影响，目前已建成的综合管廊中，大都包括电力、通信、给水、供热和中水管道，较少包括燃气（必须单独建立舱室并添加专门的配套设施）、污水、雨水管道（若为重力管道，需有一定的坡度，并且添加专门的配套设施）。管廊一般需要建设附属设施系统，包括消防系统、通风系统、供电系统、照明系统、监控管理系统、排水系统、标识系统等。

地下管廊具有准公共产品的属性。虽然各管线单位是地下管廊的直接使用者，但地下管廊建设的最大受益者是社会公众，具有很强的外部性，需要政府部门牵头发起项目。其建设过程中涉及的各方主要包括：（1）政府部门，其负责管廊统筹规划、建设和管理；（2）管线单位，属于综合管廊的使用者，承担具体某条管线的建设，支付空间使用费和管线维护费；（3）社会公众，是地下管廊的主要受益者，其带来城市环境的改善、减少反复开挖的影响、降低灾害损失等。

与传统管线铺设方式相比，地下综合管廊优势明显。地下综合管廊

可以节省城市用地、延长管线使用寿命、改善城市环境、降低管线维护成本，实现统一信息系统和智慧管理，增强城市防灾抗灾能力。综合考虑直接效益与外部效益，公共管廊与传统直埋法相比，有利于实现全社会效益最大化。用好地下空间资源，提高城市综合承载能力，满足民生之需，而且可以带动有效投资、增加公共产品供给，提升新型城镇化发展质量，打造经济发展新动力。

（二）地下综合管廊发展缓慢的原因

地下综合管廊产生的效益虽然很高，在我国发展也有二十多年的历史，但是并没有大规模建设，主要有以下两方面原因：

1. 资金成本巨大

建设地下综合管廊与传统的管线铺设方式相比，地下综合管廊的前期一次性建设费用比传统直埋形式的建设成本高出近一倍，后期的运营管理费用也高，且收益模式不明确。

2. 缺乏法律监管

长期以来，我国市政管线已经形成了独立建设、独立管理的格局，这种模式与传统的直埋方式相适应，但对地下综合管廊则要求管线能够统一规划、统一建设、统一管理。我国对管线单位开挖道路暂未有严格的法律限制，且对地下综合管廊的建设和管理的法律法规也不健全，对于产权归属、成本分摊、费用收取等与管廊运营直接相关的重要问题都没有规定，并无强制规定要求管线单位必须采用公共管廊埋线，这也造成了管线单位“各自为政”自行铺设的局面。

（三）地下综合管廊 PPP 项目的特点

一是实现经济社会效益的周期较长。地下综合管廊建成后，可以避免传统直埋方式下因管线扩容、维修等反复开挖道路的额外施工浪费，减少环境污染；同时，综合管廊避免了管线直接与土壤和地下水接触，延长了管线使用的寿命，降低成本。但这种“节约”是在管廊整个的设计使用年限（一般都在 100 年左右）中逐渐实现的，有一个漫长的过程，而地下综合管廊的建设却需要短期内一次性投入。因此，其经济效益与社会效益需要在很长一段时间中才能逐渐显现出来。

二是建设费用高，物业管理及运营维护费用低。地下综合管廊往往需要在前期投入大量的建设资金，同步配套完善的消防设施及监控设施。而建成后的物业管理则相对简便，通常情况下通过配套的监控设施即可完成对整体地下综合管廊的监控管理，与高昂的建设费用相比，运营维护费用之低几乎可以忽略不计，而日常运营维护的频度和强度相较于传统直埋方式也大大降低。

三是管线单位入廊协调难度大。地下综合管廊集中修建，里面铺设各种市政管线，包括水、电、气、热、通信等，各管线分别属于不同的使用单位和所有人，其中有国企也有私企，有央企也有地方企业，协调难度很大。对管线建设单位而言，入廊的短期效益并不明显，减少管线重置等长期效益在未来才能显现出来，这也是管线单位的积极性不高的原因之一。

自 2014 年以来，国家力推 PPP 模式。在 PPP 模式下，政府部门通过市场竞争机制引入社会资本，有利于解决政府的资金紧缺；同时，政府负责公共产品和服务的价格与质量监督，使得政府能够通过有限的财政资金提供更多、更优质的公共服务。地下综合管廊属于市政基础设施。从 PPP 的角度看，如果要确保投资人的合理回报，需要考虑建设成本、运营成本与管廊收入的平衡。从地下综合管廊的项目特点及现金流量分析，由于城市综合管网建设前期需要大量资金的投入，而向用户——水、电、煤气等运营企业收取的租用费用不宜过高（否则运营企业没有动力进入综合管网），故使用者（管线单位）付费不足以覆盖地下综合管廊的建设成本，地下综合管廊项目属于使用者付费及政府提供可行性缺口补贴的准经营性项目。

以 PPP 模式运作综合管廊项目，有如下优势：资金方面，政府自身融资渠道过于单一，采用特许经营的方式，与社会资本合作成立项目公司，项目公司通过发行企业债券、中期票据、项目收益债券等市场化方式融资，可以缓解地方政府债务压力；技术方面，由于地下综合管廊涉及电力、通信、给排水、热力等各类管线，建设期、运营维护期间很可能会遇到各类技术问题，需要较强的专业能力，政府通过 PPP 模式可引入专业的管理运营团队对地下综合管廊进行运营维护，政府行使监管职能，对社会资本定期进行绩效评价，使得其回报与绩效挂钩，督促其高效、高质地运营地下综合管廊。

（四）城市地下综合管廊的 PPP 模式应关注的重点

一是合作期限的设置要合理。地下综合管廊经济社会效益的实现往往需要一个非常漫长的周期，相应的 PPP 合作期限也应适当增长。相较于道路等其他基础设施 PPP 项目，地下综合管廊项目的合作期限一般建议不低于 25 年，可设置为 28~30 年（特许经营项目通常约定的期限不超过 30 年），如果社会资本、金融机构可以接受，长于 30 年的安排也未尝不可。

二是付费模式设计要注重可操作性。根据财政部《政府和社会资本合作模式操作指南（试行）》（财金〔2014〕113 号）的要求，PPP 项目回报机制主要包括使用者付费、可行性缺口补助和政府付费等支付方式。地下综合管廊可向各入廊管线单位收取相关费用，属于准经营类的项目，一般可采取可行性缺口补助方式来设计项目的回报机制。考虑到国内地下综合管廊实际运营经验较少，未来入廊管线单位收费情况并不明确，也可以考虑采取政府付费方式向项目公司购买地下综合管廊服务，保证项目公司合理收益，提高社会资本参与的积极性。

三是费用标的设置要科学。地下综合管廊收费主要包括管廊租赁费用及物业服务费用两部分。其中，管廊租赁费用主要满足前期建设回报要求，这部分主要通过可用性服务费方式支付；物业服务费用主要满足管廊运营维护回报要求，这部分主要通过运营绩效服务费方式支付。结合地下综合管廊项目前期建设费用高、后期运营费用低的特点，在选取社会资本时，投报费用标的设计重点应考虑可用性服务费。

四是入廊收费依据和保障要明确。根据相关政策要求，入廊管线单位应向地下综合管廊建设运营单位交纳入廊费和日常维护费。其中入廊费主要根据地下综合管廊本体及附属设施建设成本以及各入廊管线单独敷设和更新改造成本确定，用以弥补地下综合管廊项目的建设成本；日常维护费主要根据地下综合管廊本体及附属设施维修、更新等维护成本以及管线占用地下综合管廊空间比例、对附属设施使用强度等因素合理确定，用以弥补地下综合管廊项目的运营维护成本。同时，应出台强制入廊政策，保证各入廊管线单位只能使用地下综合管廊，使得地下综合管廊项目的需求得到保证。

二、国内有关管廊应用PPP的政策环境

2013年以来，国务院及其各部门陆续出台了一系列政策，开始通过政策和制度推动国内城市地下综合管廊的投资建设。国家相关政策及规范的出台和完善，为综合管廊的不断发展提供了良好的基础，地下综合管廊迎来了建设高峰期。

（一）《国务院关于加强城市基础设施建设的意见》（国发〔2013〕36号）

2013年9月，中央政府印发了《国务院关于加强城市基础设施建设的意见》（国发〔2013〕36号），明确提出要提升城市基础设施建设和管理水平，提高城镇化质量，要求深化投融资体制改革，充分发挥市场配置资源的基础性作用。该意见提出坚持先地下、后地上，优先加强供水、供气、供热、电力、通信、公共交通、物流配送、防灾避险等与民生密切相关的基础设施建设，加强老旧基础设施改造；提高城市管网、排水防涝、消防、交通、污水和垃圾处理等基础设施的建设质量、运营标准和管理水平，消除安全隐患，增强城市防灾减灾能力，保障城市运行安全；在保障

政府投入的基础上，充分发挥市场机制作用，进一步完善城市公用事业服务价格形成、调整和补偿机制。加大金融机构支持力度，鼓励社会资金参与城市基础设施建设。

该意见专门提出了开展城市地下综合管廊试点的任务：用 3 年左右时间，在全国 36 座大中城市全面启动地下综合管廊试点工程；中小城市因地制宜建设一批综合管廊项目。新建道路、城市新区和各类园区地下管网应按照综合管廊模式进行开发建设。

此外，该意见还专门提出要推进投融资体制和运营机制改革：一是建立政府与市场合理分工的城市基础设施投融资体制。政府应集中财力建设非经营性基础设施项目，要通过特许经营、投资补助、政府购买服务等多种形式，吸引包括民间资本在内的社会资金，参与投资、建设和运营有合理回报或一定投资回收能力的可经营性城市基础设施项目，在市场准入和扶持政策方面对各类投资主体同等对待。二是创新基础设施投资项目的运营管理方式，实行投资、建设、运营和监管分开，形成权责明确、制约有效、管理专业的市场化管理体制和运行机制。三是改革现行城市基础设施建设事业单位管理模式，向独立核算、自主经营的企业化管理模式转变。四是进一步完善城市公用事业服务价格形成、调整和补偿机制。五是积极创新金融产品和业务，建立完善多层次、多元化的城市基础设施投融资体系。六是研究出台配套财政扶持政策，落实税收优惠政策，支持城市基础设施投融资体制改革。

（二）国务院办公厅《关于加强城市地下管线建设管理的指导意见》（国办发〔2014〕27 号）

2014 年 6 月，国务院印发《关于加强城市地下管线建设管理的指导意见》（国办发〔2014〕27 号）。

第一，明确了城市地下管线的含义和重要性。城市地下管线是指城市范围内供水、排水、燃气、热力、电力、通信、广播电视、工业等管线及其附属设施，是保障城市运行的重要基础设施和“生命线”。

第二，提出了建设目标。2015 年年底前，完成城市地下管线普查，建立综合管理信息系统，编制完成地下管线综合规划。力争用 5 年时间，完成城市地下老旧管网改造，将管网漏失率控制在国家标准以内，显著降低管网事故率，避免重大事故发生。用 10 年左右时间，建成较为完善的城市地下管线体系，使地下管线建设管理水平能够适应经济社会发展需要，应急防灾能力大幅提升。

第三，安排了城市地下综合管廊建设的任务。36 座大中城市开展地下综合管廊试点工程，探索投融资、建设维护、定价收费、运营管理等模式，提高综合管廊建设管理水平。通过试点示范效应，带动具备条件的城市结合新区建设、旧城改造、道路新（改、扩）建，在重要地段和管线密集区建设综合管廊。城市地下综合管廊应统一规划、建设和管理，满足管线单位的使用和运行维护要求，同步配套消防、供电、照明、监控与报警、通风、排水、标识等设施。鼓励管线单位入股组成股份制公司，联合投资建设综合管廊，或在城市人民政府指导下组成地下综合管廊业主委员会，招标选择建设、运营管理单位。建成综合管廊的区域，凡已在管廊中预留管线位置的，不得再另行安排管廊以外的管线位置。要统筹考虑综合管廊建设运行费用、投资回报和管线单位的使用成本，合理确定管廊租售价格标准。

第四，首次明确要求开展城市基础设施和综合管廊建设等政府和社会资本合作机制（PPP）试点。以政府和社会资本合作方式参与城市基础设施和综合管廊建设的企业，可以探索通过发行企业债券、中期票据、项目收益债券等市场化方式融资。积极推进政府购买服务，完善特许经营制度，研究探索政府购买服务协议、特许经营权、收费权等作为银行质押品的政策，鼓励社会资本参与城市基础设施投资和运营。支持银行业金融机构在有效控制风险的基础上，加大信贷投放力度，支持城市基础设施建设。鼓励外资和民营资本发起设立以投资城市基础设施为主的产业投资基金。

（三）组织评选地下综合管廊试点城市

1.《关于开展中央财政支持地下综合管廊试点工作的通知》（财建〔2014〕839 号）

为响应中央关于“加强地下管线建设”的要求，2014 年 12 月 26 日财政部印发《关于开展中央财政支持地下综合管廊试点工作的通知》（财建〔2014〕839 号），决定开展中央财政支持地下综合管廊试点工作，对地下综合管廊试点城市给予专项资金补助。要求试点城市由省级财政、住建部门联合申报，采取竞争性评审方式选择试点城市，并对试点工作开展绩效评价。该项措施为期 3 年，具体补助数额按城市规模分档确定，直辖市每年 5 亿元，省会城市每年 4 亿元，其他城市每年 3 亿元。同时，该通知还明确对采用 PPP 模式达到一定比例的，按上述补助基数奖励 10%。

2.《关于组织申报 2015 年地下综合管廊试点城市的通知》（财办建〔2015〕1 号）

2015 年 1 月，财政部和住房城乡建设部联合印发《关于组织申报 2015 年地下综合管廊试点城市的通知》（财办建〔2015〕1 号），启动 2015 年中央财政支持地下综合管廊试点城市申报工作，明确采取“组织城市公开答辩、由专家进行现场评审、现场公布评审结果”等竞争性评审确定试点城市。其中投融资模式创新性是一个重点评审内容，包括投资规模是否经济合理，建设和运营成本核算是否清晰，建设和运营模式是否有效采取政府和社会资本合作（PPP）模式（含管线单位合作模式），采取 PPP 模式部分投资占项目总投资比例，是否充分体现“以地方及社会投入为主”，地方财力是否可承受等。

3. 2015 年地下综合管廊试点城市名单公示

2015 年 4 月，财政部、住房城乡建设部公布了 2015 年地下综合管廊试点城市名单，包括包头、沈阳、哈尔滨、苏州、厦门、十堰、长沙、海口、六盘水、白银十座城市进入 2015 年地下综合管廊试点范围。

4. 关于开展 2016 年中央财政支持地下综合管廊试点工作的通知（财办建〔2016〕21 号）

2016 年 2 月，财政部、住房城乡建设部决定启动 2016 年中央财政支持地下综合管廊试点工作，并印发了《2016 年地下综合管廊试点城市申报指南》。本次对试点城市重点评审以下内容：

（1）地方政府重视程度。省级、市级政府有推进试点工作，将试点工作打造成可示范推广的样板工程的强烈意愿；明确责任部门，建立协调机制；将地下综合管廊建设纳入政府绩效考核体系，建立有效的督查制度。

（2）目标任务。“地上、地下”统筹考虑，城市地下管线综合规划、地下综合管廊专项规划与地下空间开发利用、各类地下管线、道路交通等专项建设规划相衔接；管廊规划建设符合当前各类管线实际发展需要和城市远期发展需求；项目立项等前期工作已有一定基础，获得初步设计批复，具备开工条件；技术上可行，符合《城市综合管廊工程技术规范》（GB50838）等现行标准规范。

（3）建设运营模式。提出明确的建设运营模式。有明确的资金筹集渠道和有效的资金整合方案，经过充分的经济可行性论证；积极采取设计采购施工运营总承包（EPCO）等模式，实现地下综合管廊项目建设运营全生命周期高效管理。各方权利义务边界清晰，激励约束机制能够确保建设施工有序推进，运营管理高效实施。

（4）PPP 方案。明确试点工作中采取 PPP 模式操作项目投资占试点工作总投资比例，以及这些项目工程量占试点工作总工作量的比例（按地下综合管廊长度计算）；明确 PPP 实施基础，包括是否吸引管线单位、建设方参与合作等；提出合理的政府和社会资本合作（PPP）方案，明确资源整合和打包方案，符合财政部 PPP 工作有关制度规范。

（5）配套措施。根据国家关于管线强制入廊有关规定制定地方规范；建立可操作的地下综合管廊有偿使用收费标准；明确政府支出责任和补贴标准；建立有效的标准体系、激励约束机制；落实工程建设各方质量安全主体责任；制定地下综合管廊运行管理办法。

注：2016 年 4 月，财政部公布了 2016 年中央财政支持地下综合管廊试点城市名单：石家庄市、四平市、杭州市、合肥市、平潭综合试验区、景德镇市、威海市、青岛市、郑州市、广州市、南宁市、成都市、保山市、海东市和银川市。

（四）《城市地下综合管廊建设专项债券发行指引》

2015 年 4 月，国家发展改革委发布城市地下综合管廊建设、战略性新兴产业、养老产业和城市停车场 4 个领域的专项债券发行指引，意图简化和放松相关产业发行债券融资程序标准，拉动相关重点领域投资和消费需求增长。鼓励各类企业发行企业债券、项目收益债券、可续期债券等专项债券，募集资金用于城市地下综合管廊建设。

（五）规范综合管廊工程的规划编制和投资估算

1.《城市地下综合管廊工程规划编制指引》（建城〔2015〕70 号）

2015 年 5 月，住建部制定了《城市地下综合管廊工程规划编制指引》，用以规范和指导城市地下综合管廊工程的规划编制工作。

2.《城市综合管廊工程投资估算指标（试行）》（建标〔2015〕85 号）

2015 年 6 月，住建部又组织编制了《城市综合管廊工程投资估算指标》〔ZYA1–12（10）–2015〕（试行），补充细化综合管廊造价指标，为综合管廊建设提供更完善的计价依据。

（六）关于印发《城市管网专项资金管理暂行办法》的通知（财建〔2015〕201 号）

2015 年 6 月，为贯彻落实党的十八大以来关于城市建设和新型城镇化的战略部署，推进污水处理设施配套管网、海绵城市和地下综合管廊项目建设，构建城市生态空间，增强城市综合承载能力，提高资金使用效益，根据《中华人民共和国预算法》和《国务院关于加强城市基础设施建设的意见》（国发〔2013〕36 号），财政部制定了《城市管网专项资金管理暂行办法》。专项资金用于支持以下事项：（1）城镇污水处理设施配套管网及污水泵站建设；（2）海绵城市建设试点；（3）地下综合管廊建设试点；（4）城市生态空间建设其他需要支持的事项。暂行办法明确对按规定采用政府和社会资本合作（PPP）模式的项目予以倾斜支持。

（七）《关于推进城市地下综合管廊建设的指导意见》（国办发〔2015〕61号）

2015年8月，中央政府印发了国务院办公厅《关于推进城市地下综合管廊建设的指导意见》（国办发〔2015〕61号），把地下综合管廊建设作为履行政府职能、完善城市基础设施的重要内容。

一是提出逐步提高城市道路配建地下综合管廊的比例，全面推动地下综合管廊建设，到2020年，建成一批具有国际先进水平的地下综合管廊并投入运营的目标。

二是鼓励由企业投资建设和运营管理地下综合管廊。创新投融资模式，推广运用政府和社会资本合作（PPP）模式，通过特许经营、投资补贴、贷款贴息等形式，鼓励社会资本组建项目公司参与城市地下综合管廊建设和运营管理，优化合同管理，确保项目合理稳定回报。优先鼓励入廊管线单位共同组建或与社会资本合作组建股份制公司，或在城市人民政府指导下组成地下综合管廊业主委员会，公开招标选择建设和运营管理单位。积极培育大型专业化地下综合管廊建设和运营管理企业，支持企业跨地区开展业务，提供系统、规范的服务。

三是提出完善一些配套管理政策，包括：

1. 明确入廊要求。城市规划区范围内的各类管线原则上应敷设于地下空间。已建设地下综合管廊的区域，该区域内的所有管线必须入廊。在地下综合管廊以外的位置新建管线的，规划部门不予许可审批，建设部门不予施工许可审批，市政道路部门不予掘路许可审批。既有管线应根据实际情况逐步有序迁移至地下综合管廊。各行业主管部门和有关企业要积极配合城市人民政府做好各自管线入廊工作。

2. 实行有偿使用。入廊管线单位应向地下综合管廊建设运营单位交纳入廊费和日常维护费，具体收费标准要统筹考虑建设和运营、成本和收益的关系，由地下综合管廊建设运营单位与入廊管线单位根据市场化原则共同协商确定。入廊费主要根据地下综合管廊本体及附属设施建设成本，以及各入廊管线单独敷设和更新改造成本确定。日常维护费主要根据地下综合管廊本体及附属设施维修、更新等维护成本，以及管线占用地下综合管廊空间比例、对附属设施使用强度等因素合理确定。公益性文化企业的有线电视网入廊，有关收费标准可适当给予优惠。由发展改革委会同住房城乡建设部制定指导意见，引导规范供需双方协商确定地下综合管廊收费标准，形成合理的收费机制。在地下综合管廊运营初期不能通过收费弥补成本的，地方人民政府视情给予必要的财政补贴。

3. 完善融资支持。将地下综合管廊建设作为国家重点支持的民生工程，充分发挥开发性金融作用，鼓励相关金融机构积极加大对地下综合管廊建设的信贷支持力度。鼓励银行业金融机构在风险可控、商业可持续的前提下，为地下综合管廊项目提供中长期信贷支持，积极开展特许经营权、收费权和购买服务协议预期收益等担保创新类贷款业务，加大对地下综合管廊项目的支持力度。将地下综合管廊建设列入专项金融债支持范围予以长期投资。支持符合条件的地下综合管廊建设运营企业发行企业债券和项目收益票据，专项用于地下综合管廊建设项目。

（八）国家发展改革委、住房和城乡建设部《关于城市地下综合管廊实行有偿使用制度的指导意见》（发改价格〔2015〕2754 号）

2015 年 12 月，国家发展改革委、住建部联合印发《关于城市地下综合管廊实行有偿使用制度的指导意见》，以求形成合理收费机制，调动社会资本投入积极性，促进城市地下综合管廊建设发展，提高新型城镇化发展质量。

第一，强调建立主要由市场形成价格的机制。城市地下综合管廊各入廊管线单位应向管廊建设运营单位支付管廊有偿使用费用，城市地下综合管廊有偿使用费标准原则上应由管廊建设运营单位与入廊管线单位协商确定，对暂不具备供需双方协商定价条件的城市地下综合管廊，有偿使用费标准可实行政府定价或政府指导价。

第二，对费用构成进行了充分列举。城市地下综合管廊有偿使用费包括入廊费和日常维护费。入廊费主要用于弥补管廊建设成本，由入廊管线单位向管廊建设运营单位一次性支付或分期支付。日常维护费主要用于弥补管廊日常维护、管理支出，由入廊管线单位按确定的计费周期向管廊运营单位逐期支付。

第三，要求各地完善支持政策。城市地下综合管廊运营不能通过收费弥补成本的，由地方人民政府按照国办发〔2015〕61 号文件规定，视情给予必要的财政补贴。各地可根据当地实际情况，灵活采取多种政府与社会资本合作（PPP）模式推动社会资本参与城市地下综合管廊建设和运营管理，依法依规为管廊建设运营项目配置土地、物业等经营资源，统筹运用价格补偿、财政补贴、政府购买服务等多种渠道筹集资金，引导社会资本合作方形成合理回报预期，调动社会资本投入积极性。

（九）住房和城乡建设部、国家能源局《关于推进电力管线纳入城市地下综合管廊的意见》（建城〔2016〕98 号）

2016 年 5 月，住建部和国家能源局联合印发《关于推进电力管线纳入城市地下综合管廊的意见》，鼓励电网企业参与投资建设运营城市地下综合管廊，共同做好电力管线入廊工作。该意见要求：

第一，统筹管廊电网规划及年度建设计划。城市编制管廊专项规划，要充分了解电力管线入廊需求，事先征求电网企业意见，合理确定管廊布局、建设时序、断面选型等。各级能源主管部门和电网企业编制电网规划，要充分考虑与相关城市管廊专项规划衔接，将管廊专项规划确定入廊的电力管线建设规模、时序等同步纳入电网规划。城市组织编制管廊年度建设计划，要提前告知当地电网企业，协调开展相关工作。已经纳入电网规划的电力管线，电网企业要结合管廊年度建设计划，将入廊部分的电力管线纳入电网年度建设计划，与管廊建设计划同步实施。

第二，加强入廊管理。电网企业要主动与管廊建设运营单位协作，积极配合城市人民政府推进电力管线入廊。城市内已建设管廊的区域，同一规划路面的电力管线均应在管廊内敷设。新建电力管线和电力架空线入地工程，应根据本区域管廊专项规划和年度建设，同步入廊敷设；既有电力管线应结合线路改造升级等逐步有序迁移至管廊。

第三，实行有偿使用。管廊实行有偿使用，入廊管线单位应向管廊建设运营单位交纳入廊费和日常维护费。鼓励电网企业与管廊建设运营单位共同协商确定有偿使用费标准或共同委托第三方评估机构提供参考收费标准；协商不能取得一致意见或暂不具备协商条件的，有偿使用费标准可按照国家发展改革委、住房和城乡建设部《关于城市地下综合管廊实行有偿使用制度的指导意见》（发改价格〔2015〕2754 号）要求，实行政府定价或政府指导价。各城市可考虑电力架空线入地置换出的土地出让增值收益因素，给予电力管线入廊合理补偿。

（十）住房和城乡建设部《关于提高城市排水防涝能力推进城市地下综合管廊建设的通知》（建城〔2016〕174 号）

2016 年 8 月，住建部印发《关于提高城市排水防涝能力推进城市地下综合管廊建设的通知》，要求各地做好城市排水防涝设施建设规划、城市地下综合管廊工程规划、城市工程管线综合规划等的相互衔接，切实提高各类规划的科学性、系统性和可实施性，实现地下空间的统筹协调利用，合理安排城市地下综合管廊和排水防涝设施，科学确定近期建设工程。同时，还要求各地放宽市场准入，鼓励支持社会资本参与城市地下综合管廊和排水防涝设施建设。严格落实管线入廊制度，已建成城市地下综合管廊的主次干路，规划管线必须入廊，不得再开挖敷设管线。严格实施城市地下综合管廊有偿使用制度，建立合理的收费机制。鼓励社会资本积极创新模式，通过雨水资源化利用等方式获取额外收益，弥补社会资本的合理回报。

（十一）住房和城乡建设部办公厅 国家开发银行办公厅《关于城市地下综合管廊建设运用抵押补充贷款资金有关事项的通知》（建办城函〔2016〕967 号）

2016 年年初，中国人民银行将管廊建设纳入国家开发银行抵押补充贷款（以下称 PSL）资金运用范围，将有限资源用于符合条件的管廊重点项目。为保证 PSL 资金的规范使用，更好地发挥开发性金融对管廊建设的支持作用，2016 年 11 月，住建部联合国开行印发《关于城市地下综合管廊建设运用抵押补充贷款资金有关事项的

通知》，明确 PSL 资金主要支持管廊本体建设及入廊管线敷设。

三、城市管廊领域 PPP 项目的主要模式

管廊 PPP 项目操作模式，是指政府职能部门在推进地下综合管廊 PPP 项目操作模式的过程中，基于项目的实际情况选择确定的项目运作机制，参照财政部、国家发展改革委等部委制定的 PPP 模式政策规范性文件，常见的 PPP 项目操作模式包括委托运营（O&M）、管理合同（MC）、建设—运营—移交（BOT）、建设—拥有—运营（BOO）、建设—拥有—运营—移交（BOOT）、建设—移交—运营（BTO）、转让—运营—移交（TOT）、改建—运营—移交（ROT）等。实践中城市地下综合管廊 PPP 项目操作模式的确定，必须结合城市地下综合管廊 PPP 项目的发展历程、投资范围、运作方式、定价机制和绩效管理机制等多项因素予以确定，常见的操作模式主要有：

（一）BOT 模式

在 BOT 模式下，政府与社会投资人签订 BOT 协议，由社会投资人设立项目公司具体负责地下综合管廊的设计、投资、建设、运营，并在运营期满后将管廊无偿移交给政府或政府指定机构。运营期内，政府授予项目公司特许经营权，项目公司在特许经营期内向管线单位收取租赁费用，并

由政府每年度根据项目的实际运营情况进行核定，并通过财政补贴、优惠贷款等优惠政策，给予项目公司可行性缺口补助。

其中，项目公司向管线单位收取的租赁费用包括：管廊的空间租赁费用，如电力单位等管线铺设专业性要求较高的，可以租用管廊的空间，自行铺设和管理管线；管线的租赁费用，如供水、供热等单位可直接租用管廊内已经铺设好的管线进行使用，由项目公司进行维护和管理。

（二）BOO 模式

在 BOO 模式下，政府与社会投资人签订 BOO 协议，由社会投资人设立项目公司具体负责地下综合管廊的设计、投资、建设、运营，政府同时授予项目公司特许经营权，项目公司在特许经营期内向管线单位收取租赁费用，并由政府向其提供可行性缺口补助。特许期满后地下综合管廊的产权属于项目公司所有，项目公司可以通过法定程序再次获得特许经营权，或将管廊出租给其他竞得特许经营权的经营者。

（三）TOT 模式

对于政府现有的存量项目，可以采用 TOT 模式进行运作。在 TOT 模式下，政府将项目有偿转让给项目公司，并授予项目公司一定期限的特许经营权，特许期内项目公司向管线单位收取租赁费并由政府提供可行性缺口补助，特许期满项目公司再将管廊移交给政府或政府指定机构。具体模式与 BOT 类似。

四、城市管廊领域 PPP 应用的主要流程和核心机制

（一）主要流程

1. 项目前期准备阶段

在 PPP 模式中，项目前期准备阶段包括项目发起和项目准备两个部分。

（1）项目发起。项目发起阶段的工作主要内容包括启动准备和前期调研：组建项目实施班子、制订整体工作计划、开展项目调查等。

实施管廊 PPP 模式是一个系统工程，其复杂、专业程度极高。一要组建一个 PPP 项目实施团队，由市政府牵头，规划、建设、土地、发改、财政、审计、国资委、法制办等部门组成领导小组；二是制订具体工作实施方案，明确部门责任分工、目标任务和实施工作计划安排等；三要根据城市总体规划和近期建设规划，由政府组织相关部门或机构梳理拟新建的管廊项目和存量项目，决定可以通过 PPP 模式运作的具体项目清单，构建 PPP 项目库。

（2）项目准备。项目准备阶段主要工作是项目策划实施方案研究和编制：一是聘请顾问团队；二是项目协议；三是开展项目的前期论证，确定项目范围和实施内容（项目建设规模、主要内容和总投资）；四是前期沟通，研究项目模式，设计项目结构，编制项目实施方案；五是设计项目主要商业原则；六是财务分析，编制财务模型；七是确定投资人比选方式和原则（确定投资人应具备的条件和能力及招标方式；双方的主要权利和义务）；八是组织相关单位讨论方案；九是实施方案公示和报批。

在项目实施的最初阶段，需要考虑项目的可融资方式和财政是否负担得起，并要评估传统方式与 PPP 方式之间的效率比较，分析该项目是否适合采用 PPP 方式，拟定项目协议。

聘请专业咨询机构，负责研究项目模式，设计项目结构，编制项目实施方案，关键是设计项目主要商业原则，进行财务分析，编制财务模型。组织专家对项目实施方案进行论证，并报市政府批准和省住房和城乡建设厅备案。

2. 项目招投标实施阶段

项目招投标实施阶段包括协议编制、竞争性程序、签署协议三个部分。

（1）协议编制。细化研究协议文件编制：研究和分析项目的技术、商务边界条件（如投资、运营成本与收益测算，回购总价、回购期限与方式，回购资金来源安排和支付计划）；落实建设内容分工、投资范围（投资建设期限、工程质量要求和监管措施）；研究和编制项目协议等法律文件（项目移交方式及程序、项目履约保障措施、项目风险和应对措施等）；落实招标条件。

（2）竞争性程序。主要包括：发布项目信息；投标人准备投标文件；制定评标标准、评标细则和评标程序；成立评标工作组，开标、组织评标；编写评标报告，推荐候选人；与候选人澄清谈判。

（3）签署协议。先草签项目协议，中标人在约定时间内办理好项目公司成立的有关事宜，资金到位，政府配合完成资产交割及项目审批有关事宜，正式与项目公司签约。

3. 项目实施阶段

实施阶段包括项目建设和项目运营两个部分。

（1）项目建设。首先，项目公司与各联合单位签订正式合同，包括贷款合同、设计合同、建设合同、保险合同以及其他咨询、管理合同等；其次，项目公司组织各相关单位进行项目开发。在开发过程中，政府及相关部门对项目开发的过程进行监督，出现不符合合同的情况及时与项目公司沟通，并确定责任主体。工程验收试运营合格以后，开发阶段结束，项目进入运营阶段。

（2）项目运营。政府与项目公司签订特许经营权协议，约定特许经营期限。在整个项目运营期间，项目公司应按照协议要求对项目设施进行运营、维护。为了确保项目的运营和维护按协定进行，政府、贷款人、投资者和社会居民都拥有对项目进行监督的权利。

4. 合同终结阶段

转移中止是项目运作的最后一个阶段，包括项目移交和项目公司解散等内容。

（1）项目移交。特许经营期满后，项目公司要将项目的经营权（或所有权与经营权同时）向政府移交。在移交时，政府应注意项目是否处于良好运营和维护状态，以便保证项目的继续运营和服务提供的质量。

（2）项目公司清算。项目移交以后，项目公司的业务随之中止。因此，项目公司应按合同要求及有关规定到有关部门办理清算、注销等相关手续。

（二）核心机制

1. 解决地下综合管廊 PPP 项目的入廊难问题

地下综合管廊集中修建，里面铺设各种市政管线，包括水、电、气、热、通信等，各管线分别属于不同的使用单位和所有人，其中有国企也有私企，有央企也有地方企业，协调难度很大。对管线建设单位而言，入廊的短期效益并不明显，减少管线重置等长期效益在未来才能显现出来，造成管线单位入廊的积极性不高。

在地下综合管廊 PPP 项目中，除 PPP 项目通常的风险分配机制外，直接影响地下综合管廊长久持续运营的是项目收益风险的分配机制，即地下综合管廊 PPP 项目投资建设后，需保障地下综合管廊的运营收入。地下综合管廊的运营收入依赖于入廊单位缴纳的入廊服务费用，但如何保障公共服务管线进入地下综合，是政府必须关注的重点，因社会资本在实践操作中并无要求公共服务单位进入地下综合管廊的能力，需要政府提供地下综合管廊的入廊服务需求，但目前法律规范并未对地下综合管廊的入廊服务进行规范，《国务院办公厅关于推进城市地下综合管廊建设的指导意见》（国办发〔2015〕61 号）规定城市规划区范围内的各类管线原则上应敷设于地下空间。已建设地下综合管廊的区域，该区域内的所有管线必须入廊。在地下综合管廊以外的位置新建管线的，规划部门不予许可审批，建设部门不予施工许可审批，市政道路部门不予掘路许可审批。既有管线应根据实际情况逐步有序迁移至地下综合管廊。各行业主管部门和有关企业要积极配合城市人民政府做好各自管线入廊工作。《住房和城乡建设部关于提高城市排水防涝能力推进城市地下综合管廊建设的通知》（建城〔2016〕174 号）也规定必须严格落实管线入廊制度，已建成城市地下综合管廊的主次干路，规划管线必须入廊，不得再开挖敷设管线。前述规定从建设项目规划许可但仅属于国务院规范性文件和部门规范性文件，规范效力层级较低，而且并未直接明确强制入廊的规范合理性，实践中无具体操作实施依据，仍依赖于地方政府的“因地制宜”，不利于我国地下综合管廊 PPP 项目的大规模推广运用，而且目前我国大部分综合管廊项目正处于建设阶段，实践操作中如何协调社会资本和入廊单位的权益，有待于进一步检验。

2. 设计地下综合管廊 PPP 项目回报机制

地下综合管廊 PPP 项目的回报机制，是指社会资本投资建设和运营维护地下综合管廊 PPP 项目后，获取投资回报和投资收益的方式。《财政部关于规范政府和社会资本合作合同管理工作的通知》（财金〔2014〕156 号）规定，PPP 项目的回报机制主要有三种类型：政府付费、使用者付费和可行性缺口补助。其中政府付费是指政府直接付费购买公共产品和服务。在政府付费机制下，政府可以依据项目设施的可用性、产品或服务的使用量以及质量向项目公司付费。使用者付费是指由最终消费用户直接付费购买公共产品和服务。项目公司直接从最终用户处收取费用，以回收项目的建设和运营成本并获得合理收益。可行性缺口补助是指使用者付费不足以满足项目公司成本回收和合理回报时，由政府给予项目公司一定的经济补助，以弥补使用者付费之外的缺口部分。

实践中地下综合管廊运营维护单位与入廊单位不具备平等协商的条件。为确保地下综合管廊项目投资建设和运营维护的顺利进行，地下综合管廊的入廊使用费也可实行政府定价或政府指导价，实行政府定价或政府指导价的管廊有偿使用费应列入地方定价目录，明确价格管理形式、定价部门。有关地方可根据实际情况，由省级价格主管部门会同住房和城乡建设主管部门或省人民政府授权城市人民政府，依法制定有偿使用费标准或政府指导价的基准价、浮动幅度，并规定付费方式、计费周期、定期调整机制等有关事项。对于入廊单位缴纳的有偿使用费无法满足社会资本的合理投资收益需求的，需政府提供可行性缺口补贴，具体补贴包括价格补偿，财政补贴，政府购买服务或者配置土地、物业等经营资源等方式。

3. 科学设计管廊使用费的定价及调整机制

投资建设地下综合管廊的主要目的是为城市的供热、供电、供水等管线提供统一的安装、管理标准和环境，即地下综合管廊主要向城市公共服务管线提供服务。根据《国家发展改革委　住房和城乡建设部关于城市地下综合管廊实行有偿使用制度的指导意见》（发改价格〔2015〕2754号）的规定，城市地下综合管廊的入廊管线单位应向管廊建设运营单位支付管廊有偿使用费用，因此地下综合管廊PPP项目具备使用者付费基础。

城市地下综合管廊PPP项目收取的有偿使用费用一般包括入廊费和日常维护费。

入廊费主要目的在于弥补地下综合管廊的投资建设成本，价格确定一般需考虑：（1）城市地下综合管廊本体及附属设施的合理建设投资；（2）城市地下综合管廊本体及附属设施建设投资合理回报，原则上参考金融机构长期贷款利率确定（政府财政资金投入形成的资产不计算投资回报）；（3）各入廊管线占用管廊空间的比例；（4）各管线在不进入管廊情况下的单独敷设成本（含道路占用挖掘费，不含管材购置及安装费用，下同）；（5）管廊设计寿命周期内，各管线在不进入管廊情况下所需的重复单独敷设成本；（6）管廊设计寿命周期内，各入廊管线与不进入管廊的情况相比，因管线破损率以及水、热、气等漏损率降低而节省的管线维护和生产经营成本等因素。

日常维护费主要用于弥补管廊日常维护、管理支出，一般由入廊单位按确定的计费周期向管廊运营维护单位定期支付，一般以运营年为单位，价格确定一般需考虑：（1）城市地下综合管廊本体及附属设施运行、维护、更新改造等正常成本；（2）城市地下综合管廊运营单位正常管理支出；（3）城市地下综合管廊运营单位合理经营利润，原则上参考当地市政公用行业平均利润率确定；（4）各入廊管线占用管廊空间的比例；（5）各入廊管线对管廊附属设施的使用强度等因素。入廊费和日常维护费的具体支付标准与方式一般由入廊管线单位向地下综合管廊的运营管理单位一次或分期支付，实践中目前无统一实施标准，具体依赖于地下综合管廊运营维护单位和入廊单位的协商确定，即原则上地下综合管廊的使用费标准坚持市场引导机制。

参考文献

[1] 刘尚希、赵福军：《政府和社会资本合作（PPP）知识读本》[M]. 北京：中国财政经济出版社 2017 年版。
[2] 林华：《PPP 与资产证券化》[M]. 北京：中信出版社 2016 年版。
[3] 周兰萍：《PPP 项目运作实务》[M]. 北京：法律出版社 2016 年版。
[4] 赵福军、汪海：《中国 PPP 理论与实践研究》[M]. 北京：中国财政经济出版社 2015 年版。

第四章　城市管廊 PPP 项目重要环节操作指南

一、管廊 PPP 的立项

项目立项分为审批、核准和备案三种类型。其中，审批针对政府投资项目，核准和备案针对社会投资项目。根据现行政策规定，启动管廊 PPP 项目运作程序前，与一般项目一样，均须遵照《政府核准的投资项目目录（2016 年本）》（国发〔2016〕72 号）、《企业投资项目核准和备案管理条例》（中华人民共和国国务院令第 673 号）以及投资项目管理有关规定，完成前期立项。

PPP 是一种创新的投融资模式，与传统管廊建设工程项目相比，管廊 PPP 项目除了履行立项等基建审批手续外，还需进行 PPP 模式审批以及项目收费定价和项目财政性支出（如有）审批等程序。

（一）管廊 PPP 项目建设手续审批

1. 管廊项目开工建设条件

为加强和规范新开工项目管理，切实从源头上把好项目开工建设关，维护投资建设秩序，2007 年 11 月 17 日，国务院办公厅发布《关于加强和规范新开工项目管理的通知》（国办发〔2007〕64 号），对于各类投资项目开工建设条件进行了全面规定。

该通知规定，各类投资项目开工建设必须符合下列条件：（1）符合国家产业政策、发展建设规划、土地供应政策和市场准入标准。（2）已经完成审批、核准或备案手续。实行审批制的政府投资项目已经批准可行性研究报告，其中需审批初步设计及概算的项目已经批准初步设计及概算；实行核准制的企业投资项目，已经核准项目申请报告；实行备案制的企业投资项目，已经完成备案手续。（3）规划区内的项目选址和布局必须符合城乡规划，并依照城乡规划法的有关规定办理相关规划许可手续。（4）需要申请使用土地的项目必须依法取得用地批准手续，并已经签订国有土地有偿使用合同或取得国有土地划拨决定书。其中，工业、商业、旅游、娱乐和商品住宅等经营性投资项目，应当依法以招标、拍卖或挂牌出让方式取得土地。（5）已经按照建设项目环境影响评价分类管理、分级审批的规定完成环境影响评价审批。（6）已经按照规定完成固定资产投资项目节能评估和审查。（7）建筑工程开工前，建设单位依照建筑法的有关规定，已经取得施工许可证或者开工报告，并采取保证建设项目工程质量安全的具体措施。（8）符合国家法律法规的其他相关要求。

2. 新建管廊 PPP 项目建设审批文件

（1）项目建议书

项目建议书是管理项目建设前期工作的第一步。项目建议书主要是从项目自身的客观条件方面考察项目建设的必要性，一般由项目发起人（对于管廊姓名，一般是地方住建部门）向发改部门报送，提出立项申请，发改部门审查通过后下达项目建议书批复文件。经批准的项目建议书是编制可行性研究报告和作为拟建项目立项的依据。项目建议书的批复单位应为国家或地方发展改革委。

（2）可行性研究报告

可行性研究报告是在项目建议书的基础上，结合专项评估报告，对项目市场、技术、财务、工程、经济和环境等方面进行详细分析后编制的。项目可行性研究报告的编制是确定管廊建设项目之前具有决定性意义的一项工作，是在投资决策之前对拟建综合管廊项目进行全面技术经济分析的科学论证工作。

编制可行性研究报告时，有多个专项报告需要审批，其中水土保持方案、环境影响报告、土地使用预审等审批作为项目立项和核准的主要条件之一。项目可行性研究报告的批复单位为国家或地方发展改革委。

实践中，为节约项目审批流程、加快项目落地，针对项目实际需要也可以通过编制项目工程预可研的方式来评估项目产出要求在工程和技术方面的可行性并提出方向性建议。综合管廊项目的工程预可研报告应由地方 PPP 管理部门会同发改部门、财政部门和住建部门共同审查。

（3）水土保持方案

水土保持方案必须先经水行政主管部门审查批准，按照国家规定，水土保持方案报告书与环境影响评价报告书实行同级审批。水土保持方案审批的主要依据是：《中华人民共和国水土保持法实施条例》（国务院令〔1993〕第 120 号）、《开发建设项目水土保持方案编报审批管理规定》（水利部令〔1995〕第 5 号）及地方相关实施办法。

（4）环境影响评价报告

环境影响评价是指对拟建项目可能造成的环境影响进行分析、论证的全过程，该影响既包括环境污染和生态破坏的不利影响，亦包括对环境的有利影响，并在此基础上提出防治措施和对策。环境影响评价是管理项目评价体系的重要组成部分，内容包括项目建设方案所需要的环境条件研究，影响项目建设环境因素的识别和分析，需要采取的保护对策和措施以及相关的环境损失和环境效益经济分析。

环境影响评价报告实行分级审批的办法，报有审批权的环境保护行政主管部门审批。由有审批权的环境保护主管部门负责组织对评价报告的审查，审查批准后的评价报告作为环境影响评价工作和收费的依据。环境影响评价报告的审批一般不超过 60 个工作日，需要进行听证、专家评审和技术评估的，一般不超过 90 个工作日，个别重大环境敏感项目一般不超过 120 个工作日。环境影响评价报告审批的主要依据是：《中华人民共和国环境保护法》《中华人民共和国环境影响评价法》以及《建设项目环境保护管理条例》。

（5）土地使用预审

土地使用预审是指国土资源管理部门在综合管廊建设项目审批、核准、备案阶段，依法对建设项目所涉及的土地利用事项进行的审查。土地使用预审实行分级预审，需人民政府或有批准权的人民政府发展和改革等部门审批的项目由该人民政府的国土资源管理部门预审。土地使用预审的主要依据是：《中华人民共和国土地管理法》《建设项目用地预审管理办法》以及《国务院关于深入改革严格土地管理的决定》。

（6）规划选址意见书

项目发起人依据发改部门出具的项目建议书批复文件，向建设规划主管部门申请办理项目规划选址手续，建设规划主管部门审查通过后下达建设项目选址意见书，其主要内容包括建设项目的基本情况和建设项目规划的主要依据，其作用是为明确项目建设的地理位置。

根据《中华人民共和国城乡规划法》第 36 条的规定，“按照国家规定需要有关部门批准或者核准的建设项目，以划拨方式提供国有土地使用权的，建设单位在报送有关部门批准或者核准前，应当向城乡规划主管部门申请核发选址意见书”，可知，按照国家规定需要有关部门批准或者核准的建设项目，以划拨方式提供国有土地使用权的，都应当申请核发选址意见书。建设项目选址意见书核发单位为城乡规划主管部门。

（7）规划及用地许可

管廊项目发起人依据发改部门出具的项目可行性研究报告批复文件，可向规划主管部门申请办理建设用地规划许可证以及建设工程规划许可证，其作用在于核实项目是否满足用地以及技术上的规划要求。建设用地规划许可证和建设工程规划许可证的审批单位均为地方规划主管部门。

（二）PPP 模式相关审批

1.PPP 模式适用范围的审查

管廊项目具有投资规模较大、价格调整机制相对灵活、市场化程度相对较高、需求长期稳定等特点，因此属于 PPP 模式的适用范围。

2.PPP项目审批提交的文件范围

财金113号文针对项目不同类型对项目发起人需要提交的文件做了区分，新建、改建管廊PPP项目应提交可行性研究报告、项目产出说明和初步实施方案；存量管廊PPP项目应提交存量公共资产的历史资料、项目产出说明和初步实施方案。其中，历史资料主要包括存量公共资产的基本信息、日常管廊资料、生产运营数据、产权人决议、清产核资、财务审计、资产评估、职工安置方案等与存量公共资产有关的资料文件。

3.PPP项目实施方案审批

除了与建设工程相关的立项等行政审批手续外，财政部门（政府和社会资本合作中心）还要对项目实施方案进行物有所值评估和财政承受能力验证，通过验证的项目，才允许项目实施机构报政府审核。同时，为增强审批的可操作性，各地政府陆续出台了专门的规范性文件或实施细则来落实、细化PPP项目的审批流程。

实践中，为进一步减少审批环节，可以由财政部门或其他部门牵头对PPP项目实施方案进行联评联审，从项目建设的必要性、合规性、PPP模式的适用性、财政承受能力以及价格的合理性等方面，对项目实施方案进行可行性评估，评估结果作为项目决策的重要依据。

4.PPP项目价格审批

管廊PPP项目的定价和收费机制是项目成败的重要基础，关系到项目的风险分配和收益回报，是政府方和社会资本方共同关注的核心事项。由于PPP项目的行业、运作方式及具体情况的不同，其价格和收费机制也不尽相同。根据付费来源的不同，PPP项目的付费方式主要分为三类：使用者付费、政府付费和可行性缺口补助。这里的价格审批仅指使用者付费的价格（包括可行性缺口补助中的使用者付费）。

《价格法》规定，重要的公用事业价格以及重要的公益性服务价格可以实行政府指导价或政府定价，其政府指导价、政府定价的定价权限和具体适用范围，以中央和地方的定价目录为依据。据此，在进行收费定价时，应当参考中央和地方的定价目录，在明确定价机关和相应的定价程序后，管廊 PPP 项目建设经营单位应当编制成本资料或可行性研究报告，实施机关会同价格主管部门进行价格成本调查后组织专家进行价格论证，并举行听证会、听取社会意见，经集体审议后做出定价决定并予以公告。

二、管廊 PPP 的物有所值分析

物有所值评价体系（VFM）起源于 PPP 的母国英国，是目前国际上最为通用的 PPP 项目可行性评估体系，我国财政部于 2014 年到 2015 年颁布《PPP 物有所值评价指引（试行）》等一系列规范性文件，基本上确立了 PPP 项目的物有所值评价框架和流程。值得一提的是，随着 PPP 资产证券化等新型业务逐渐展开，PPP 正在向阶段化、精细化发展，VFM 也将从一个事前评价体系逐渐变为适用于项目全过程的综合评价体系。

VFM 区别于事后评价，带有明显的预判性，涉及的项目规模越大，要考虑的因素越多。以风险承担这一项指标来举例，一个项目涉及的风险包括法律风险、政策风险、配套支持风险、供应量风险、支付风险、出资融资风险、成本超支风险、财经风险、运用维护移交风险、市场风险、不可抗力风险、应急风险和剩余风险等十几个种类。因此 VFM 实际上是一个繁复庞大的评价体系，对其科学性的要求不亚于对项目本身的要求。

一份 PPP 物有所值评价报告的主要结构包括项目基础信息、评价方法、定性评价、定量评价、评价结论以及附录六部分。

（一）项目基础信息

主要包括项目概况，如项目名称、地点、建设规模与内容、投资估算及资金来源、项目进度计划、项目目标与意义等；项目产出说明，如项目形成资产概况、提供服务概况等；绩效标准；运作方式，如具体运作模式、合作范围、SPV 股权情况、合作期限、回报方式、全生命周期成本、调价机制等；风险分配框架以及付费机制等内容。

（二）评价方法

主要是介绍 VFM 的评价原理及流程。现阶段以定性评价为主，鼓励开展定量评价。定性分析重点关注项目采用 PPP 模式与采用政府传统采购模式相比能否增加公共供给、优化风险分配、提高效率、促进创新和公平竞争、有效落实政府采购政策等。定量评价是在假定采用 PPP 模式与政府传统投资方式产出绩效相同的前提下，通过对 PPP 项目全生命周期内政府方净成本的现值（PPP 值）与公共部门比较值（PSC 值）进行比较，判断 PPP 模式能否降低项目全生命周期成本。

（三）物有所值定性评价

物有所值定性评价多数采用的是专家评分法，主要包括确定定性分析指标、组成专家小组、召开专家小组会议和做出定性分析结论等。

1. 定性评价程序

根据财金〔2015〕167 号文规定，定性评价程序如下：

（1）根据项目实际情况，确定指标体系及权重；

（2）确定专家组，将相关资料发送专家；

（3）财政部门会同行业主管部门召开专家组会议（本项目评审小组由实施机构代表和评审专家共 7 人组成，评审专家中包含财政、会计、金融、工程技术、资产评估、项目管理、法律专家等专家共 7 名，专家均具有 PPP 和传统项目采购模式方面的专业知识和经验）；

（4）专家组充分讨论后进行评分；

（5）形成专家组意见；

（6）财政部门会同行业主管部门根据专家组意见，做出定性评价结论。

2. 定性评价指标

根据财金〔2015〕167 号文，定性评价指标包括基本评价指标和补充评价指标，基本评价指标包含全生命周期整合程度、风险识别与分配、绩效导向与鼓励创新、潜在竞争程度、政府机构能力、可融资性六项指标。

（1）全生命周期整合程度指标，主要考核在项目全生命周期内，项目设计、投融资、建造、运营和维护等环节能否实现长期、充分整合，主要通过查看项目计划整合全生命周期各环节的情况来评分。

（2）风险识别与分配指标，主要考核在项目全生命周期内，各风险因素是否得到充分识别并在政府和社会资本之间进行合理分配，主要通过查看在项目识别阶段对项目风险的认识情况来评分。

（3）绩效导向，主要考核是否建立以基础设施及公共服务供给数量、质量和效率为导向的绩效标准和监管机制，主要通过查看在项目识别阶段项目绩效指标的设置情况来评分。鼓励创新，主要考核是否落实节能环保、支持本国产业等政府采购政策，能否鼓励社会资本创新，主要通过查看项目产出说明来评分。

（4）潜在竞争程度指标，主要考核项目内容对社会资本参与竞争的吸引力，主要通过查看项目将引起社会资本（或其联合体）之间竞争的潜力，以及预计在随后的项目准备、采购等阶段是否能够采取促进竞争的措施等来评分。

（5）政府机构能力指标，主要考核政府转变职能、优化服务、依法履约、行政监管和项目执行管理等能力，主要通过查看政府的 PPP 理念，以及结合项目具体情况查看相关政府部门及机构的 PPP 能力等来评分。

（6）可融资性指标，主要考核项目的市场融资能力，主要通过预计项目对金融机构的吸引力来评分。

根据项目的具体情况，实施机构会同行业主管部门也可以根据实际情况设置补充评价指标。在各项评价指标中，六项基本评价指标权重为 80%，其中任一指标权重一般不超过 20%；补充评价指标权重为 20%，其中任一指标权重一般不超过 10%。

（四）物有所值定量评价

定量评价是在假定采用 PPP 模式与政府传统投资方式产出绩效相同的前提下，通过对 PPP 项目全生命周期内政府方净成本的现值（PPP 值）与公共部门比较值（PSC值）进行比较，判断PPP模式能否降低项目全生命周期成本。PPP＜PSC意味着物有所值，使用PPP方式能够降低成本。

物有所值定量分析的主要步骤包括：

（1）根据参照项目计算PSC值；

（2）根据影子报价和实际报价计算PPP值；

（3）比较PSC值和PPP值，计算物有所值量值和指数，得出定量分析结论。

1.PSC值的计算

PSC=基本PSC+竞争性中立调整值+项目全部风险承担成本

（1）基本PSC=建设净成本+运营维护净成本=（项目建设成本－资本性收益）+（运营维护成本－第三方收入）

（2）竞争性中立调整值是为了消除政府传统采购模式下公共部门相对社会资本所具有的竞争优势，主要包括政府比社会资本少支出的土地费用、行政审批费用、所得税等有关税费。

（3）项目风险承担成本包括可转移风险、可分担风险以及不可转移分担风险。可转移风险包括项目建设期间可能发生的组织机构、施工技术、工程、投资估算、资金、市场、财务等风险，项目公司通过参加商业保险后，大部分风险可以有效转移；可分担风险包括项目建设和运营期间可能发生的法规政治风险、自然灾害等不可抗力风险等，需要政府和项目公司共担的风险；不可转移风险包括主要项目运营期间受消费物价指数、劳动力市场指数等影响可能发生的价格调整和利润率对运营补贴支出风险责任，不可转移和分担，由政府承担风险支出。

2.PPP值的计算

PPP值=股权投资+运营补贴+风险承担+配套投入

（1）股权投资应当依据项目资本金要求及项目公司股权结构合理确定，股权投资=项目资本金×政府占项目公司股权比例。

（2）运营补贴支出应当根据项目建设成本、运营成本及利润水平合理确定，并按照不同付费模式分别测算。

①对政府付费模式的项目，在项目运营补贴期间，政府承担全部直接付费责任。政府每年直接付费数额包括：社会资本方承担的年均建设成本（折算成各年度现值）、年度运营成本和合理利润。

②对可行性缺口补助模式的项目，在项目运营补贴期间，政府承担部分直接付费责任。政府每年直接付费数额包括：社会资本方承担的年均建设成本（折算成各年度现值）、年度运营成本和合理利润，再减去每年使用者付费的数额。

③使用者付费模式的项目无须计算运营补贴支出。

（3）风险承担支出责任是指项目实施方案中政府承担风险带来的财政或有支出责任。通常由政府承担的法律风险、政策风险、最低需求风险以及因政府方原因导致项目合同终止等突发情况，会产生财政或有支出责任。

（4）配套投入支出责任是指政府提供的项目配套工程等其他投入责任。通常包括政府承担的未纳入建设成本的咨询服务费用、市场测试费用、社会资本未中选补偿金、移交补偿款等交易成本，政府负责的连接设施和配套工程建设成本，政府授予社会资本的项目周边土地或商业开发收益权，政府向社会资本提供的贷款贴息，以及政府放弃的项目公司股利等。

（五）物有所值评价结论

结合定性分析结果和定量分析结果得出物有所值评价结论。

（六）附录

主要包括七位专家的专家打分表。

三、管廊 PPP 的财政承受能力论证

财政承受能力论证，是识别、测算 PPP 项目各项财政支出责任，科学评估项目实施对当前及今后年度财政支出影响，为 PPP 项目财政管理提供

依据的测算工具。财政承受能力论证主要考察政府是否具备足够的财力支撑 PPP 项目实施。如果财力不济，会产生政府违约风险，影响项目的可持续性。该项工作的开展有利于规范 PPP 项目财政支出管理，有序推进项目实施，有效防范和控制财政风险。从这个角度来说，财政承受能力论证对 PPP 项目具有一票否决的作用。与“物有所值”评价（VFM）类似，财政承受能力论证在国内也处于试行和推广阶段，概念和观念、方法体系也在摸索完善当中。

（一）财政能力论证责任主体

各级财政部门（或 PPP 中心）负责组织开展行政区域 PPP 项目财政承受能力论证工作。省级财政部门负责汇总统计行政区域内的全部 PPP 项目财政支出责任，对财政预算编制、执行情况实施监督管理。

财政部门（或 PPP 中心）应当会同行业主管部门，共同开展 PPP 项目财政承受能力论证工作。必要时可通过政府采购方式聘请专业中介机构协助。

各级财政部门（或 PPP 中心）要以财政承受能力论证结论为依据，会同有关部门统筹做好项目规划、设计、采购、建设、运营、维护等全生命周期管理工作。

（二）责任识别的注意要点

PPP 项目全生命周期过程的财政支出责任，主要包括股权投资、运营补贴、风险承担、配套投入等。

股权投资支出责任是指在政府与社会资本共同组建项目公司的情况下，政府承担的股权投资支出责任。如果社会资本单独组建项目公司，政府不承担股权投资支出责任。

运营补贴支出责任是指项目运营期间，政府承担的直接付费责任，包括：政府付费模式下，政府承担全部运营补贴支出责任；可行性缺口补助模式下，政府承担部门运营补贴支出责任。如果项目采用使用者付费模式，则政府不承担运营补贴支出责任。

风险承担支出责任是指项目实施方案中政府承担风险带来的财政或有支出责任。通常由政府承担的法律风险、政策风险、最低需求风险以及因政府方原因导致项目合同终止等突发情况，会产生财政或有支出责任。

配套投入支出责任是指政府提供的项目配套工程等其他投入责任，通常包括土地征收和整理、建设部分项目配套措施、完成项目与现有相关基础设施和公共事业的对接、投资补助、贷款贴息等。配套投入支出应依据项目实施方案合理确定。

（三）支出测算的注意要点

财政部门（或 PPP 中心）应当综合考虑各类支出责任的特点、情景和发生概率等因素，对项目全生命周期内财政支出责任分别进行测算。

1. 股权投资支出

股权投资支出＝项目资本金 × 政府占项目公司股权比例

2. 运营补贴支出

（1）政府付费模式。政府每年直接付费数额包括：社会资本方承担的年均建设成本（折算成各年度现值）、年度运营成本和合理利润。

（2）可行性缺口补助模式。政府每年直接付费数额包括：社会资本方承担的年均建设成本（折算成各年度现值）、年度运营成本和合理利润，再减去每年使用者付费的数额。

在计算运营补贴支出时，应当充分考虑合理利润率变化对运营补贴支出的影响。

PPP 项目实施方案中的定价和调价机制通常与消费物价指数、劳动力市场指数等因素挂钩，会影响运营补贴支出责任。在可行性缺口补助模式下，运营补贴支出责任受到使用者付费数额的影响，而使用者付费的多少因定价和调价机制而变化。在计算运营补贴支出数额时，应当充分考虑定价和调价机制的影响。

（3）风险承担支出应充分考虑各类风险出现的概率和带来的支出责

任，可采用比例法、情景分析法及概率法进行测算。如果 PPP 合同约定保险赔款的第一受益人为政府，则风险承担支出应为扣除该等风险赔款金额的净额。

（4）配套投入支出数额＝政府拟提供的其他投入总成本－社会资本方支付的费用

（四）能力评估的注意要点

财政部门（或 PPP 中心）识别和测算单个项目的财政支出责任后，汇总年度全部已实施和拟实施的 PPP 项目，进行财政承受能力评估。

财政承受能力评估包括财政支出能力评估以及行业和领域平衡性评估。财政支出能力评估，是根据 PPP 项目预算支出责任，评估 PPP 项目实施对当前及今后年度财政支出的影响；行业和领域均衡性评估，是根据 PPP 模式适用的行业和领域范围，以及经济社会发展需要和公众对公共服务的需求，平衡不同行业和领域 PPP 项目，防止某一行业和领域 PPP 项目过于集中。

在进行财政支出能力评估时，未来年度一般公共预算支出数额可参照前五年相关数额的平均值及平均增长率计算，并根据实际情况进行适当调整。

（五）通过论证后的工作

1. 通过财政承受能力论证且经同级人民政府审核同意实施的 PPP 项目，各级财政部门应当将其列入 PPP 项目目录，并在编制中期财政规划时，将项目财政支出责任纳入预算统筹安排。

2. 在 PPP 项目正式签订合同时，财政部门（或 PPP 中心）应当对合同进行审核，确保合同内容与财政承受能力论证保持一致，防止因合同内容调整导致财政支出责任出现重大变化。财政部门要严格按照合同执行，及时办理支付手续，切实维护地方政府信用，保障公共服务有效供给。

（六）信息披露要点

省级财政部门应当汇总区域内的项目目录，及时向财政部报告，财政部通过统一信息平台（PPP 中心网站）发布。

各级财政部门（或 PPP 中心）应当通过官方网站及报刊媒体，每年定期披露当地 PPP 项目目录、项目信息及财政支出责任情况。应披露的财政支出责任信息包括：PPP 项目的财政支出责任数额及年度预算安排情况、财政承受能力论证考虑的主要因素和指标等。

项目实施后，各级财政部门（或 PPP 中心）应跟踪了解项目运营情况，包括项目使用量、成本费用、考核指标等信息，定期对外发布。

四、管廊 PPP 的融资结构设置

（一）PPP 项目融资的基本类型

依据融资特点，可以把 PPP 项目融资的基本类型做如下分类：建造—运营—移交（BOT）、民间主动融资（PFI）、建造—拥有—运营（BOO）、建造—拥有—运营—移交（BOOT）、建设—移交—运营（BTO）、重建—运营—移交（ROT）、设计建造（DB）、设计—建造—融资及经营（DBFO）、购买—建造—营运（BBO）、建造—租赁—营运—移交（BLOT）、移交—运营—移交（TOT）。

（二）PPP 项目融资的结构设计

从狭义上讲，融资是一个企业的资金筹集的行为与过程，也就是企业根据自身的生产经营状况、资金拥有的状况，以及企业未来经营发展的需要，采用一定的方式，从一定的渠道向企业的投资者和债权人去筹集资金，组织资金的供应，以保证企业正常生产需要、经营管理活动需要的理财行为。

PPP 项目成功的关键在于各参与方之间实现公平有效的风险分担与利益共享，这需要合理的资本结构安排来实现，即合理分配企业各种长期资本的构成及组成比例，尤其是股权资本和债权资本的比例及构成关系。

在 PPP 项目投融资的结构设计中，应当关注和研究项目公司负债与所有者权益之间的各种比例关系，具体包括：股权资本内部的比例关系，即股权结构；股权资本与债权资本之间的比例关系，即债本比例；债权资本内部的比例关系，即债权结构。

1.PPP 项目投融资的股权结构

股权结构一般指股东数量及其持股比例构成的企业或项目股权的分布状态，体现了企业或项目的所有权性质。在 PPP 项目运作过程中存在两种情形：一种情形是成立项目公司，由所成立的项目公司具体负责 PPP 项目的建设和运营；另一种情形是不成立项目公司，直接由社会资本方具体负责 PPP 项目的建设和运营。无论是否成立项目公司，都会涉及 PPP 项目投融资的股权结构问题，只是在成立项目公司时，涉及项目公司的股权结构问题，不成立项目公司时，涉及社会资本方的股权结构问题。

按照股权集中度的不同，股权结构可以分为以下三种类型：一是高度集中型股权结构，第一大股东持股比例超过 50%，唯一的控股股东对公司拥有绝对控制权；二是分散型股权结构，公司没有大股东，所有权与经营权基本完全分离；三是适度集中型股权结构，公司存在几个较大的相对控股股东，同时还有其他大股东。PPP 项目股权的集中度一般较高，多为高度集中型股权结构或适度集中型股权结构。

合理的股权结构是 PPP 项目股东相互制衡的基本条件，只有在相对合理的股权结构下，PPP 项目股东才有可能达到一个以股权份额为基础的相互制衡的状态。就目前我国管廊 PPP 项目的股权结构而言，适度集中的股权结构是最有效率的，过于分散或过于集中的股权结构都有可能会导致治理绩效的降低。股权适度分散是股权制衡的基本条件，股权过于集中不利于 PPP 项目治理，多元化的投资主体是 PPP 项目与传统政府投资项目的根本区别，对于 PPP 项目来说，股权的分散具有重要的意义，当股权分散化到一定程度，任何一个股东若要直接控制 PPP 项目既没有必要也没有可能时，PPP 项目的产权制度才能真正地确立起来。而且，当 PPP 项目股权分散化和多元化以后，项目的监督主体也就实现了多元化，在一定程度上可以起到降低信息不对称的作用，有利于建立起有效的约束和监督机制，从而提高基础设施项目的建设和运营效率。股权的分散化应当成为 PPP 项目最基本的制度安排。当然，PPP 项目股权也不应过于分散，过于分散的股权结构会带来项目治理绩效的降低。因此，在 PPP 项目股权结构设计过程中，适度集中（或适度分散）的股权结构最有效率。即股权较为集中，但集中程序又不太高，并且又有若干个可以相互制衡的大股东，这种股权结构能够兼顾管理力度与效率，同时起到风险分担的作用。

2.PPP 项目投融资的债权结构

PPP 项目债权融资方式多种多样，国务院及其部委发布的相关规范性文件中对 PPP 项目债权融资方式作了规定，国务院《关于加强地方政府性债务管理的意见》（国发〔2014〕43 号）中提出："投资者或特别目的公司可以通过银行贷款、企业债、项目收益债券、资产证券化等市场化方式举债并承担偿债责任。"国务院《关于创新重点领域投融资机制鼓励社会投资的指导意见》（国发〔2014〕60 号）中提出："（三十五）探索创新信贷服务。支持开展排污权、收费权、集体林权、特许经营权、购买服务协议预期收益、集体土地承包经营权质押贷款等担保创新类贷款业务。探索利用工程供水、供热、发电、污水垃圾处理等预期收益质押贷款，允许利用相关收益作为还款来源。鼓励金融机构对民间资本举办的社会事业提供融资支持。""（三十七）充分发挥政策性金融机构的积极作用。在国家批准的业务范围内，加大对公共服务、生态环保、基础设施建设项目的支持力度。努力为生态环保、农林水利、中西部铁路和公路、城市基础设施等重大工程提供长期稳定、低成本的资金支持。""（三十八）支持重点领域建设项目采用企业债券、项目收益债券、公司债券、中期票据等方式通过债券市场筹措投资资金。推动铁路、公路、机场等交通项目建设企业应收账款证券化。建立规范的地方政府举债融资机制，支持地方政府依法依规发行债券，用于重点领域建设。"《国家发展改革委关于开展政府和社会资本合作的指导意见》（发改投资〔2014〕2724 号）中提出："鼓励金融机构提供财务顾问、融资顾问、银团贷款等综合金融服务，全程参与 PPP 项目的策划、融资、建设和运营。鼓励项目公司或合作伙伴通过成立私募基金、引入战略投资者、发行债券等多种方式拓宽融资渠道。"《国家发展改革委、国家开发银行关于推进开发性金融支持政府和社会资本合作有关工作的通知》（发改投资〔2015〕445 号）中提出："开发银行充分发挥开发性金融的中长期融资优势及引领导向作用，积极为各地的 PPP 项目建设提供'投资、贷款、债券、租赁、证券'等综合金融服务，并联合其他银行、保险公司等金融机构以银团贷款、委托贷款等方式，努力拓宽 PPP 项目的融资渠道。""开发银行认真贯彻国发〔2014〕60 号文件关于'探索创新信贷服务'的要求，不断创新和完善 PPP 项目贷款风险管理体系，通过排污权、收费权、特许经营权、购买服务协议项下权益质押等方式，建立灵活有效的信用结构，切实防范贷款风险。"《基础设施和公用事业特许经营管理办法》第二十三条规定："国家鼓励金融机构为特许经营项目提供财务顾问、融资顾问、银团贷款等金融服务。政策性、开发性金融机构可以给予特许经营项目差异化信贷支持，对符合条件的项目，贷款期限最长可达 30 年。探索利用特许经营项目预期收益质押贷款，支持利用相关收益作为还款来源。"第二十四条规定："国家鼓励通过设立产业基金等形式入股提供特许经营项目资本金。鼓励特许经营项目公司进行结构化融资，发行项目收益票据和资产支持票据等。国家鼓励特许经营项目采用成立私募基金，引入战略投资者，发行企业债券、项目收益债券、公司债券、非金融企业债务融资工具等方式拓宽投融资渠道。"第二十五条规定："县级以上人民政府有关部门可以探索与金融机构设立基础设施和公用事业特许经营引导基金，并通过投资补助、财政补贴、贷款贴息等方式，支持有关特许经营项目建设运营。"

在具体管廊 PPP 项目建设和运营过程中，社会资本方（或项目公司）应当积极利用上述规范性文件中所规定的各种债权融资方式，包括积极探索和实践上述规范性文件中所明确允许和鼓励创新的各种债权融资方式，特别是其中融资成本较低的债权融资方式。PPP 项目的具体债权融资方式主要包括：

（1）银行等金融机构贷款

银行等金融机构贷款是传统的也是最主要的债权融资方式。按照不同的划分标准，银行贷款可以划分为各种不同的类型。中国人民银行 1996 年 6 月 28 日发布的《贷款通则》中将贷款种类分为：自营贷款、委托贷款和特定贷款；短期贷款、中期贷款和长期贷款；信用贷款、担保贷款和票据贴现。

在 PPP 项目投融资中，应当充分重视和运用以下银行贷款方式：

①银团贷款

银团贷款又称辛迪加贷款（Syndicated Loan），是由获准经营贷款业务的一家或数家银行牵头，多家银行与非银行金融机构参加而组成的银行集团（Banking Group）采用同一贷款协议，按商定的期限和条件向同一借款人提供融资的贷款方式。银团贷款具有以下优点：第一，贷款金额大、期限长，可以满足借款人长期、大额的资金需求；由于 PPP 项目通常所需资金额巨大、期限较长，银团贷款能够满足 PPP 项目对资金的前述需求；第二，融资所花费的时间和精力较少，借款人与安排行商定贷款条件后，由安排行负责银团的组建，在贷款的执行阶段，借款人无须面对所有的银团成员，相关的提款、还本付息等贷款管理工作由代理行完成；第三，银团贷款操作形式多样，在同一银团贷款内，可根据借款人需要提供多种形式贷款，如定期贷款、周转贷款、备用信用证额度等，同时，还可根据借款人需要，选择人民币、美元、欧元等不同的货币或货币组合；第四，有利于借款人树立良好的市场形象，银团成功的组建是基于各参与行对借款人财务和经营情况的充分认可，借款人可以借此业务机会扩大声誉。

②政策性银行贷款

政策性银行贷款是目前我国政策性银行的主要资产业务，政策性银行贷款由各政策性银行在人民银行确定的年度贷款总规模内，根据申请贷款的项目或企业情况按照相关规定自主审核，确定贷与不贷。效益也是政策性银行贷款需要考虑的要素之一。政策性银行贷款具有以下特点：一方面，它具有指导性、非营利性和优惠性等特殊性，在贷款规模、期限、利率等方面提供优惠；另一方面，它又明显有别于可以无偿占用的财政拨款，而是以偿还为条件，与其他银行贷款一样具有相同的金融属性——偿还性。在PPP项目投融资过程中充分运用政策性银行贷款可以降低PPP项目投融资成本。

③预期收益质押贷款

所谓预期收益，也称为期望收益，是指如果没有意外事件发生时根据已知信息所预测能得到的收益。预期收益质押贷款属于质押贷款中的一种，该种贷款方式在管廊PPP项目投融资中具有明显的优点。对于管廊PPP项目运作方而言，无论采取何种付费方式，都会存在预期收益（区别在于该预期收益是来源于政府付费还是来源于最终用户付费或者两者兼而有之），如PPP项目预期收益质押贷款能够得到推广，将会为大部分PPP项目提供一种较为便捷同时成本也相对较低的银行贷款融资方式，对银行等金融机构而言，以项目预期收益质押方式提供贷款，利用项目相关收益作为还款来源，可以为其贷款提供有效的担保，为其贷款本金的偿还提供法律保障。当然，这种融资方式是以未来预期收益作为还款来源，但预期收益毕竟不是100%的保证，未来市场变动及企业管理等因素对预期收益造成不利影响的风险依然存在。在实际操作中，可以将预期收益质押担保与其他担保方式结合使用。

在各种PPP项目投融资方式中，银行等金融机构贷款处于非常重要的地位，并起着非常重要的作用。国务院及其部委制定的有关PPP的规范性文件中非常重视和强调银行等金融机构贷款的地位和作用，如财政部《关于推广运用政府和社会资本合作模式有关问题的通知》（财金〔2014〕76号）中提出：“可邀请有意愿的金融机构及早进入项目磋商进程。”《基础设施和公用事业特许经营管理办法》第十七条规定：“鼓励金融机构与参与竞争的法人或其他组织共同制订投融资方案。”银行等金融机构需注意的是，较传统基础设施融资方式相比，PPP模式下银行等金融机构贷款的融资主体是项目公司，不再是传统大中型企业，还款来源为经营收入，而不是财税收入或土地出让收入，追索权变为有限追索或无追索，而不是全额追索。

（2）发行企业债券

企业债券募集资金成本低，融资成本锁定，期限较长，且付息可分摊到不同年份，到期一次还本，对优化 PPP 项目的财务结构非常有利。发行企业债券是管廊 PPP 项目融资的重要手段，比银行资金的运用更有自主性，可以根据资金运用的长短需求，确定债券期限，比股票市场融资更容易操作，可以更快地筹集资金。

（3）融资租赁

融资租赁是指出租方根据承租方对供货商、租赁物的选择，向供货商购买租赁物，提供给承租方使用，承租方在合同规定的期限内分期支付租金的融资方式。在 PPP 项目投融资中，通过融资租赁公司筹措资金，采取融资租赁方式获得 PPP 项目设备，可以在达到融资目的的同时，由融资租赁公司分担 PPP 项目建设的部分风险。

3.PPP 项目投融资的债本比例

在设计 PPP 项目投融资的债本比例时，至少应当考虑以下两个方面的因素：首先应当满足现行法律法规和国务院文件中对项目资本金比例的相关规定和要求。其次应当充分考虑各种融资方式（股权融资和债权融资）的实际可能性以及不同融资方式的成本。

在设计 PPP 项目投融资的债本比例时，除了应当满足现行法律法规和国务院文件中的规定和要求之外，还应当考虑以下因素：（1）各种股权融资方式和债权融资方式的实际可能性，即各种项目融资的“可获得性”，如银行等金融机构愿意提供更多贷款等债权融资的，则债权融资可以占有更高的比例，反之，则股权融资将占有更高的比例；（2）各种股权融资方式和债权融资方式的成本，应当尽量选择和采取融资成本更低的融资方式。

需要注意的是，PPP 项目融资往往并非一次完成的，在 PPP 项目建设运行过程中，可能会根据 PPP 项目建设运行的实际情况，进行后续融资。

为了调动项目公司的积极性并保障项目融资的灵活性，在一些 PPP 项目协议中，还会包括允许项目公司在一定条件下对项目进行再融资的规定。再融资的条件通常包括：再融资应增加项目收益且不影响项目的实施、签署再融资协议前须经过政府方的批准等。PPP 项目协议中也可能会规定，政府方对于因再融资所节省的财务费用享有按约定比例（例如 50%）分成的权利。因此，管廊 PPP 项目融资结构，包括债本比例等并非一成不变的，而需根据 PPP 项目的实际投融资需求及后续建设运行情况进行设计和相应调整。

（三）PPP 项目融资的成本分析

PPP 项目融资的成本是 PPP 项目融资结构设计的重要依据之一。如上所述 PPP 项目融资方式可以分为股权融资和债权融资，两种融资方式的成本是不同的。

股权融资构成企业的自有资金，投资者成为企业的股东，有权参与企业的经营决策，有权获得企业的红利，但无权撤退资金。股权融资所获得的资金，企业无须还本付息，但新股东将与老股东同样分享企业的盈利与增长。股权融资具有以下特点：一是长期性：股权融资筹措的资金具有永久性，无到期日，不须归还；二是不可逆性：企业采用股权融资不须还本，投资人欲收回本金，需借助于股权流通市场；三是无负担性：股权融资没有固定的股利负担，股利的支付与否和支付多少视企业的经营情况和经营需要而定。股权融资的上述特点决定了其用途的广泛性，股权融资所获资金既可以充实企业的营运资金，也可以用于企业的投资活动。当企业需要的资金量比较大时，股权融资就占很大优势，因为股权融资不像债权融资那样需要定期支付利息和本金，而仅仅需要在企业盈利的时候支付给股东股利。

债务融资构成企业的负债，资金提供者成为企业的债权人，企业要按期偿还约定的利息，债权人一般不参与企业的经营决策，对资金的运用也没有决策权。对债权融资所获得的资金，企业首先要承担资金的利息，另外在借款到期后要向债权人偿还资金的本金。债权融资的特点决定了其用途主要是解决企业营运资金短缺的问题，而不是用于资本项下的开支。

两种融资方式相比，股权融资方式可能会引起企业控制权的变更，并且股权融资方式的成本也相对较高。这与两种融资方式下资金提供者所承担的风险不同有关，通常情况下，资金提供者承担的风险越大，报酬要求就越高，融资成本也就越高。在股权融资方式之下，投资人成为企业的股东，在债权融资方式之下，投资人成为企业的债权人，两者相比较，股东承担的风险远远大于债权人，在企业破产清算时，股东只有最劣后的分配权。由于股东承担的风险大，股东要求的报酬也就相应比较高，企业股权融资资金的成本也就会比较高。同时，在债权融资方式之下，企业支付给债权人的利息可以在所得税前扣除，而在股权融资方式之下，企业支付给股东的股息却不能在所得税前扣除，这也会导致股权融资资金成本高于债权融资成本。当然，这仅是对两种融资方式的融资成本所进行的简要分析，在设计具体管廊 PPP 项目投融资的结构、选择具体投融资方式时，还应当对具体项目中的各种投融资方式的成本进行具体分析。

五、管廊 PPP 的模式设计

由于我国关于地下综合管廊的相关运营、收费政策尚不完善，仅仅依靠管廊运营收入远不能收回其前期投资，需要政府根据管廊实际运营收入情况，通过可行性缺口补助的形式，使社会资本方收回前期投资建设成本，实现合理收益，这就对管廊 PPP 项目的模式设计提出了较高要求。实践中，要注意做好如下几点：

一是合作期限的设置要合理。地下综合管廊经济社会效益的实现往往需要一个非常漫长的周期，相应的 PPP 合作期限也应适当增长。相较于道路等其他基础设施 PPP 项目，地下综合管廊项目的合作期限一般建议不低于 25 年，可设置为 28~30 年（特许经营项目通常约定的期限不超过 30 年），如果社会资本方、金融机构可以接受，长于30年的安排也未尝不可。

二是付费模式设计要注重可操作性。根据财政部《政府和社会资本合作模式操作指南（试行）》（财金〔2014〕113 号）的要求，PPP 项目回报机制主要包括使用者付费、可行性缺口补助和政府付费等支付方式。地下综合管廊可向各入廊管线单位收取相关费用，属于准经营类的项目，一般可采取可行性缺口补助方式来设计项目的回报机制。考虑到国内地下综合管廊实际运营经验较少，未来入廊管线单位收费情况并不明确，也可以考虑采取政府付费方式向项目公司购买地下综合管廊服务，保证项目公司合理收益，提高社会资本参与的积极性。

三是费用标的设置要科学。地下综合管廊收费主要包括管廊租赁费用及物业服务费用两部分。其中，管廊租赁费用主要满足前期建设回报要求，这部分主要通过可用性服务费方式支付；物业服务费用主要满足管廊运营维护回报要求，这部分主要通过运营绩效服务费方式支付。结合地下综合管廊项目前期建设费用高、后期运营费用低的特点，在选取社会资本时，投报费用标的设计重点应考虑可用性服务费。

四是入廊收费依据和保障要明确。根据相关政策要求，入廊管线单位应向地下综合管廊建设运营单位交纳入廊费和日常维护费。其中入廊费主要根据地下综合管廊本体及附属设施建设成本以及各入廊管线单独敷设和更新改造成本确定，用以弥补地下综合管廊项目的建设成本；日常维护费主要根据地下综合管廊本体及附属设施维修、更新等维护成本以及管线占用地下综合管廊空间比例、对附属设施使用强度等因素合理确定，用于弥补地下综合管廊项目的运营维护成本。同时，应出台强制入廊政策，保证各入廊管线单位只能使用地下综合管廊，使得地下综合管廊项目的需求得到保证。

具体而言，地下综合管廊建设 PPP 项目，可以通过以下几种模式进行：

1.BOT 模式（建设—运营—移交）

在 BOT 模式下，政府与社会投资人签订 BOT 协议，由社会投资人设立项目公司（“项目公司”）具体负责地下综合管廊的设计、投资、建设、运营，并在运营期满后将管廊无偿移交给政府或政府指定机构。运营期内，政府授予项目公司特许经营权，项目公司在特许经营期内向管线单位收取租赁费用，并由政府每年度根据项目的实际运营情况进行核定并通过财政补贴、股本投入、优惠贷款和其他优惠政策的形式，给予项目公司可行性缺口补助。

其中，项目公司向管线单位收取的租赁费用可以包括两方面：一是管廊的空间租赁费用，如电力单位等管线铺设专业性要求较高的，可以租用管廊的空间，自行铺设和管理管线；二是管线的租赁费用，如供水、供热等单位可直接租用管廊内已经铺设好的管线进行使用，由项目公司进行维护和管理。

2.TOT 模式（转让—运营—移交）

对于政府现有的存量项目，可以采用 TOT 模式进行运作。在 TOT 模式下，政府将项目有偿转让给项目公司，并授予项目公司一定期限的特许经营权，特许期内项目公司向管线单位收取租赁费并由政府提供可行性缺口补助，特许期满项目公司再将管廊移交给政府或政府指定机构。

3.BOO 模式（建设—拥有—运营）

在 BOO 模式下，政府与社会投资人签订 BOO 协议，由社会投资人设立项目公司具体负责地下综合管廊的设计、投资、建设、运营，政府同时授予项目公司特许经营权，项目公司在特许经营期内向管线单位收取租赁费用，并由政府向其提供可行性缺口补助。特许期满后地下综合管廊的产权属于项目公司所有，项目公司可以通过法定程序再次获得特许经营权，或将管廊出租给其他竞得特许经营权的经营者。

六、管廊 PPP 的工程设计和施工

（一）关于管廊 PPP 项目的工程设计

1. 综合管廊初步设计要点

城市地下综合管廊工程初步设计是可行性研究设计的深化，要依据项

目的可行性研究报告来确定设计原则、设计标准、设计方案和重大技术问题。地下综合管廊工程初步设计应注意以下几个要点：

一是清晰定义项目边界。明确设计依据、设计原则、设计指导思想，明确项目组成、工艺特点、产品方案、总图运输、原材料消耗及来源、建构筑物设计、关键管线、设备及仪器仪表选型、消防、劳动安全、工业卫生、环境保护等。

二是勘察综合管廊沿线工程地质状况。在初设阶段应进一步勘察综合管廊沿线工程地质状况，规避地质风险，为土方工程、基础工程提供可靠设计。

三是做好工程初步设计概算。工程初步设计概算是前期造价控制的重要文件。项目可行性研究阶段、初步设计阶段、施工图设计阶段均是项目还未实施的阶段，是项目前期投资控制的关键环节。各设计阶段形成的造价（估算、概算、预算）相互制约、相互补充，前者控制后者，后者补充前者，共同组成工程造价的控制系统。初步设计阶段的责任是在可行性研究估算的基础上，把概算做全并且不能超过估算。设计概算全面且准确，是项目造价控制系统的关键指标。当项目业主试图自我承担设计风险时，这个指标便是控制施工图设计的重要参数，即依据施工图编制的预算不能超过初步设计概算。而当项目采用 EPC（工程总承包）模式时，初步设计概算既是项目业主想要达到的总投资控制目标，又是推动承建方合理配置资源、充分释放管理效能以力争达到的项目效益目标。

四是完成工程初步设计审查。初步设计文件系统是工程设计的重要组成部分，也是工程实施所依托的重要系统文件，因此该文件系统应符合国家行政主管部门颁布的规范要求。初步设计文件编制完成后应报项目设计审查主管部门审批。工程初步设计审查的主要内容有项目初步设计是否符合国家方针、政策和行业规章、标准的要求；是否符合可行性研究要求；是否切合实际、安全适用、技术先进可靠、经济合理等。初步设计审查是进一步优化设计的过程。

2. 综合管廊初步设计承担单位的选择

应把具有相应综合管廊设计资质作为遴选工程咨询单位的条件之一，

以期初步设计与可行性研究能够高质量对接，利于项目推进。城市地下综合管廊的设计必须由具有设计资质的单位承担。但是政府实施机构在对设计单位进行招标时，大多把具有建设行政主管部门颁发的工程设计综合甲级或市政公用工程行业设计甲级作为资质条件，使得当前一个时期活跃在综合管廊设计市场的设计单位呈现一边倒的现象，即由市政工程设计院主导综合管廊工程的设计。当预设综合管廊工程实行 EPCO 建设运营管理模式时，政府实施机构应以更高的要求对承担综合管廊工程初步设计的设计单位进行遴选，即考察该设计单位是否具有工程总承包的能力和业绩。这是因为只有具备工程总承包经验的设计单位，才能站在项目顶层设计的高度高屋建瓴地对项目进行总体策划和全面协调，其提交的初步设计成果才能成为编制施工图设计、安排项目总体计划、组织主要设备器材采购以及控制项目总投资的依据。

3. 综合管廊初步设计阶段需要注意的几个问题与建议

（1）保持项目可行性研究的延续性，一次性完成全面设计

长期以来，我国各类管线建设都是由相应专业管线机构单独承担，在管线工程的设计、施工、采购等环节所形成的技术标准、工程经验、资质条件等都呈现出高度的行业化、部门化特色，致使现在还没有一家设计机构能够承担完全覆盖廊道内多种管线的工程设计。这个问题在项目建议书阶段就出现了，到可行性研究阶段变得更具体，因此工程咨询机构应在编制可行性研究报告时解决这一问题。到了综合管廊初步设计阶段，项目设计的不完整性将极大地影响综合管廊从造价、质量到工期的全面控制，影响综合管廊集约化管理效果，影响 PPP 模式的成败。因此，全面完成综合管廊工程初步设计是一个基本的要求。

由于可研和初设的承担单位是由政府方分别委托的，故原则上存在初步设计承担单位与项目可行性研究报告编制单位不是同一家单位的可能性。为避免个别设计单位仍套用习惯做法组织编制项目的初步设计，必须突出强调承担综合管廊初步设计的单位要保持项目可行性研究的延续性，一次性完成全部工程的初步设计。

显然，要想在短时期内迅速培育一批能够覆盖综合管廊全部工程的设计单位还是有难度的。但是我们必须朝着这个方向走，起码要培育一批敢于统揽综合管廊全部工程设计的单位作为设计总牵头人，专业设计可以采用分包制，并由总牵头人负责实施。这一方面明确了设计风险分担机制，让最有条件和能力承担设计风险的一方承担该风险；另一方面也可以让政府实施机构摆脱技术管理的重负，释放更多能量去关注其他应该关注的事项。

设计总牵头人的一个艰巨任务就是与各管线权属单位及其下设的专业设计机构的沟通。在这一过程中，政府实施机构除了加强组织协调之外，还需要建立相应的设计费用补偿机制，以解决设计分包费用突破预算可能引发的问题。

正是因为设计总牵头人与管线单位协调难度大，所以在政府方委托综合管廊可行性研究设计单位时，宜一并考虑继续委托其承担初步设计的可能性，以使这两个阶段的设计沟通工作在两组相同的人员中进行，减少扯皮，提高效率。

（2）注意设计的可施工性，避免返工

在以前不完整的综合管廊项目的设计中，我们对综合管廊的廊道及其附属设施关注较多，可能会忽略廊道与管线之间存在的制约关系，给项目建设带来隐忧。除了考察廊道及附属设施设计的土建工程可施工性之外，尤其要重视各种管线敷设及安装工程中的可施工性，否则可能会因为条块分割、各管一段而出现频繁变更的问题，有些综合管廊工程为此付出了不小的代价。

在未来的城市地下综合管廊工程初步设计中，应借助设计总牵头人的系统筹划和与专业设计分包的紧密配合，着重解决以下问题：廊道内具有水平推力的大型管道支承问题、大规格管线最小转弯半径与廊道的平面设计关系问题、管线最大纵坡限制与廊道的竖向设计关系问题、管道和线缆吊装敷设施工的空间与着力设计问题、各种管线的引出及与引出口的设计关系等。通过一揽子统筹设计保障综合管廊安装工程的可施工性。

（3）突出综合管廊廊道与各类管线监视监控统筹设计

综合管廊的建设要与城市地下管线信息管理系统建设同步。

广义的城市地下管线信息管理系统的建设目标是进行地下管线信息管理。它要求建成分级、分布式的地下管线信息数据库，建立公共数据交换服务平台，建立具有空间化、数字化、网络化、智能化和可视化的技术信息系统，实现地下管线信息的实时、动态管理与维护，提供地下管线信息的检索、查询、定位等服务。

狭义的综合管廊项目信息系统包括完善的新建综合管廊建设档案信息、竣工的综合管廊各类管线信息数据库、管廊及内部管线生产运营信息处理等。

因此，综合管廊工程必须在初步设计阶段清晰且完备地对综合管廊廊道与纳入廊道的各类管线进行监视监控设计，建立本综合管廊的信息系统，并为接入上下游信息交换中心提供保障。

综合管廊监视监控对象包括廊道环境和纳入廊道的各类管线。廊道环境管理和各类管线的生产管理是综合管廊综合运营管理密不可分的两部分，监视监控是对这两个部分实施管理的必要手段，其集控机房应统一设置。廊道环境管理的目的是配合管线生产管理，如照明、通风；管线运营时的特别生产处置要求廊道环境管理手段要及时跟上，如给水管道泄漏时需要报警、排水。所以，综合管廊廊道环境管理和各类管线的生产运营管理要在初步设计阶段充分反映出各种需求，并对应需求全面落实工程措施。在这个方面，优秀高效的监视监控系统设计甚至可以极大地减轻综合管廊运营维护阶段的生产成本，使监视监控系统在建设和运营的结合点上发挥最佳效益。

当上述监视监控信息通过 BIM 技术、计算机集中控制系统进行有效的采集、分析、传输、显示、执行、存储等操作，再配合有效执行建设管理程序、完整提交竣工资料时，狭义的综合管廊信息系统建设任务才可以说基本完成。

（4）突出初步设计总投资控制概念，为后续工作创造条件

初步设计阶段完成的设备清册、概算书是项目实物采购和工程总造价控制的直接依据，而根据初步设计原则进一步编制完成的施工图则是项目

工程数量和工程质量的直接控制依据，因此，工程项目的初步设计成果是后续项目实施过程的总体控制依据。

对于城市地下综合管廊工程而言，无论是在传统的设计、施工独立承包制还是在EPC工程总承包制的建设管理模式下，到了初步设计环节都必须要求设计单位突破单一设计的陈旧观念，在完成必要的初步设计说明书、图纸、清册、概算、专项设计说明等技术文件的基础上，还要为项目的施工组织、进度安排、竣工试验及竣工后试验、劳动定员、资金筹措、财务评价、工程验收等相关管理服务提供信息，发挥好设计项目综合管理龙头的作用。

（二）城市管廊主要施工技术介绍

1.明挖现浇混凝土综合管廊

明挖现浇混凝土综合管廊施工为最常用的施工方法。采用这种施工方法可以大面积作业，将整个工程分割为多个施工标段，以便于加快施工进度。同时这种施工方法技术难度较低，工程造价相对较低，施工质量能够得以保证，缺点是采取此种方法需中断交通。

对场地地势平坦、周围没有其他需进行保护的建筑物，在道路施工过程中，需要进行开挖铺设管道，可以采用大开挖施工，并采用（深层）井点降水措施。此开挖方案优点是施工方便，不需要围护结构作业，施工周期短，便于机械化大规模作业，费用较低；方案缺点是土方量开挖较大，对回填要求较高。

2.明挖预制拼装法综合管廊结构

明挖预制拼装法是一种较为先进的施工方法，在发达国家较常用。采用这种施工方法要求有较大规模的预制厂和大吨位的运输及起吊设备，同时施工技术要求较高，工程造价相对较高。主要的预制构件有带管座共同沟综合管廊、带底座钢筋混凝土拱涵、带底座钢筋混凝土多弧涵管、带底座多弧缆线沟等。

施工工法现浇与预制相比，预制混凝土涵管装配化施工更具保证质量、缩短工期、降低成本、节能环保等较为显著的优势。

3. 盾构施工法综合管廊

盾构法是在盾构保护下修筑软土隧道的一类施工方法。这类方法的特点是地层掘进、出土运输、衬砌拼装、接缝防水和盾尾间隙注浆充填等作业都在盾构保护下进行，并需随时排除地下水和控制地面沉降，因而是工艺技术要求高、综合性强的一类施工方法。

用盾构法进行施工具有以下优点：机械化水平高，施工组织简单，易于管理；施工安全，速度快，工程结构质量优良；施工引起沉降小，较易于控制；可在有水地层施工，不须降水；施工占地场地小；施工对周边环境干扰小，特别适合穿越既有建构筑物之下或近旁；工程投资易于控制。缺点主要是工程变化的适应性稍差；盾构施工设备费用较高；隧道覆土浅时地表沉降不易控制；施工小曲线半径隧道时难度较大。近年来，随着管廊技术的发展，用盾构机施工城市管廊的项目越来越多。

4. 顶管施工法综合管廊

顶管施工是继盾构施工之后而发展起来的一种地下管道施工方法，它不需要开挖面层，并且能够穿越公路、铁道、河川、地面建筑物、地下构筑物以及各种地下管线等。顶管施工借助于主顶油缸及管道间中继间等的推力，把工具管或掘进机从工作井内穿过土层一直推到接收井内吊起。与此同时，也就把紧随工具管或掘进机后的管道埋设在两井之间，以期实现非开挖敷设地下管廊的施工方法。

顶管施工特别适用于大中型管径的非开挖铺设，具有经济、高效，保护环境的综合功能。这种技术的优点是：不开挖地面；不拆迁，不破坏地面建筑物；不破坏环境；不影响管道的段差变形；省时、高效、安全，综合造价低。

5. 普通暗挖施工法

暗挖法沿用新奥法基本原理，初次支护按承担全部基本荷载设计，二次模筑衬砌作为安全储备；初次支护和二次衬砌共同承担特殊荷载。应用浅埋暗挖法设计、施工时，同时采用多种辅助工法，超前支护，改善加固围岩，调动部分围岩的自承能力；并采用不同的开挖方法及时支护、封闭成环，使其与围岩共同作用形成联合支护体系；在施工过程中应用监控量测、信息反馈和优化设计，实现不塌方、少沉降、安全施工等，并形成多种综合配套技术。

6. 综合管廊防渗漏措施

在地下水位比较高的地区，地下工程防渗止漏是一个技术难点。虽然一定数量的地下水侵入综合管廊不至于产生严重后果，但会增加排水设施的启动次数，同时会增加综合管廊内空气的湿度，降低综合管廊内管线和监控设施的工作寿命。

综合管廊的防渗止漏设计原则是“放、排、截、堵相结合，刚柔相济，因地制宜，综合治理”。

控制变形：尽可能增加每节箱涵的分节长度，减少变形缝的数量，在节与节之间设置变形缝，同时，在变形缝间设置剪力键，以减少相对沉降。

细部构造防水：变形缝、施工缝、通风口、投料口、出入口、预留口等部位，是渗漏设防的重点部位。变形缝的防水采用复合防水构造措施，中埋式橡胶止水带与外贴防水层复合使用。变形缝内设橡胶止水带，并用低发泡塑料板和双组分聚硫密封膏嵌缝处理。施工缝是防渗止漏的一个薄弱部位，因而应尽可能减少施工缝的设置数量。

7. 综合管廊节点处理

综合管廊的节点处理是综合管廊设计及施工的重点。

节点包括：十字路口或丁字路口；河道；重要的地下工程设施，如地铁、高架道路桩基、人行地道等；现有的大口径雨污水管道。

在十字路口或丁字路口，由于综合管廊的相互交叉影响以及要保证检修人员在综合管廊内的通行，使得综合管廊沟的节点处理比较复杂。从实质上讲，综合管廊在此类似管线立交。从处理方法来讲，可以将综合管廊在此设计为双层而实现互通的功能，也可以通过平面尺寸的加宽来实现互通功能。在综合管廊的十字或丁字交叉节点，综合管廊可能要横穿道路，因而在节点设计时，尚要充分考虑道路车辆荷载对综合管廊结构的影响。

在穿越河道、重要的地下工程设施以及现有大口径雨污水管道时，一般需根据相互标高、位置情况，确定采用上穿或下穿通过。

七、管廊 PPP 的运营和维护

（一）建立运维制度

1. 日常维护管理制度

（1）保持综合管廊内的整洁和通风良好。

（2）监督管线单位严格执行相关安全规程，做好安全监控和巡查等安全保障工作。

（3）监督综合管廊内管线和附属设施施工单位严格执行相关安全规程与批准的安全施工措施方案，做好安全监控和巡查等安全保障。

（4）配合和协助管线单位的巡查、养护和维修。

（5）负责综合管廊结构的保护和维修及沟内公用设施设备的养护与维修，保证设施设备正常运转。

（6）综合管廊内发生险情时，采取紧急措施并及时组织管线单位进行抢修。

（7）制订并实施综合管廊应急预案。

（8）巡查保护综合管廊构筑物的完整、安全，及时发现并制止对综合管廊产生危害的行为。

2. 值班管理制度

值班工作是沟通上下、联系内外、协调左右的信息枢纽，对上级重要文件的及时传达，对运营公司内部事务的及时处理等起着重要的保证作用。

（1）值班人员职责

①值班人员要坚守岗位，不得擅自离岗。因重要任务必须离开时，应找人替代，不得出现脱岗、离岗现象。

②要认真处理好当班事宜，并记好值班日志，妥善保管、处置好来文

来电、重要来访，严格做到事事有登记，件件有着落。

③要认真接好电话，并做好记录和办理工作。

④保持好环境卫生，确保清洁。

⑤办好领导临时交办的各项工作任务。

（2）值班工作要求

①值班人员在接听电话时要做到文明亲切，听话、说话准确，记录完后要认真核对，确认无误后再终止通话。在写电话记录时要做到字迹工整，用词准确。

②值班日记要按要求写清值班时间、值班人员、事项内容等。

③信息传达要做到内容清楚，范围准确。即该传到哪里就准确无误地传到哪里，不能随意扩大或缩小传递的范围。

④值班人员应注意严格执行保密规定。

⑤值班人员由于其他原因不能值班的，应先行请假或请其他人员代替并报领导批准。

⑥每天下班前进行交接班。交接时要把当天未处理完的事项详细记在值班日记上，并向接班人交代清楚。

3. 安全检查管理制度

建立应急联动机制，实施突发事件的应急处理，事故处理程序、安全责任制等要作出详细规定。

安全检查分为日常检查、定期检查、特殊检查。

（1）日常检查以目测为主，每周不少于一次。

（2）定期检查宜用仪器和量具量测，每季度不少于一次。

（3）特殊检查根据实际需要由专业机构进行。

4. 档案资料管理制度

项目公司运营部按规定的格式就运营维护服务事项备存记录，包括：项目设施状况（不含入廊管线、道路和景观工程，下同），包括正常使用中及处在维修状态的项目设施种类及数目；维护维修计划；维护维修计划执行情况；维护维修计划变动情况；项目设施检查记录，包括日常检查、定期检查和专项检查；项目设施状态评定记录；项目设施维修记录，包括日常维修、中修及大修；相关政府部门检查结果；任何事故的详细记录；市建委合理要求的其他事项记录。

5. 安全管理制度

综合管廊是城市公共安全管理的重要环节，对进出管廊应进行严格的审批程序规定，未经审批任何无关人员不得擅自进入管廊。需要进入综合管廊的人员应当先行向项目公司提出申请，并履行相应入廊管理制度，确保人员安全并由管廊管理公司派遣相应人员同时到场方可入廊。对入廊作业人员严格管理，实名登记并发放作业证，在廊内必须随身佩戴。对廊内动火作业等特殊工种进行专项审批登记和重点监控等。未经同意擅自进入综合管廊造成损害的，应承担相应责任。

（二）持续正常收费

综合管沟管线入沟费收费标准参照各管线直埋成本的原则确定。对进驻综合管沟的管线单位一次性收取管线入沟费，按实际铺设长度计收。日常维护费用根据各类管线设计截面空间比例，由各管线单位合理分摊的原则确定。

入廊费用收费标准通过综合以下三条原则进行加权平衡确定：

（1）新建直埋管线的土建费用；

（2）管线在综合管廊内占用的空间面积的比例；

（3）管线在管廊内安全运行所需要的配套设施设备的成本。

管线安装前，由项目公司一次性收取管线入沟费，管线安装后根据各类管线设计截面空间比例，由项目公司每年或每季度收取日常维护费用。

（三）注重精心维护

1. 廊体维护

综合管廊属于地下构筑物工程，管廊的全面巡检必须保证每周至少一次，并根据季节及地下构筑物工程的特点，酌情增加巡查次数。对因挖掘暴露的管廊廊体，按工程情况需要酌情加强巡视，并装设牢固围栏和警示标志，必要时设专人监护。

巡检内容主要包括：各投料口、通风口是否损坏，百叶窗是否缺失，标识是否完整。查看管廊表面是否正常，有无挖掘痕迹，管廊保护区内不得有违章建筑；对管廊内高低压电缆要检查电缆位置是否正常，接头有无变形漏油，构件是否失落，排水、照明等设施是否完整，特别要注意防火设施是否完善；管廊内，架构、接地等装置无脱落、锈蚀、变形；检查供水管道是否有漏水；检查热力管道阀门法兰、疏水阀门是否漏气，保温是否完好，管道是否有水击声音；通风及自动排水装置运行良好，排水沟是否通畅，潜水泵是否正常运行；保证沟内所有金属支架都处于零电位，防止引起交流腐蚀，特别加强对高压电缆接地装置的监视；巡视人员应将巡视管廊的结果，记入巡视记录簿内并上报调度中心。

根据巡视结果，采取对策消除缺陷；在巡视检查中，如发现零星缺陷，不影响正常运行，应记入缺陷记录簿内，据以编制月度维护小修计划；在巡视检查中，如发现有普遍性的缺陷，应记入大修缺陷记录簿内，据以编制年度大修计划；巡视人员如发现有重要缺陷，应立即报告公用事业服务中心和相关领导，并做好记录，填写重要缺陷通知单。运行管理单位应及时采取措施，消除缺陷；加强对市政施工危险点的分析和盯防，与施工单位签订“施工现场安全协议”并进行技术交底。及时下发告知书，杜绝对综合管廊的损坏。

日常巡检和维修中要重点检查管道线路部分的里程桩、保坎护坡、管道切断阀、穿跨越结构、分水器等设备的技术状况，发现沿线可能危及管道安全的情况；检查管道泄漏和保温层损害的地方；测量管线的保护电位和维护阴极保护装置；检查和排除专用通信线故障；及时做好管道设施的小量维修工作，如阀门的活动和润滑，设备和管道标志的清洁和刷漆，连接件的紧固和调整，线路构筑物的粉刷，管线保护带的管理，排水沟的疏通，管廊的修整和填补等。

2. 附属设施维护

综合管廊内附属系统主要包括控制系统、火灾消防与监控系统、通风系统、排水系统和照明系统等，各附属系统的相关设备必须经过有效及时的维护和操作，才能确保管廊内所有设备的安全运行。因此，附属系统的维护在综合管廊的维护管理中起到非常重要的作用。

控制中心与分控站内的各种设备仪表的维护需要保持控制中心操作室内干净、无灰尘杂物，操作人员定期查看各种精密仪器仪表，做好保养运行记录；发现问题及时联系公司相关自控专业技术人员；建立各种仪器的台账，来人登记记录，保证控制中心及各分控站的安全。

通风系统指通风机、排烟风机、风阀和控制箱等，巡检或操作人员按风机操作规程或作业指导书进行运行操作和维护，保证通风设备完好、无锈蚀、线路无损坏，发现问题及时汇报至公司的相关人员，及时修理。

排水系统主要是潜水泵和电控柜的维护，集水坑中有警戒、启泵和关泵水位线，定期查看潜水泵的运行情况，是否受到自动控制系统的控制，如有水位控制线与潜水泵的启动不符合，及时汇报，以免造成大面积积水影响管廊的运行。

照明系统的相关设备较多，如电缆、箱变、控制箱、PLC、应急装置、灯具和动力配电柜等设备。应保证设备的清洁、干燥、无锈蚀、绝缘良好，定期对各仪表和线路进行检查，管廊内和管廊外的相关电力设备全部纳入维护范围。电力系统相关的设备和管线维护应与相关的电力部门协商，按照相关的协议进行维护。

火灾消防与监控系统，应确保各种消防设施完好，灭火器的压力达标，消防栓能够方便快速地投入使用，监控系统安全投入。

以上设备需根据有效的设备安全操作规程和相关程序进行维护，操作人员经过一定的专业技术培训才能上岗，没有经过培训的人员严禁操作相关设备。同时，在综合管廊安全保护范围内原则上应禁止从事排放、倾倒腐蚀性液体、气体；爆破；擅自挖掘城市道路；擅自打桩或者进行顶进作业以及危害综合管廊安全的其他行为。如确需进行的应根据相关管理制度制订相应的方案，经高新区公用事业服务中心和管廊管理公司审核同意，并在施工中采取相应的安全保护措施后方可实施。管线单位在综合管廊内进行管线重设、扩建、线路更改等施工前，应当预先将施工方案报管廊管理公司及相关部门备案，管廊管理公司派遣相应技术人员旁站确保管线变更期间其他管线的安全。

3. 控制中心维护

综合管廊控制中心是一个深度集成的自动化平台，它集成了环境与设备监控系统、视频监控系统、安防系统、火灾报警系统、语音通信系统、电力监控系统等子系统，为运营与维护人员提供了一个完整、统一的监控平台。

控制中心的维护包括日常维护及定期维护。日常维护是各子系统发生故障时及时维修。定期维护是整个控制中心定期（每季或每月）对整个系统的运行出现的问题进行维修及保养。

4. 综合巡查

入廊管线虽然避免了直接与地下水和土壤的接触，但仍处于高盐碱性的地下环境，因此对管线应当进行定期测量和检查。

用各种仪器发现日常巡检中不易发现或不能发现的隐患，主要有管道的微小裂缝、腐蚀减薄、应力异常、埋地管线绝缘层损坏和管道变形、保温脱落等。检查方式包括外部测厚与绝缘层检查、管道检漏、管线位移和土壤沉降测量及管道取样检查。

对线路设备要经常检查其动作性能。仪表要定期校验，保持良好的状况。紧急关闭系统务必做到不发生误操作。设备的内部检查和系统测试按实际情况，每年进行1~4次。汛期和冬季要对管廊和管线做专门的检查维护，主要包括检查和维修管廊的排水沟、集水坑、潜水泵和沉降缝、变形缝等的运行能力；检修管廊周围的河流、水库和沟壑的排水能力；维修管廊运输、抢修的通道；配合检修通信线路，备足维修管线的各种材料。

汛期到后，应加强管廊与管道的巡查，及时发现和排除险情；冬季维修好机具和备足材料；要特别注意回填裸露管道，加固管廊；检查地面和地上管段的温度补偿措施；检查和消除管道泄漏的地方；注重管廊交叉地段的维护工作。对于损坏或出现隐患的管线要及时进行维修。管道的维修工作按其规模和性质可分为：例行性（中小修）、计划性（大修）、事故性（抢修），一般性维修（小修）属于日常性维护工作的内容。

5. 例行的维修工作

（1）处理管道的微小漏油（砂眼和裂缝）；检修管道阀门和其他附属设备；

（2）检修和刷新管道阴极保护的检查头，里程桩和其他管线标志；

（3）检修通信线路，清刷绝缘子，刷新杆号；

（4）清除管道防护地带的深根植物和杂草；洪水后的季节性维修工作；

（5）露天管道和设备涂漆。

6. 计划性维修工作

（1）更换已经损坏的管段，修焊穿孔和裂缝，更换绝缘层；

（2）更换切断阀等干线阀门；检查和维修水下穿越；

（3）部分或全部更换通信线和电杆；

（4）修筑和加固穿越跨越两岸的护坡、保坎、开挖排水沟等土建工程；

（5）有关更换阴极保护站的阳极、牺牲阳极、排流线等电化学保护装置的维修工程；

（6）管道的内涂工程等。

事故性维修指管道发生爆裂、堵塞等事故时被迫全部或部分停产进行的紧急维修工程，亦称抢险。抢修工程的特点是，它没有任何事先计划，必须针对发生的情况，立即采取措施，迅速完成，这种工程应当由经过专门训练，配备成套专用设备的专业队伍施工。必要的情况下，启动应急救援预案，确保管廊及内部管道、线路、电缆的运行安全。以上全部工作由管线产权单位负责，项目公司负责巡检、通报和必要的配合。

（四）加强安全管理

根据城市综合管廊运营及维护的特点，制定具有针对性的各项安全管理制度。包括安全生产责任制；安全生产奖惩办法；安全生产教育培训制度；安全生产检查制度；安全技术措施交底制度；安全生产资金保障制度；生产安全事故报告处理制度；消防安全责任制度；爆炸物品安全管理制度；文明施工管理制度；特种作业人员管理制度；临时用电管理制度；安全防护设施及用品验收、使用管理制度；各工种及机具安全操作规程；生产安全应急预案等。

（1）安全生产教育与培训

对所有员工进行上岗前的安全教育。对从事电气、起重、焊接、机动车驾驶等特殊工种的人员，经过专业培训，获得《安全操作合格证》后，方可持证上岗。

（2）安全生产检查

①运营前的安全检查

主要内容包括：是否有安全措施，机械设备是否配齐安全防护装置，安全防护设施是否符合要求，人员是否经过安全教育和培训，安全责任制是否建立，施工中潜在事故和紧急情况是否有应急预案等。

②定期安全生产检查

每月组织安全生产大检查，积极配合上级进行专项和重点检查；施工班组每日进行自检、互检、交接班检查。

③经常性的安全检查

安检工程师、安全员日常巡回安全检查。

检查重点：物品管理、施工用电、机械设备等。

④专业性的安全检查

针对城市综合管廊的重大危险源，现场设备的运用、运转、维修进行检查。

⑤季节性、节假日安全生产专项检查

在季节变化和节假日安排专职安全检查员对各项设施进行全面检查，对工程施工过程中的安全设施和安全隐患进行全面检查，同时对所有员工进行专项安全教育。

（五）制订应急预案

（1）触电事故的救援预案

一旦发生触电伤害事故，首先使触电者迅速脱离电源（方法是切断电源开关，用干燥的绝缘木棒、布带等将电源线从触电者身上剥离或将触电者剥离电源），同时拨打急救电话，其次将触电者移至空气流通好的地方，情况严重者，呼吸停止或心脏跳动停止或二者都已停止，应立即进行口对口人工呼吸法及胸外心脏按压法进行抢救，等待急救人员或送往医院。在等待或送往医院的途中，不应随意停止抢救。

（2）高处坠落及物体打击事故的救援预案

一旦发生高空坠落或物体打击事故，应迅速拨打急救电话，抢救伤员的同时保护好现场防止事态扩大。如有轻伤或休克人员，现场人员应立即组织临时抢救、包扎止血或做人工呼吸或胸外心脏按压，尽最大努力抢救伤员。如有人员腰椎、颈椎受伤，不可胡乱搬抬，应令其就地躺卧等待医护人员救治，以免扩大伤势。

（3）坍塌事故的救援预案

一旦发生坍塌事故，应尽快使事故人员解除挤压，同时拨打急救电话，在解除压迫的过程中，切勿生拉硬拽，以免进一步伤害，现场处理根据伤情，采取包扎止血、人工呼吸或心肺复苏等急救措施。如有条件应就近送往医院抢救。在急救中应先清除伤员口、鼻污物，保持呼吸畅通。抢救伤员的同时应组织其他组员采取有效抢险支护措施或组织人员撤离危险区域，防止事态扩大。

（4）机械伤害事故的救援预案

对于一些微小伤，工地急救员可以进行简单的止血、消炎、包扎。对伤势较严重的，应就近送医院。

发生机械伤害事故后，迅速抢救伤员，使其脱离险境并拨打120急救电话（如为交通事故还应同时拨打122交通肇事报警电话），同时保护现场，防止事态扩大。对伤员应进行可行的应急抢救，如现场包扎、止血等措施，防止受伤人员流血过多造成死亡，如有条件可就近送往医院。

（5）中毒事故的救援预案

一旦发生中毒事故，应令中毒人员大量饮水、刺激喉部使其呕吐，达到洗胃效果；立即送医院抢救或拨打急救电话，如为食物中毒还应向当地卫生防疫部门报告，保留剩余食品样本以备检验。

（6）火灾事故的救援预案

火灾事故的救援原则是“救人重于灭火；先控制、后消灭；先重点、后一般”。发生火灾后，应立即组织人员施救、拨打“119”电话报警和撤离，撤离途中如有浓烟时，立即匍匐前进直至安全地带，以免烟熏中毒昏倒。室内人员逃离时，应先触摸一下房门温度，如烫手千万不可打开房门逃生，应从窗口逃离，窗口逃生时，二层以上人员切不可盲目跳楼逃生，可采用床单、衣物、绳索等作为攀系工具逃离火场。如不能逃离时，可堵死门缝，湿润毛巾后蒙在口、鼻上，以防有毒有害气体中毒，并向房门泼水降温，同时呼救等待救援。烧伤人员应采取措施救治，如送至通风良好地带、用干净纱布简单包扎、清理口鼻保持呼吸道畅通等，有条件的应立即送往就近医院救治。如有人员烟熏中毒倒地停止呼吸，立即将其抬至安全通风地带，进行人工呼吸，恢复其心肺功能，在医护人员到达之前切不可轻易放弃救治。

如确认是电气火灾应迅速切断电源，以免事态扩大，切断电源时应戴绝缘手套，使用有绝缘柄的工具。当电源不能及时切断时，抢险人员必须穿戴绝缘用品。

扑灭电气火灾时要用绝缘性能好的灭火剂，如干粉灭火机、二氧化碳灭火器、灭火沙，严禁使用水或导电灭火剂扑救。

（7）环境保护方案

项目公司对环保工作负全面责任，监督、检查各部门环保工作、环保措施执行情况，定期进行评比，推动环保工作。

专职环保工程师负责具体的施工环保措施的制定、监督落实，及时上报环保工作动态，根据环保相关法规、大力抓好工地宣传教育，发动全体职工从我做起，消灭污染源头。

项目公司运营部负责执行各项环保措施，检查工班环保工作是否到位，是否满足环保措施要求，确保环保工作不流于形式。

①环保工作与经济效益奖金挂钩，奖优罚劣。

项目公司运营部与项目公司签订环保合同，并缴纳环境保护保证金，达到要求的予以返还，达不到时扣减，定期进行检查评比，奖优罚劣。

②加强环保工作宣传，提高环保意识。

深入开展广泛宣传教育工作，编写环保宣传教育资料，充分利用工地宣传形式，聘请环保专家讲授环保知识及保护要求，宣传国家和各级政府关于环保工作的方针政策、法律法规，环保工作的重大意义，切实做好施工过程中环保和生态保护、水土保持工作。

③严格执行环保规定及管理办法。

第五章　城市管廊 PPP 项目的干系人

一、政府机构在管廊 PPP 项目中的角色安排

PPP 模式中的“政府”是指各省、自治区、直辖市人民政府，国务院各部委、各直属机构、地方各级人民政府和行业主管部门等，或其授权的实施机构。通常来说，政府方是指签署 PPP 项目合同的政府一方签约主体（合同当事人）。

推进管理 PPP 项目工作主要包括牵头部门与参与部门。财政部门作为 PPP 工作的主管部门，负责推进、协调工作。在 PPP 项目中，政府的股权投入、财政补贴、政府承诺、配套投入等，必须纳入财政规划和预算管理，保障资金来源。住建部门是管廊项目的参与部门，负责推动当地管廊 PPP 项目的实施。

政府在 PPP 模式推广中，要做好自己的角色定位和坚守自己的职责。最重要的原则是要坚持十八大提出的“使市场在资源配置中起决定性作用”。由传统的“投资型”政府转变为“服务型”政府的关键和契机在于，如何实现在城市基础设施建设投融资和监管模式中角色的定位与转换，从而推动整个社会和经济的快速转型和产业升级。

（一）作为法律政策上的支持者

PPP 模式的推广需要一定的法律法规和政策上的支持。我国目前尚没有专门的 PPP 法，而且 PPP 项目涉及的法律范围也较广，如特许经营法、环境保护法、土地法、竞争与反垄断法等。法律法规的修订或颁布有可能

会导致原有 PPP 项目的合法性或合同的有效性发生变化，使得原有 PPP 项目失去保护，可能会导致该项目半途终止或彻底失败。同时，这也会使得社会资本不敢踏入 PPP 投资领域，甚至使得政府的信用受损。

（二）作为顶层设计者

政府作为 PPP 项目的顶层设计者和监督管理者，必须坚持发展战略在前，项目开发实施在后的原则。PPP 项目的实施必须符合当地发展战略或当地民生的需求。政府作为顶层设计者要根据地方发展战略对 PPP 项目进行科学的筛选和合理的排序，使得 PPP 项目不仅缓解当地政府的经济压力，同时要满足当地百姓的需要，提升当地百姓的生活质量和水准。政府必须意识到 PPP 项目只是缓解政府提供基础设施建设或公共服务财政支出压力的一种有效方法，其目的是为了解决当地的公共服务需求，而不是为了增加政府的社会资产。

（三）作为标准制定者

PPP 模式下，项目运营管理模式的探索和行业最佳监管实践的重任都落在了中央政府和国家主要行业监管部门的肩上。而且从国外的最佳实践情况来看，标准的制定加速了整个国家对 PPP 模式基础设施的建设，减少了不必要的摸索和试错的过程。一方面，标准的制定为以财政预算管理为主要逻辑的基础设施建设，提供重要的支持和良好的发展土壤；另一方面，标准的制定还将为项目价值分析提供重要的数据资源，使 PPP 模式逐步发展和成熟。

（四）作为审核批准者

虽然政府作为投资主体的地位和职能被削弱了，但这并不代表着政府放任 PPP 项目的发展。中央政府对于国家的整体发展战略，以及地方政府在贯彻国家发展战略过程中，顶层设计的系统性、一贯性和连续性必须在基础设施建设市场得到体现。政府对于基础设施建设的管控行为转变为监管职能。通过对 PPP 项目立项的审核，确保该项目符合国家或地方政府的发展战略，并且对于国家战略性项目、区域战略性项目设置优先权或政策性支持，避免基础设施的重复建设或国家战略性资源的浪费。

（五）作为监督管理者

在 PPP 模式推广中，政府 PPP 项目管理机构重中之重的任务是监督管理工作。在监管中，政府的重要课题是如何对不同行业和细分市场的 PPP 项目监管确立一套行之有效的绩效考核指标，设立考核标准，创建考核工具及设计监管体系，以推进公共服务 PPP 项目的质量监管的精益化管理进程，保障 PPP 项目施工质量和最终提供服务的质量，在最大程度上保障公众的权益，真正做到采购的物有所值。

二、社会投资方在管廊 PPP 项目中的角色安排

根据财政部《〈政府和社会资本合作模式操作指南（试行）〉的通知》（财金〔2014〕113 号），社会资本是指“已建立现代企业制度的境内外企业法人，但不包括本级政府所属融资平台公司及其他控股国有企业”。而在国家发展改革委《政府和社会资本合作项目通用合同指南》中规定，社会资本是指“符合条件的国有企业、民营企业、外商投资企业、混合所有制企业，或其他投资、经营主体”。《国务院办公厅转发财政部　发展改革委　人民银行关于在公共服务领域推广政府和社会资本合作模式指导意见的通知》（国办发〔2015〕42 号）提出“大力推动融资平台公司与政府脱钩，进行市场化改制，健全完善公司治理结构，对已经建立现代企业制度、实现市场化运营的，在其承担的地方政府债务已纳入政府财政预算、得到妥善安置并明确公告今后不再承担地方政府举债职能的前提下，可作为社会资本参与当地政府和社会资本合作项目”。按此文件规定，本级政府融资平台公司可以参与 PPP 项目。

根据 PPP 项目运作方式和政府参与程度的不同，社会资本在 PPP 项目

中所承担的具体职责也不同，总的来说，在 PPP 项目中，社会资本需要同时扮演以下角色：

（一）当好“规划参与者”。社会资本熟悉市场、清楚商业模式，应在管廊 PPP 项目规划中发挥更多作用，或者向地方政府提出好的 PPP 项目。

（二）当好“合作者”。社会资本与政府合作提供公共服务时，应按照 PPP 项目合同约定，履行相关义务，获得相关权益。社会资本的义务主要包括：1. 按照合作协议的约定组建并注册设立项目公司的义务；2. 负责项目建设所需部分债务资金的融入的义务；3. 根据合作协议约定与项目公司签订项目施工总承包合同，承担施工质量等原因造成的维修维护支出的义务；4. 在组织、指导、监督、协调项目公司的各项经营活动过程中，如出现由于项目公司或社会投资人原因引起项目公司无法履行 PPP 合同规定的权利和义务的情况，社会投资人有义务负责重新调整项目公司，继续履行 PPP 合同约定的权利和义务；5. 法律法规和相关协议文件规定的其他义务。社会资本的权利主要包括：1. 自由进入、退出 PPP 项目的权利；2. 收益权，按照合作协议约定，收回投资成本取得投资回报的权利；3. 经营权，拥有组织、指导、监督、协调项目公司各项经营活动的权利；4. 决策权，在与政府方协商一致后，有权重新调整项目公司内部董事会和经理层等治理结构；5. 法律法规和相关协议规定的其他权利。

（三）当好“社会责任践行者”。由于 PPP 项目涉及公共利益，因此，社会资本在 PPP 项目除了获得经济回报之外，还应履行好社会责任。

三、运营机构在管廊 PPP 项目中的角色安排

在管廊 PPP 项目中，投资回报来源于项目运营后所产生的收益，因此，项目的高效、平稳运营是取得投资回报的前提及基础。此次中央政府重点鼓励推广的 PPP 模式，与以往的 BT、代建、单一承包等模式最大的不同之处即增加了“运营”环节，突出运营管理的不可或缺性。在管廊建设管理领域，运营管理环节将成为企业竞争的主战场。

一是运营管理是未来发展趋势。根据当前的法律法规，综合管廊项目使用寿命长达 100 年，而项目前期筹备、规划设计、施工建设环节不过 3~5 年，因此占项目全生命周期最大比例的是运营管理环节。当前，我国正处于新型城镇化发展加速期，未来包括管廊在内的基础设施建设市场前景广阔，但随着时间推移，城乡二元化边界逐步减小，城市人口增速也将逐步放缓，管廊建设预计在未来 30 年后将逐步缩减，即存量管理逐步取代新增建设，成为建筑业的主战场。因此，管廊建设企业应抓住当前 PPP 模式中运营管理环节的发展机遇，积极培育运营管理技术能力，有序调整产业结构，健全产业链条，为保障企业持续发展提前奠定坚实基础。

二是打造运营管理核心能力。未来管廊运营管理机构应重点抓住以下两方面：一方面是重点打造管廊对其他产业的基础服务与沟通连接能力。传统产业分类中，建筑业归为第二产业，其主要分类考虑是基于建筑业的设计与施工环节。而在未来以运营管理为主要任务的建筑业，其核心职能是为其他所有产业提供基础服务，尤其是当前正蓬勃发展的第三产业，未来建筑业可定位为服务业的服务业。因此，未来，管廊项目运营管理应重点突出其基础服务与沟通连接的职能。即管廊项目为工业生产、人们生活提供最基础的基建实体保障，其运营管理定位于保障其他各产业的高效运转，同时为其他产业之间的沟通互联提供便捷服务。由此，综合管廊运营管理方可持续发挥其最大的价值服务。另一方面是重点打造管廊设施工程维修养护、升级改造的核心技术及管理能力。根据以上趋势分析，未来管廊建设市场将逐步由新增项目建设向存量项目运营管理为主。如何保证存量项目保持其健康良好使用状态，同时契合城市发展、科技进步、适应大众最新的使用要求，对其进行升级改造，将成为管廊建设企业最主要的核心任务。

当前，建筑企业的主要核心技术均集中于规划设计创新概念、新材料生产及应用、施工技术、设备装配制造等方面，而在运营管理环节，科技创新力度欠缺较多，并不为各企业所重视。随着运营管理环节纳入 PPP 模式，并逐步成为主要任务时，掌握运营管理核心技术及对应的管理能力就显得尤为重要。管廊建设企业一方面应加强维修养护、升级改造技术科技创新，将不断革新的现代科技运用到存量项目运营管理中，迸发出新的发展活力；另一方面应转变管理理念，尽快建立健全适应项目长期（一般在 20 年以上，区别于设计施工阶段 3~5 年）运营的管理体制与人才队伍建设。

四、设计和施工方在管廊 PPP 项目中的角色安排

（一）关于管廊设计方

1. 工程咨询设计企业的特点和优势

工程咨询设计企业的特点是服务型、轻资产型企业，一般来说，其投资能力、融资能力有限，不足以单独支撑大体量、资金密集型 PPP 项目。另外，工程咨询设计企业的业务性质决定其不必通过投资拉动施工建设，PPP 的高风险性也决定其要谨慎进行项目拓展。

工程咨询设计企业的优势在于项目识别和项目筛选，以及项目规划、咨询、设计、管理能力。因此，与金融资本、产业资本结合，寻找收益好的 PPP 项目，不用或少用自有资金，实现工程总承包、设计咨询、投资咨询等业务拓展，应是工程咨询设计企业的重要努力方向。

要开展该类业务，除了传统咨询设计能力外，还要在 PPP 项目全面风险识别、风险分担机制、与政府谈判能力、合同框架设计等方面加大能力培养力度。

此外，鉴于 PPP 项目期限长、收益低的特征，最好能结合产业基金，重点撮合保险、银行等长期低成本资金开展业务。

有实力的工程咨询设计企业，若想作为投资主体参与 PPP 项目，建议以经营收费能够完全覆盖投资成本的特许经营项目为投资目标，以获取长期稳定的收益。

2. 设计企业参与 PPP 项目的主要模式

设计企业参与 PPP 项目的模式主要有四种：一是作为主导单位牵头组建项目公司，二是与大企业集团合作直接投资，三是通过 PPP 产业基金

间接介入，四是作为项目设计方参与方案设计。不同模式对设计企业的规模、资金、能力等要求不同，设计企业的获益也将不同。

在作为主导单位牵头组建项目公司的模式中，实力雄厚的设计企业可聚集社会资源和政府资源直接对接政府 PPP 项目、组建 PPP 项目公司。这种模式对设计企业的资金实力、政府关系要求特别高，适用于大型央企设计集团。

在与大企业集团合作直接投资的模式中，设计企业可通过与具有较强实力背景的大型建筑央企、大企业集团合作，利用设计咨询等前端优势参与 PPP 项目，与资金实力较强而设计能力欠缺的大企业集团实现优势互补，通过微比例跟投，分享一定的投资收益。

在通过 PPP 产业基金间接介入模式中，设计企业可通过建立 PPP 产业基金的方式，以融资平台的身份参与 PPP 项目，凭借融资平台优势，带动 PPP 项目投资和承接相关设计咨询业务。

此外，设计企业也可作为 PPP 项目的设计分包商，参与项目的方案设计。此种方式下，PPP 项目对于设计企业而言仅仅相当于产品销售渠道，与一般的设计项目并无太大区别，设计企业仅获得项目的设计收费。

（二）关于管廊施工方

1. 转变角色定位

建筑企业运作 PPP 项目，必须转变传统的角色定位和经营理念。

（1）施工企业角色转变：由原来单一的施工承包商向投资商、施工承包商和运维服务商的多重角色转变。

（2）盈利模式转变：由建筑施工的单一利润变成了建筑上下游多个利润点的汇集，分享项目投资、运营等多个环节的利润。

（3）经营范围转变：PPP 项目主要集中在市政公路、轨道交通、城镇开发等领域，更强调专业性。如果提供的产品或服务不符合政府的要求，可能血本无归。

PPP 项目综合的要求高、周期长、投资大等特点，决定了其可以采取联合其他社会资本、通过组建联合体实现强强联合的经营模式。这将是建筑企业参与 PPP 更具持续性的主流方式，也暗合了 PPP 模式“专业人做专业事”的特性。

2. 努力降低成本

在 PPP 模式深化推广、各行业壁垒逐步弱化的背景下，施工环节的竞争将变得更加白热化，“血拼”将是常态，其核心竞争因素即三大成本：融资成本、施工成本、运营成本。融资成本与项目实施期融资环境、货币政策有较大关系，而施工及运营成本则与建筑企业的成本管控水平直接相关。

在此情况下，建设期间的施工成本将成为决定施工企业经营效益的最核心因素，如何降低成本提高利润也是摆在施工企业面前最关键的命题。结合当前发展趋势，建筑企业降低施工成本可从以下三个重点方面入手。

一是减少人工成本，推广机械自动化。建筑业长久以来一直是劳动密集型产业。基础设施建筑项目吸引了大量的农村劳动力进入城市务工，“农民工”很大程度上已成为一线建筑工人的专用称呼，他们群体庞大，辛勤劳作，创造了这一产业链中最大的价值体量，是支撑整个建筑业蓬勃发展的基石。随着我国人口结构、经济转型等多重影响，情况正在加快转变。

首先，随着中国人口老龄化时代的到来，新生人口增速持续下滑，一线产业工人数量萎缩趋势加剧。其次，随着经济持续增长及人力资源等体制完善，建筑业劳动力成本大幅提高，其增速超过了工程成本中其他子项的增速，以往主要依靠剪刀差赚取利润的时期已不可持续。最后，建筑业技术整体水平也在逐步提高，对产业工人职业技术能力提出了更高要求，掌握专业技能的高级技工等较为稀缺。

因此，建筑企业应抓住当前科学技术快速发展的机遇，大力推广机械自动化，即以更为技术先进、自动化程度高、更为智能化的机械设备、机器人等代替自然人，在提高生产效率的同时大幅降低项目成本。智能化变革在多个制造业领域已应用广泛，如汽车装配制造、制药、家电制造、食品加工、化工等，但在建筑业普及利用率仍较低，未来有极大的发展空间。

二是提高物资材料设备的周转效率，推广以大数据为基础的物联网。在工程成本中，物资材料设备等成本一般占 50% 以上。在项目施工过程中，所需的物资材料设备的数量及类别众多，生产加工、采购、运输、存储等环节长，同时材料价格等受市场行情波动影响大，因此物资材料设备成本的因素也往往成为影响工程项目成本的最主要的因素之一。

施工企业应积极运用当前的互联网技术，加快建立覆盖建筑业主要物资材料设备的物联网，通过以大数据为基础的物联网对所有物资材料设备进行资源统筹整合，缩减运转周期，规避市场行情变动风险。

三是缩短管理链条，推广信息化。基础设施工程项目管理是一项系统工程，具有单体工程额度大、周期长、一次性成型等特点，其管理链条也明显长于一般的消费品生产环节。在项目实施过程中，具有管理职能的单位包括项目公司（项目法人单位）、设计单位、总承包单位、分包单位、施工班组、监理单位，另外各个单位的母公司或监管单位就项目的管理费用也要由项目成本承担。项目施工成本中除工程直接费用外，项目管理成本占了较大比例。

当前的信息技术发展为缩短项目管理链条、降低管理成本带来重大变革机遇。一方面，应充分发挥信息通信等技术强大的收集整理能力，其极大提高了项目建设施工信息传递效率，任何施工工作面信息、实际推进信息、组织管理信息等均可以同步呈现在管理者面前。许多管理链条设计均有大幅优化缩减的空间。另一方面，应充分运用信息通信技术的数据分析能力，其通过大数据分析，做出的评测分析精准度更高，人为因素少，可有效提高施工管理效率，极大减少无效管理及差错发生的概率。因此，未来的施工管理的重心逐步转向优化管理链条，实现人力管理与信息化管理无缝对接。

3. 严格把控风险

（1）政治影响风险。因为 PPP 项目属于公共服务领域，通常与老百姓的生活相关，关系到公众利益。在项目运营过程中，可能会因原材料、年平均工资、CPI 等各种因素的变动，导致使用者的价格变化，遭到公众的反对。

（2）政府信用风险。政府信用风险主要指的是，在签署 PPP 项目协议时，政府由于资金缺乏或者项目紧急等原因，对社会资本提供种种优惠政策，但是在项目运作过程中却出现政府不按照合同履约、承诺不兑现、不配合项目公司办理项目审批手续等问题。

建筑施工企业在考察项目的时候，应关注地方政府的诚信情况，过去是否出现过合同不履约的状况，降低风险成本。同时关注项目是否获得上级政府的关注，是否为国家级或省级的试点项目，还可以联合别的社会资本一起投标，分摊风险成本。

4. 合理扩大收益

（1）定价机制

我国市政公用事业产品和服务的价格主要是政府定价，考虑居民的接受能力所制定的，均需政府对其进行大量补贴，给政府带来沉重的财政负担。现在采用 PPP 模式，就使用者付费模式而言，应充分考虑如下几个因素。

① 需求的价格弹性。是指需求量对价格变动的敏感程度，即使用者对于价格的容忍程度。收费价格上涨到一定程度后，可能会导致使用量的下降。

②项目公司的目标，即在综合考虑项目的实施成本、项目合作期限、预期使用量等因素的情况下，收费定价能否使项目公司获得合理的收益。

③项目本身的目标，即能否实现项目预期的社会和经济效益。

④参考当地的物价水平，判断定价是否超出使用者可承受的合理范围。

通过多方面考虑各种因素，确定一个合理的价格，既不让项目公司得到超额利润，也不让项目公司承担亏损。

建筑施工企业在对项目进行财务分析的时候，应该详尽了解项目的资料，通过政府设立的资料库、现场勘查等多方面收集数据，立足于建筑施工企业自身的管理水平、融资水平等，结合市场环境及国家产业的规划，测算合理的建设成本、经营成本，再进行投标报价。若建筑施工企业对于 PPP 项目的财务测算把握不透，可以通过聘请专业的咨询机构，来提供决策帮助，判断项目是否盈利，同时协助建筑施工企业测算一个合理的报价。目前 PPP 项目中，多为政府方聘请咨询机构，其实作为社会资本方更需要有一个专业的咨询机构提供 PPP 项目的咨询服务。

（2）调价机制

PPP 项目的特许经营期一般都长达 10~30 年，在此期间，市场环境的波动会直接引起项目运营成本的变化，进而影响项目公司的收益情况。以政府付费模式举例，常见的调价机制包括：

①公式调整机制。通过设定价格调整公式来建立政府付费价格与某些特定系数之间的联动关系，以反映成本变动等因素对项目价格的影响，当特定系数变动导致根据价格调整公式测算的结果达到约定的调价条件时，将触发调价程序，按约定的幅度自动调整定价。常见的调价系数包括消费者物价指数、生产者物价指数、劳动力市场指数、利率变动、汇率变动等。调价系数的选择需要根据项目的性质和风险分配方案确定，并应综合考虑该系数能否反映成本变化的真实情况并且具有可操作性等。

②基准比价机制。定期将项目公司提供服务的定价与同类服务的市场价格进行对比，如发现差异，则项目公司与政府可以协商对政府付费进行调价。

③市场测试机制。在 PPP 项目合同约定的某一特定时间，对项目中某项特定服务在市场范围内重新进行采购，以更好地实现项目的物有所值。通过竞争性采购程序，政府和项目公司将可能会协商更换此部分服务的运营商或调整政府付费等建筑施工企业应对政府提出的调价机制进行细致的研究测算，分析其是否合理。若等到签订 PPP 项目协议后，项目运营中才发现调价机制不合理，再调整调价机制几乎不可能，很有可能项目公司自行承担其决策失误造成的亏损。

五、其他利益相关者在管廊 PPP 项目中的角色安排

（一）金融机构

PPP 项目的范围决定了 PPP 项目具有投资规模大、回报周期长的特点，因此，在实践中，PPP 项目需要融资方的介入，以充足的资金保证 PPP 项目的顺利实施。融资方一般为商业银行、出口信贷机构、多边金融机构以及非银行金融机构，根据 PPP 项目的规模和融资需求的不同，融资方可能是一家金融机构，也可能是多家金融机构。

金融机构参与 PPP 项目，可以作为社会资本直接投资，也可以作为资金提供方参与项目。如果作为社会资本直接参与模式，金融机构可以联合有运营能力的社会资本，和政府签订三方合作协议，在协议约定的范围内参与 PPP 项目的投资运作。如果作为资金的提供方，金融机构可以为其他社会资本方或者项目公司提供融资，间接参与 PPP 项目。

我们具体来看不同的金融机构的 PPP 参与方式。

1. 政策性银行

政策性银行参与 PPP 项目，可以发挥中长期融资优势，为项目提供投资、贷款、债券、租赁、证券等综合金融服务，并联合其他银行、保险公司等金融机构以银团贷款、委托贷款等方式参与。政策性银行可以释放国家对所鼓励的 PPP 项目方向、合作模式的信号，某种程度上成为国家宏观调控的一种手段，但是相对于其他金融企业，政策性银行的参与市场化程度相对较低。

2. 商业银行

商业银行是 PPP 项目最重要的资金提供方，可以通过资金融通、投资银行、现金管理、项目咨询服务、夹层融资等方式参与 PPP 项目。

资金融通。可以通过项目贷款、贸易融资、保理、福费廷、银团贷款等，发展供应链金融，为项目公司提供资金融通服务，这是比较传统的对公业务。

投资银行业务。商业银行承销 PPP 项目公司中短融票据、PPN 等融资工具，或者利用产业基金、信托、资产管理、租赁等通道，用自营或理财资金对接 PPP 项目公司的融资需求，比如参与 PPP 产业基金的 LP。之前有个新闻，说银行理财直接融资工具改为注册制，之前是实行评审制，这个理财直接融资工具也能参与 PPP 项目，而且算作标准化债权，将来还能转让，有流动性。

现金管理。针对项目公司日常运营资金的管理，可提供资金结算、现金管理、资金监管、代发工资、协定存款、企业定制理财产品等服务。

项目咨询服务。凭借金融、会计、法律等方面的专业优势，为 PPP 项目参与方提供合同订立、现金流评估和项目运营等提供咨询服务。

夹层融资。除了传统融资方式外，商业银行还可以积极探索项目夹层融资。股权 + 债权，具有期限长、结构灵活、限制少和成本低等优点。

商业银行参与 PPP 项目，面临着期限错配和信用风险，PPP 项目大多涉及基础设施建设和公共服务领域，融资周期较一般工商企业贷款更长，对于主要以中短期存款为负债来源的商业银行来说，存在期限错配的风险；PPP 项目涉及地方政府、项目公司等多个主体，相关主体对于契约的遵守情况直接影响项目现金流、盈利能力和融资项目的信用风险。

3. 保险公司

保险公司可以开发信用险种为 PPP 项目的履约风险和运营风险承保。

从保险资金的运用来看，基础设计建设一般周期很长，符合险资长期性的特征，有助于缓解资产负债错配的问题，因此险资可以通过专项债权计划或股权计划为大型 PPP 项目提供融资。

保险资金追求安全性，具有期限长、规模大的特点，比较适合基础设施、物业之类的投资，但险资对项目的担保和增信要求较高，大型保险机构一般都要求项目资产的评级达到 AAA 级，符合要求的项目有限。

4. 证券公司

证券公司可以为 PPP 项目公司提供 IPO 保荐、并购融资、财务顾问、债券承销等投行业务，也可以通过资产证券化、资管计划、另类投资等方式介入。

资产证券化。具有未来稳定现金流的资产就可能被证券化，很多基础设施类的 PPP 项目，如供热、供水、供电、污水处理、公共交通、高速公路等具有稳定的现金流，是良好的证券化基础资产，去年 11 月企业资产证券化采取备案制后，大大简化了证券化项目设立和发行手续。

项目收益债。43 号中明确项目收益债是 PPP 项目的融资方式之一。

5. 信托公司（包括基金子公司）

信托公司参与 PPP 项目可以通过直接和间接两种模式。直接参与，即信托公司直接以投资方的形式参与基础设施建设和运营，通过项目分红收回投资。间接参与，即信托公司为 PPP 模式中的参与方融资，或者与其他社会资本作为联合体共同投资项目公司，采取明股实债的方式，在约定时间由其他社会资本回购股权退出。

相比银行和券商，信托公司的资金成本比较高，在公益性或准公益性的 PPP 项目中很难找到成本收益匹配的项目。

6. 城镇化产业基金

顾名思义，是主要用来为城镇化发展募集建设资金的，具体模式也比较多。

一种是省政府出资成立引导基金，与银行合作成立城镇化建设母基金。各地申报的项目，经过银行审核后，由地方财政做劣后级，母基金做优先级，杠杆比例大多为 1:4。山东、河南推广比较多。地方政府做劣后，承担主要风险，项目也要过省政府审核。政府对金融机构还是有隐性的担保的。

还有一种是有限合伙型的产业基金，一般是金融机构做 LP 优先级，地方政府指定国企做 LP 的次级，金融机构认可的股权投资管理人做 GP。有个基金子公司和某市轨道交通集团成立的城市发展产业基金就是这一类型，该基金子公司成立的专项计划是作为 LP 优先级，某市轨交做 LP 次级，GP 由基金子公司指定，某市轨道交通集团按协议定期支付收益给优先级有限合伙人，并负责在基金到期时对优先级合伙人持有的权益进行回购，当地市政府提供财政贴息保障。这种模式下整个融资结构是以金融机构为主导的。

第三种模式是有项目运营能力的社会资本发起成立 PPP 产业基金，该社会资本一般都具有建设运营的资质和能力，通过联合金融机构成立有限合伙基金，对接项目。比如，某建设公司成立基金管理公司（GP），联合商业银行（优先 LP），地方政府指定的第三方（次级 LP），建设公司有时还可以担任中间级 LP，成立有限合伙形式的基础设施 PPP 投资基金，再成立项目公司参与具体项目。项目公司与政府或代理人签订 PPP 财政补贴协议，对项目的回报模式进行约定，政府或代理人根据协议约定支付相关款项并提供担保措施。

这类有运营能力的社会资本发起的 PPP，有什么意义呢？对该企业来说是可以通过加杠杆提高 ROE 的。全球范围看建筑业的毛利率是 3%，净利率是 1%~2%，而且对投入资本要求很高，在 PPP 模式下，成立 PPP 基金，企业出资 10%，可以放大 10 倍杠杆，除去付给优先级 LP 的成本后，这放杠杆的过程就会有很大一块利润，再加上建筑总包也有一块利润，哪怕是后期运营外包出去不赚钱，也能实现在销售额一定的情况下提高净值产收益率。

（二）咨询机构

外部咨询顾问在 PPP 项目中扮演着辅助政府项目工作中心的角色，具体指在涉及经济、财务、法律、技术以及项目管理等领域时，依照项目执行机构的具体要求（授权委托备忘录 –TOR）承担具体的工作和事务。

其主要包括：

1. 按政府、审批部门和投资者要求撰写提交可行性研究报告

在项目的开发阶段，最主要的任务是完成项目的可行性论证。该论证的结果将同时接受政府和市场的检验。政府主管部门对可行性研究报告的侧重点在于项目的经济可行性、环境与社会影响、技术的可行性、风险的管控和对政府财政可能构成的影响；市场对项目的审视主要集中在项目的财务可行性、法律与技术可行性、风险的管控和融资可行性等内容。所以可行性研究报告必须满足项目相关利益人对项目不同维度审视的信息需求，并确保该信息来源及论证结论的专业性、可靠性和权威性，对可行性研究的质量提出了很高的要求；咨询机构在某个领域的专业知识和经验可以确保该任务能够很好地完成，满足政府和市场在社会公正与社会效率之间平衡的需求。

2. 设计并起草项目合同

PPP 项目本身是政府部门为满足社会民众对公共服务的需求而向社会资本发起的采购行为，是公众利益与社会资本利益之间的博弈。项目合同的设计和起草恰恰能很好地反映和代表公众利益，面对强悍且准备充分的社会资本机构，政府没有任何理由将合同起草的重大任务交给投资人或合作伙伴来完成。合同条款的设计首先必须充分反映和保护社会公众基本权益，并在此基础上体现政府对项目的动态战略性考虑，如需求变化引起的价格变动等风险因素。法律顾问的重要职责便是帮助政府在项目开发、推介的过程中逐步起草和完善项目合同，实现保护公众基本权益不会遭到潜在威胁和侵害的诉求。

3. 准备必要的招标文件并协助投标评估

项目的招标过程是项目商业计划书从规划向落地实施迈出的最关键的一步。招标过程主要由大量的推广和反复沟通组成，招标管理的细节设计与执行很有可能决定项目最终的社会反应。所以咨询机构的出现大大减轻了政府的工作压力和负荷：从招标的法律合规性设计到项目的市场推介与营销都是咨询顾问所擅长的服务领域；项目中期的投资意向与概念性建议书的征集都需要与广泛的社会网络资源之间进行多次往复来回的正式和非正式沟通交流，从而保障最终项目投标的质量和效果，咨询机构在这中间将充当重要桥梁和润滑剂的作用。

4. 协助政府项目工作中心进行合同的谈判和签署

在项目合同没有正式签署之前，项目依然只是停留在方案和规划层面。所以当项目中标的信息被披露且没有疑义的情况下，专业咨询机构还必须辅助政府项目中心进行落地实施“最后一英里”的工作：合同的谈判和签署。谈判并不是对项目招标书和项目合同内容的再次协商，而是对于项目开始具体实施过程中可能遇到的重要问题和影响因素而达成一致和共识，以便于彼此分工协作，项目快速得到实施。其中具体包括项目计划的时间节点等议题；咨询顾问需要根据对项目情况的充分掌握来评估合作方提出建议或方案可能产生的现实和潜在影响，供政府项目工作中心参考决策，在必要的时候协助制订谈判策略并直接参与谈判，在最大程度上确保项目协议的签署。

5. 对项目后期的合同管理提供支持

PPP 项目的初衷在于对服务的采购，所以只有项目最终以合适价格费率提供并符合民众与政府监管机构预期质量和水准的服务时，我们才可以肯定该项目的成功。因此，项目在建设施工和后期服务的监管将决定项目最终的成败。传统意义上而言，政府并没有参与到过多的对项目运营和产品服务质量的监管当中，这将消耗极大的时间和精力，但 PPP 的项目形式决定政府必须主动且积极地参与到项目的建设实施和服务递交过程中来，只有这样才能很好地维护公众的权益。咨询机构可以帮助政府在后期的项目专业执行中与监管团队更好地履行自身的职责，从法律、技术标准、财务到项目合同等方面提供高质量的建议、咨询等支持性服务。

第六章　地下管廊合同

PPP 项目合同通常而言是指由项目实施机构与中选社会资本或者项目公司就基础设施及公共服务类项目签订的具有法律约束力的文件，中选社会资本或者项目公司通过签署本协议而在一定期间及特定区域内享有排他性的运营、维护等，并依法收取费用的权利。

根据 2014 年 12 月 30 日财政部发布的《关于规范政府和社会资本合作合同管理工作的通知》(财金〔2014〕第 156 号)附件《PPP 项目合同指南(试行)》的规定，PPP 项目合同应具备以下核心条款：

引言、定义和解释，项目的范围和期限，前提条件，项目的融资，项目用地，项目的建设，项目的运营，项目的维护，股权变更限制，付费机制，履约担保，政府承诺，保险，守法义务及法律变更，不可抗力，政府方的监督和介入，违约、提前终止及终止后处理机制，项目的移交，适用法律及争议解决，合同附件等。

附件为一个典型的地下管廊合同模板，供学习参考。

某市地下综合管廊 PPP 项目协议

甲方：某市住房和城乡建设局

乙方：【项目公司】

丙方：某市地下综合管廊投资管理有限公司

丁方：【成交社会资本】

2016 年 6 月

某市地下综合管廊 PPP 项目协议（草案）

本 PPP 项目协议（以下简称“本协议”）于 2016 年 6 月　日由以下各方订立：

甲方：某市住房和城乡建设局法定代表人：

乙方：【项目公司】法定代表人：

丙方：某市地下综合管廊投资管理有限公司法定代表人：

丁方：【成交社会资本】法定代表人：

鉴于：某市人民政府（市政府）授权某市住房和城乡建设局（市住建局）作为某市地下综合管廊 PPP 项目（本项目）的采购人，通过竞争性磋商方式选择本项目社会资本合作方，并授权甲方代表市政府与项目公司签署本协议；丁方作为成交社会资本方（牵头方）根据本项目磋商文件的约定，依法与丙方在某市共同成立项目公司即乙方。本协议签署之日，乙方尚未设立，故本协议由乙方的股东（丙方与丁方）与甲方先行签署，待乙方设立后，应无条件签署本协议，并在本协议首部和尾部乙方处签字盖章予以确认并加盖骑缝章。

前　言

1. 某市人民政府经物有所值论证及财政可承受力评估，决定采用PPP方式（Public-Private-Partnership）建设某市地下综合管廊项目，授权市住建局与社会资本合作方签订本协议，并授权某市地下综合管廊投资管理有限公司（市管廊公司）作为本项目的政府方出资代表，与社会资本合作方共同设立项目公司。

2. 经市政府批准，市住建局通过竞争性磋商方式选择以丁方为牵头方的联合体作为本项目社会资本合作方。

3. 丁方和市管廊公司按照双方签订的股东协议和公司章程的约定在某市设立专门从事本协议项下业务的项目公司即乙方后，由乙方作为实施本项目投融资、建设、运营、维护、管理及移交的主体。

4. 本协议已经【某市人民政府办公会议】审议通过。

为明确各方的权利和义务，依据中华人民共和国有关法律、法规、规章以及《国务院关于加强地方政府性债务管理的意见》（国发〔2014〕43号）、《国务院关于深化预算管理制度改革的决定》（国发〔2014〕45号）、《国务院关于创新重点领域投融资机制鼓励社会投资的指导意见》（国发〔2014〕60号）、《国务院办公厅关于加强城市地下管线建设管理的指导意见》（国办发〔2014〕27号）、《财政部关于开展中央财政支持地下综合管廊试点工作的通知》（财建〔2014〕839号）、《国务院办公厅关于推进城市地下综合管廊建设的指导意见》（国办发〔2015〕61号）、《财政部关于推广运用政府和社会资本合作模式有关问题的通知》（财金〔2014〕76号）、《财政部关于印发政府和社会资本合作模式操作指南的通知》（财金〔2014〕113号）、《PPP项目协议指南（试行）》（财政部）的有关要求，各方达成如下协议，以资共同信守。

第 1 章　总则

1.1 定义

本项目协议中，除文件明示另有所指外，下列术语具有如下含义：

本协议	指由甲方与乙方签署的某市地下综合管廊 PPP 项目协议，包括全部附件，以及日后可能签署的任何本项目协议之补充修改协议和附件，每一部分都应视为本协议的一部分
本项目	指某市地下综合管廊 PPP 项目。项目建设内容包含 43 个子项目，管廊总长度约 96.47 千米，详见本协议附件一（具体以某市地下综合管廊 PPP 项目初设批复文件为准）
管线单位	指某市供电、给排水、雨水、供热、燃气、通信、广播电视等入廊管线的管理单位
工程建设其他费用	就本协议而言，指包括但不限于规划选址、环境影响评价、立项及可研、建设单位管理费、监理费、造价咨询费、设计费、勘察设计费、施工图预算编制费、临时设施费（包括施工临时用电等“三通一平”费用）及征地拆迁补偿费等工作费用及前期工作咨询费、采购过程公证费、评估费等其他费用
合作期	本项目合作期暂定为 20 年，含项目建设期与项目运营期。自本协议生效之日起计算
项目文件	指包括但不限于下列文件：（1）本协议及附件；（2）融资文件；（3）股东协议；（4）与本项目有关的其他文件
项目设施	指由乙方自行投资建设的，用于本协议约定之管廊服务的与本项目相关的全部构筑物、建筑物、设施、设备等。亦包括由乙方负责运营维护的公共设施和配套设施
项目资产	指与项目有关的所有资产，包括但不限于：（1）项目的土地、房屋、构筑物等不动产及设备、备品、备件、工具等动产；（2）划拨土地使用权（可选择适用）；（3）本项目项下乙方拥有所有权的知识产权；（4）项目文件项下的协议性权利；（5）运营和维护记录、质量保证计划等文件
适用法律	指所有适用的中华人民共和国法律、法规、规章、地方性法规、司法解释，政府部门颁布的标准、规范或其他适用的强制性要求、有法律约束力的规范性文件等。除非另有特别约定或文意另有所指，本协议中提及的“法律”均包括适用法律的全部定义内容
法律变更	指在生效日后颁布、修订、废止或重新解释的任何适用法律导致甲方或乙方在本协议项下的权利义务发生实质性变化
政府行为	指甲方的任何上级政府部门（省级及以上）的国有化、征收及征用等行为
批准	指为了使乙方能够履行其在本协议项下的义务和行使其在本协议项下的权利，乙方必须或希望从政府机关依法获得的为乙方的投融资、设计、建设、运营和移交所需要的任何许可、执照、同意、授权、免除等
贷款人	指融资文件中的贷款人或项目资金提供人
融资文件	指与本项目或其任何一部分的建设和运营相关的贷款协议、担保协议保证金和其他文件，但不包括股东做出的出资承诺或出资、建设期履约保证金、运营维护保证金以及移交维护保证金
建设期履约保证金	指乙方按照第 7.22 条的规定提供的、为担保其履行在本协议项下的项目建设等义务的担保保证金

续表

运营维护保证金	指乙方按照第 8.4 条的规定提供的、为其履行在本协议下的运营维护义务和其他违约赔偿义务的担保
移交维护保证金	指乙方按照第 15.3 条的规定提交的、为担保其履行在本协议项下移交、质量保证等义务的担保保证金
建设期	本项目建设期为 5 年，自本协议生效之日起计算。本项目应按照政府方确定的计划完成时间完成，其中国家示范项目应按照《实施计划》完成（经政府方同意确需调整的按照政府方确定的时限完成）
开工日	指项目工程开始施工之日，以总监理工程师签发的开工令之日为准
完工日	指根据本协议约定的项目工期，项目全部工程建设完毕并竣工验收合格之日，本协议另有约定除外
入廊协议	指由乙方和各管线单位分别签署的明确入廊管线种类、入廊时间、费用和权责利等内容的《某市地下综合管廊租赁协议》
入廊费	指入廊管线单位依据入廊协议的约定，向乙方支付的费用，该费用主要用于弥补管廊建设成本
运营维护费	指入廊管线单位依据入廊协议的约定，按确定的计费周期向乙方逐期支付的费用，主要用于弥补管廊日常维护、管理支出
谨慎运营惯例	指可以合理期望的对同一项业务在相同或类似情况下熟练和有经验的承包商或操作者的技能、勤勉、谨慎和预见能力的惯例标准。就本项目而言，谨慎运营惯例应包括但不限于采取合理的步骤，以确使：（1）在满足正常条件下及合理预测的非正常条件下项目拥有所需要的充足材料、资源和供应品；（2）拥有足够数量、充足经验并经过适当培训的工作人员，以恰当有效地按照相应的手册和技术规范运营本项目并能够处理紧急情况；（3）由有知识并受过培训和有经验的人员进行预防性日常和非日常维护和修理，以确使本项目长期、可靠和安全地运营
市政府	指某市人民政府
市审计局	指某市审计局
政府部门	指：（1）中国国务院及其下属的部、委、局、署、行，中国的任何司法或军事当局，或具有中央政府行政管理功能的其他行政实体；（2）省、市、区、县各级地方政府及其职能部门
生效日	指本协议甲乙双方盖章并由双方法定代表人或授权代表人签字之日。如依照适用法律需要履行审批程序的，则在有权部门审批后生效
工作日	指除中国法定休息日和法定节日或假日以外的、各机构普遍工作的任何日期
终止日	指本协议提前终止的日期
移交日期	指运营期届满之日后的第一个营业日（适用于本协议期满终止），或经双方书面同意的移交项目设施的其他日期

1.2 解释

本协议中的标题仅为阅读方便所设，不应影响条文的解释。以下的规定同样适用于对本协议进行解释，除非其上下文明确显示其不适用。

在本协议中：

1.2.1 成交社会资本指以丁方【 】为牵头方，由【 】共同组成的联合体，为方便表述，本协议以丁方作为成交社会资本方，并代表联合体签署本协议，但成交社会资本应理解为包括其他联合体成员；

1.2.2 协议或文件包括经修订、更新、补充或替代后的该协议或文件；

1.2.3“元”指人民币；

1.2.4 条款或附件：指本协议的条款或附件；

1.2.5 一方、各方：指本协议的一方或双方或各方，并且包括经允许的替代该方的人或该方的受让人；

1.2.6 除非本协议另有明确约定，“包括”指包括但不限于；除本协议另有明确约定，“以上”“以下”“以内”或“内”均含本数，“超过”“以外”不含本数；

1.2.7 除非本协议另有约定，提及的一方或双方或各方均为本协议的一方或双方或各方，并包括其各自合法的继任者或受让人；

1.2.8 所指的日、月和年均指公历的日、月和年，其中一年以 365 天计，一个月以 30 天计；

1.2.9 本协议中的标题不应视为对本协议的当然解释，本协议的各个组成部分都具有同样的法律效力及同等的重要性；

1.2.10 本协议并不限制或以其他方式影响甲方及其他政府部门行使其法定行政职权，在本协议有效期内，如果本协议项下的有关约定届时被纳入相关法律规范属于甲方或其他政府部门的行政职权，适用该等法律规定；

1.2.11 要求在某一非工作日付款：指该付款应在该日后的第一个工作日支付。

第 2 章　双方基本权利和义务

2.1 甲方的承诺

2.1.1 除本协议另有规定外，甲方已获得了签署并履行本协议的授权，并具有完全法律权利、能力、权力以及需要的批准以达成、签署和递交本协议，完全履行其在本协议项下的义务。

2.1.2 在任何法院、行政机关或仲裁机构均不存在针对或影响本协议项下经营权的未决诉讼、仲裁等程序。

2.1.3 在项目合作期内，甲方将在符合法律法规的条件下协调乙方与相关政府部门及入廊单位的工作关系，保障项目顺利建设实施和运营维护。

2.1.4 不存在任何与本项目有关的由甲方作为一方签署，并可能对项目或乙方产生重大不利影响的协议或任何未决或即将进行的诉讼、仲裁等程序。

2.1.5 甲方保证乙方按照本协议的规定获得项目用地的土地使用权及地下空间使用权。

2.1.6 乙方承担政府公益性指令任务造成经济损失的，甲方同意给予相应补偿。

2.1.7 甲方就本条款项下的各项承诺、声明和保证不属实或存在错误，对乙方依本协议享有权利或承担义务造成实质性影响时，乙方有权提前终止本协议，本协议各附件也随之自动终止。

2.2 乙方的承诺

2.2.1 乙方是由丙方和丁方根据股东协议和公司章程在某市注册成立的项目公司，具有签署和履行本协议的资格和能力，乙方的设立为唯一目的且其经营范围为从事本项目的建设、运营维护业务，并履行其在本协议中的所有义务，未经甲方书面同意，乙方不得从事其他业务，不得变更公司名称，不得将公司注册地址迁出某市。

2.2.2 乙方注册资本暂定为 15 亿元，其中丁方以货币资金出资 12 亿元，持有乙方 80% 的股权，丙方作为政府方出资代表以在建工程作价出资 3 亿元，持有乙方 20% 的股权。乙方全部注册资本根据项目进度和融资需要，按出资比例在建设期内分三期实缴到位：丁方的首次出资 4 亿元应在乙方成立后 5 日内完成；第二期出资 4 亿元在 2017 年 6 月 30 日前完成；第三期出资 4 亿元在 2018 年 6 月 30 日前完成。丁方后两期出资的具体时间以政府方书面通知为准。丙方以在建工程作价出资，应在评估机构对长滨路、长滨十七街、海秀路、天翔路、长秀大道（西段）、海涛西路管廊6个在建工程进行评估后一次性出资，并在乙方成立后30日内办理在建工程作价出资手续；若评估结果超过3亿元，则超过部分作为政府补贴；若评估结果不足3亿元，则不足部分由丙方在2018年6月30日前以货币形式补足。

2.2.3 在任何法院、行政机关或仲裁机构和金融机构均不存在针对或影响乙方的、可能对其履行和完成其在本协议项下义务的能力产生不利影响的未决诉讼、仲裁等程序。

2.2.4 乙方保证其向甲方提供的信息是真实、准确和完整的，乙方具备相应的财务能力、营运能力、人力资源、技术支持和经验运营维护本项目并履行其在本协议下的每一项义务的能力。

2.2.5 乙方保证针对本项目专项培训若干名管廊维护的专业人员。

2.2.6 乙方应保证有能力以注册资本、项目融资或其他方式获得的资金履行项目协议，并保证用于履行本协议项下义务的资金来源均为合法，乙方对该等资金具有完全的控制权和支配权。

2.2.7 乙方保证乙方若后期需要加强管廊的专业化运营维护，应与丙方共同设立专门的项目公司来对管廊进行运营维护。在签署本协议之前，乙方已根据自身的利益对项目进行了必要的调查及检查，包括但不限于对项目建设用地进行细致而全面的检查、评估，充分知悉了项目的现状和风险。

2.2.8 在签署本协议时，乙方只是参考但并未依赖由甲方或其他任何政府机关做出或提供的任何材料、信息或数据。

2.2.9 乙方就本条款项下的各项承诺、声明和保证不属实或存在错误，对甲方依本协议享有权利或乙方依本协议履行义务造成实质性影响时，甲方有权终止本协议，本协议各附件也随之自动终止。

2.2.10 丁方对乙方在本协议项下的义务承担连带责任。

2.3 甲方的权利与义务

2.3.1 授予乙方本项目的特许经营权，且在本项目合作期限内，不自行或委托其他任何第三方负责本项目的建设、运营维护；乙方获得的特许经营权在整个合作期限内始终持续有效（本协议提前终止除外）。

2.3.2 对乙方的投资建设过程实施监管，包括项目融资及资金到位和使用情况、项目建设进度、工程质量、安全防范措施等，并协助相关部门核算和监控企业成本。

2.3.3 甲方有权按照市政规划等要求调整本项目的建设内容、子项目建设时序、建设进度，乙方应予以配合。

2.3.4 有权依法确定监理机构进行项目监理，监理费用由乙方承担。

2.3.5 在合作期内，甲方对项目资产享有所有权。

2.3.6 甲方应会同相关部门制定和完善某市强制入廊的相关规定及费用标准，协助甲方与入廊管线的单位进行协商。

2.3.7 除本协议另有规定外，甲方不得干预乙方的投资、建设、运营、维护和管理，不得干预乙方的正常经营。

2.3.8 负责协调项目所在地各级政府工作关系，负责征地、拆迁、补偿及安置、管线迁改及办理相关的审批手续等相关事务性工作，确保项目能正常建设、运营维护。

2.3.9 负责按照建设进度分期向乙方提供满足项目施工条件的建设用地。

2.3.10 负责协调相关部门为本项目建设施工提供必要条件与其他支持，包括水、电、气和道路等配套设施。

2.3.11 协助乙方办理有关政府部门要求的各种与本项目有关的批准，协助乙方取得融资及建设所必需的证明文件。

2.3.12 在项目竣工验收后，甲方有权委托政府审计机构或中介机构对乙方的建设费用进行审计，该审计费用由乙方承担。

2.3.13 甲方有权委托造价咨询服务机构确定本项目的建设工程造价并对项目造价的控制提供专业服务，乙方应当接受造价咨询机构提供的专业建议。该造价咨询服务费由乙方承担。

2.3.14 按照本协议的约定及时、足额地向乙方支付可行性缺口补贴费用，协调并监督管线单位按照相关入廊协议的约定及时、足额向乙方支付管线入廊费及运营维护费。

2.3.15 在合作期限内，对非可归责于乙方，且甲方或政府方更有能力解决的事项，由甲方或市政府指定的机构负责协调或监管。

2.3.16 甲方本着尊重社会公众的知情权，鼓励公众参与监督的原则，有权及时将乙方的建设、运营管理质量的检查、监测、评估结果和整改情况以适当的方式向社会公布；受理公众对乙方的投诉，并进行核实处理。

2.3.17 甲方有权按本协议约定提取建设期履约保证金、运营维护保证金或移交维护保证金项下的款项。

2.3.18 对乙方投资、建设、运营、维护及移交本项目进行全程实时监管的权利；如发现与本协议存在不相符合的情况，有权责成乙方限期予以纠正。

2.3.19 甲方或政府指定机构或其委托的其他主体，对乙方的投资建设、经营、管理、安全、质量、服务状况等进行定期评估，并有权定期将评估结果向社会公示，接受公众监督。

2.3.20 对乙方是否遵守本协议的监督检查权及对建设、运营维护的介入权。

2.3.21 甲方在事先书面通知乙方的情况下，有权将本协议项下的全部或部分权利授权给甲方指定机构行使，亦有权将本协议项下的全部或部分义务委托甲方指定机构代为履行。

2.3.22 经某市人民政府批准，甲方有权以合理价格回购社会资本方持有的乙方全部或部分股权，必要时终止本协议。乙方应当全力配合并办理相应的工商变更手续。合理价格的确定应考虑社会资本方实际投资额及合理回报。

2.3.23 本协议不限制甲方作为政府部门依据适用法律行使的法定权力。

2.3.24 行使并履行本协议约定的其他权利及义务。

2.4 乙方的权利和义务

2.4.1 根据本协议的规定，乙方应在建设期和运营期内自行承担费用、责任和风险，负责进行项目的投融资、建设、运营维护及移交等工作。

2.4.2 在签订本协议后，在约定时间内办理完善相关手续并开工建设，并按照约定的时间进度表完成项目建设。

2.4.3 享有投资、建设、运营和维护本项目的权利。

2.4.4 乙方应当优先使用中央各部门或省政府对本项目的财政补贴，并不得计算该等补贴的投资回报率。

2.4.5 在合作期内，依照本协议的约定使用项目用地的权利。

2.4.6 要求甲方按照本协议的约定支付政府可行性缺口补贴，并要求甲方协调相关入廊管线单位支付入廊费和运营维护费。

2.4.7 接受政府部门的行业监管；服从社会公共利益，履行对社会公益性事业所应尽的义务和服务。

2.4.8 乙方在运营期内享有项目经营权，并合法拥有运营本项目的相关权益。

2.4.9 在整个运营期内应保持拥有能良好运营本项目的相应人员、技术和设备并保持相应的批文和资质的有效性。

2.4.10 乙方应始终遵守所有适用法律，应经常及时获取所有适用于项目的已颁布及公开发表的法律，乙方应被视为始终了解这些法律。

2.4.11 乙方应按照适用法律法规及相关政策缴纳有关税费，如有关税收的适用法律发生变化，乙方应按照变更后的适用法律缴纳各项税费。

2.4.12 配合参观与考察的义务。在建设期或运营期内，乙方对甲方、公共监督机构或政府部门参观、考察项目设施应给予尽可能的便利与配合。

2.4.13 乙方应始终遵守有关公共卫生和安全的适用法律及本协议的规定并接受政府相关部门的监督。在建设期内应充分考虑环境影响，采用先进的环保技术和合理措施，来避免对群众生产、生活及环境的干扰。

2.4.14 在建设期和运营期内，对其承包商、分包商、供货商和雇员的受托行为、职务行为所导致对本项目的损失、损害、索赔和其他赔偿责任向甲方承担连带责任。

2.4.15 根据适用的法律法规、相关政策和谨慎运营惯例，自费购买和持有本行业适用法律要求的任何强制性保险。

2.4.16 本项目工程监理、招标代理、造价咨询服务、审计、建设管理等工作由政府相关单位承担或聘请第三方承担，相关费用由乙方承担。乙方应根据初步设计概算计算上述费用金额，并一次性支付给丙方，由丙方根据相关部门指定支付给对应的第三方机构。

2.4.17 已完成施工招标的 6 个子项目［长滨路、长滨十七街、海秀路、天翔路、长秀大道（西段）、海涛西路管廊项目］，在乙方成立后 1 个月内向丙方支付项目管理费 1260 万元；此后，乙方按建设期内年度投资额（除上述 6 个子项目）的 0.7% 向丙方支付项目管理费。

2.4.18 本项目涉及的工程建设其他费用原则上均由乙方承担，包括规划选址、环境影响评价、立项及可研、建设单位管理费、监理费、勘察设计费、施工图预算编制费、临时设施费（包括施工临时用电等“三通一平”费用）及征地拆迁补偿费（本项目用地基本已随地面道路项目完成征地拆迁，但仍可能发生少量征地拆迁补偿费用），乙方承担的相关费用计入项目总投资。

2.4.19 本项目 PPP 咨询费、采购过程公证费等由丁方在收到成交通知书 5 日内代为支付，最终计入项目总投资，由乙方承担。

2.4.20 按照本协议约定提交建设履约保证金、运营维护履约保证金及移交维修履约保证金。

2.4.21 乙方应尽最大努力申请并及时获得从事建设工程所需要的政府部门的各种批准，按时完成项目建设工作，确保项目按本协议约定日期完工。

2.4.22 乙方应自觉接受国家和政府方按国家有关法律及法规规定对本项目进行的审计，及时办理竣工验收、决算等手续。

2.4.23 如未来甲方利用本项目申请国家专项资金的，乙方应尽最大努力提供协助。

2.4.24 乙方应确保由其作为签字一方的融资文件、原材料或设备采购协议、承包协议以及其他由乙方签订的与本项目有关的任何协议，同本协议的规定保持一致，并包含使乙方能够履行本协议项下的义务所必需的相关条款。

2.4.25 乙方应在其章程中作出适当的规定，以确保乙方的章程及所有股权证明上具有适当的文字说明，使预期的购买人了解这些权益的转让存在限制性条件，且使有关部门对那些不符合上述限制的股权转让不予受理和登记，乙方章程的修改应报甲方认可。

2.4.26 乙方在项目中采用的工艺技术及设备，若属专利技术，应为乙方拥有的专利技术或被授权使用的专利技术，由此产生的任何知识产权纠纷或者其他类似纠纷，均由乙方负责解决和承担责任。

2.4.27 项目公司应按人随事走的原则接收管廊公司的相关管理和运维人员（具体名单在项目公司成立前提供），确保其工资待遇不降低；社会资本应向项目公司委派有经验的专业人员，并对项目公司员工提供职业培训支持。

2.5 双方共同的义务

双方对本协议及依据本协议向对方提交的相关文件均负有保密责任，但甲方为充分满足政府和公共监督要求的情况除外。

双方应相互合作以达到本协议的目的，并应善意地行使和履行其在本协议项下的权利和义务。在此前提下，双方同意：

（1）一方应当根据适用法律，为另一方履行本协议项下的义务给予必要的协助义务；

（2）当一方合理要求取得另一方的同意或批准时，被要求方不可以无理拒绝或延迟给予该等同意或批准；

（3）如果任何一方合理地预计某事件或情形将对任何一方履行其本协议项下的义务或实施项目的能力造成重大不利影响，并且合理地预计另一方不能获悉该事件或情形时，该方应合理可行地尽快将该事件或情形通知另一方。

2.6 若国家及省市就 PPP 项目或地下综合管廊项目发布新的政策和规定，经本协议各方协商一致后参照新规定对本协议的相关内容进行修改或完善。

2.7 乙方应尽最大努力自费取得和保持项目建设、运营维护所要求的所有批准，并应促使每一建设承包商和运营维护承包商取得并保持需要的一切此类批准。甲方应组织各政府有关部门召开协调会议，以尽最大可能简化审批手续。

第 3 章　合作期和特许经营权

3.1 特许经营权

3.1.1 甲方依照市政府的授权，授予乙方本项目的特许经营权，即授权乙方在合作期限内进行建设、运营、维护项目设施，并在合作期满时将土地使用权、项目设施无偿、完好地移交给甲方，权利范围包括：

（1）按照谨慎运营惯例负责本协议中约定的项目的建设、运营维护。

（2）项目建设内容包括 43 个子项目，共 96.47 千米，各子项目名称、长度及实施时间详见本协议附件（具体以本项目初步设计批复文件为准）。

（3）乙方有权按照其与入廊管线单位签订的《入廊协议》，向管线单位提供管线入廊服务，并按照《入廊协议》向管线单位收取入廊费及运营维护费。其中，运营维护费根据乙方实际运营成本变动情况进行调整，具体调价方式以《入廊协议》的约定为准。

（4）项目的运营维护内容为项目设施在运营期限内的运营、管理、维护与保养。

（5）根据本协议规定使用项目建设用地及地下空间。

（6）除本协议另有规定外，乙方的上述权利在整个合作期内始终保持有效。

3.1.2 未经甲方书面同意，乙方在运营期内不得从事其经营范围以外的其他活动。

3.1.3 甲方承诺，在运营期内，对乙方已建设地下管廊的城市道路，除以下情况外，按照管廊专项规划的要求，不再批准管线单位挖掘道路建设管线：

（1）无法纳入管廊的管线；

（2）管廊与外部用户的连接管线。

3.1.4 如未来乙方根据适用法律及 PPP 项目协议的规定拟利用本项目资产或项目设施开展其他经营性业务的，或者依照相关法律、法规在其工程管理范围内从事商业性开发业务的，必须事先报经甲方或市政府书面同意，且乙方必须保证此等经营性业务不得影响本项目的实施，也不得有任何影响公共利益或公共安全的行为。

3.1.5 未经甲方事先书面同意的，乙方不得开展前述相关经营性业务，否则甲方有权全额提取相应保证金。

3.1.6 乙方应在合作期内自行承担投资费用、责任和风险，负责项目设施的建设、运营、维护和更新改造，并按照确定的规划条件负责融资、设计和建设必要的项目设施。

3.1.7 在国家宏观经济政策发生重大变化和调整时，甲方有权改变合作方式。双方应就此达成新的协议或就本协议的修订和补充达成一致，如导致乙方经营权终止的，应按本协议的约定予以补偿。

3.2 合作期

3.2.1 除非依据本协议的相关条款而终止，本项目的合作期限为 20 年，包括建设期 5 年与运营期 15 年，合作期限自本协议生效之日起计。合作期满，乙方将项目资产无偿移交给市政府。

3.2.2 在合作期内，如发生下列事件，双方可以根据实际情况对合作期限进行调整。合作期限可延长：

（1）因甲方原因或其他不可抗力原因导致项目建设期延长的；

（2）甲方在本协议项下违约，造成项目运营中断的；

（3）不可抗力导致项目运营中断的；

（4）法律法规、国家政策变化或政府的公益性指令造成本项目的运营中断，实际运营期限比原有约定期限缩短的；

（5）其他双方一致同意的情形。

3.2.3 延长合作期限应经甲方书面同意。乙方在第 3.2.2 条约定的事件发生之后，可申请延长合作期，甲方在收到申请后 20 个工作日内核实并做出书面确认与否意见，逾期未提出意见视为同意延长合作期。

3.3 权利限制

3.3.1 出于为本项目融资的目的，在征得甲方书面同意后，乙方可根据相关法律、法规和规定，将本协议项下的收费权、预期收益等作为本项目的融资质押或抵押等担保，但乙方设置该担保权益不应损害甲方的权利或利益，且上述抵押或质押的期限最长不得超过运营期届满前一年。若未来乙方不能顺利完成项目融资的，丁方应采取股东贷款、补充提供担保等方式以确保乙方的融资足额到位。

3.3.2 除了出于为本项目融资的目的外，乙方不得为其他目的对项目设施以及收益权进行转让、出租、抵押、质押或设置任何担保权益。

3.3.3 乙方不得将项目用地用于出租、转让、抵押、质押、承包给他人。

3.4 合作期满后的归属

3.4.1 合作期满，甲方有权依照届时有效的法律法规选择经营者，如乙方在上述合作期限内履约记录良好，则在同等条件下享有优先权。若乙方就项目后续的运营维护事宜与政府或政府指定的其他机构未达成新的协议，或如需重新招标而乙方未获中标资格的，则土地使用权由政府无偿收回，乙方应将项目设施完好、无偿地移交给甲方。

3.4.2 乙方应保证在合作期满时解除在项目收益权或项目设施上设置的任何担保或其他权利限制，期满未能解除导致逾期移交的，丁方对此承担连带赔偿责任。

第 4 章 前期工作

4.1 前期工作内容及要求

4.1.1 原则上，甲方应负责本项目前期工作，包括规划选址、环境影响评价及报批、立项及可研报批。

4.1.2 除本协议另有约定，乙方应负责本项目的测勘、设计工作，并依法履行必要的报批程序。相关设计方案应当征求甲方意见。

4.1.3 甲方应尽力协助乙方，保障本项目所涉及的各项审批工作在项目开工建设前完成。

4.1.4 甲方负责项目用地涉及的征地拆迁及补偿安置工作。

4.2 前期工作的衔接及任务分担

4.2.1 鉴于本协议签订前，甲方已委托丙方针对本项目范围内的子项目签订可研编制、勘察、设计、咨询服务等项目相关协议，本协议生效后，乙方应继承前述协议中丙方的全部权利义务，并向丙方支付其在前述项目相关协议中的资金投入。

4.2.2 对于丙方在本协议签订前已完成施工招标的 6 个子项目［长滨路、长滨十七街、海秀路、天翔路、长秀大道（西段）及海涛西路管廊项目，估算总投资约 8.4 亿元］，在乙方成立后两个月内，由丙方负责协调与施工承包单位进行协商，由乙方承接原由丙方作为上述 6 个子项目甲方的全部权利和义务。总投资概算为 8.4 亿元的 6 个子项目中未经竞价的工程（约 1.4 亿元）由乙方承担设计、施工，并按成交社会资本报价确定的工程造价下浮率进行结算。本协议签订后，除本协议第 4.2.2 条及本条款所约定的本项目 6 个子项目工程外的其他子项目工程，由乙方负责完成项目勘察、设计等前期工作。

4.2.3 桂林洋经济开发区地下综合管廊——江东大道二期（桂林洋段）项目（该项目可研批复总投资 34103.77 万元，建设总长度 3.2 千米）在乙方成立前，由丙方先行代替乙方与成交社会资本方签订《施工合同》，待乙方成立后，再由乙方承接该项目《施工合同》的权利义务。丙方已申请获得的上述项目的专项建设资金，在乙方成立后，以股东借款的方式投入项目公司使用。

4.2.4 甲方负责协调其他政府主管部门完成本项目的物有所值评价、财政承受能力评价以及财政预算安排。

4.2.5 甲方负责项目用地的征地拆迁工作。甲方应按照预定的开工时间分期向乙方提供满足开工条件的建设用地。

4.3 前期工作费用

4.3.1 在本协议签订前发生的前期工作费用，包括但不限于规划选址、环境影响评价、立项及可研、建设单位管理费、监理费、勘察设计费、施工图预算编制费、临时设施费（包括施工临时用电等“三通一平”费用）、征地拆迁补偿费等，甲方应提供相应的前期费用清单，由乙方注册成立后 30 日内支付给甲方或甲方指定机构。

4.3.2 乙方应向丙方支付因甲方委托本项目工程监理、造价咨询、审计、招标代理、PPP 项目咨询、采购过程公证所产生的相关费用。

4.3.3 本项目中，前期工作费用作为本项目工程建设其他费用，最终计入项目总投资。

4.4 甲方提供的前期工作支持

4.4.1 甲方针对前期工作安排，协调相关部门提供必要的资料和文件；

4.4.2 甲方负责组织召开项目协调会；

4.4.3 甲方根据项目需求及乙方合理诉求，提供其他支持。

第 5 章　项目的融资

5.1 项目投资规模及其构成

5.1.1 投资规模：根据项目的可研报告，本项目估算总投资 76.28 亿元，其中：工程费用 60.11 亿元，其他费用（含征地拆迁费用）16.17 亿元。实施过程中，将以 76.28 亿元作为本项目（2016—2020 年）的投资上限，若该投资上限确实无法满足上述建设规模，则须报告政府方调整建设规模。甲方有权决定乙方应当优先建设的管廊位置和长度。

5.1.2 项目建设期内，甲方有权单方决定建设内容的变更（包括调整子项目的个数、构成以及建设时序），乙方应予以积极配合。如需履行变更审批手续的，由双方共同完成。

5.2 项目融资额

5.2.1 本项目中央财政补贴 12 亿元，其中 3 亿元作为市管廊公司的出资，9 亿元（含在建工程作价超过 3 亿元的部分）作为项目建设补贴；海南省政府财政补贴 12 亿元；乙方注册资本金 15 亿元；项目投资所需的其余资金由乙方采取债权融资等方式解决。项目公司自身融资能力不足的，由成交社会资本承担后续融资职责。

5.2.2 甲方负责申请本项目中央财政补贴资金，并承诺在中央财政补贴资金到位后及时拨付给乙方使用。

5.2.3 项目建设期内，本项目若再争取到额外的奖补资金，则须相应降低政府支付的可行性缺口补贴金额。若中央财政补贴资金及省财政补贴资金在整个项目建设期内不能足额到位，则相应增加乙方投资金额并相应增加政府支付的可行性缺口补贴的金额。

5.2.4 若政府协助乙方申请到低息贷款（利率低于 4.9%），乙方融资成本节约部分将在政府支付的可行性缺口补贴中扣减。

5.2.5 乙方在取得甲方书面许可的前提下可通过依特许经营权而享有的收益权向提供融资的合法债权人按程序依法提供质押担保，所融资金应全部用于本项目投资（含征地和拆迁补偿）、建设和运营。市政府有义务为项目公司提供融资所需资料及文件，但不提供融资担保。未经市政府同意，项目公司不得将项目资产、设施、设备转让和抵押。

5.2.6 融资金额应全部用于本项目投资（含征地拆迁补偿）、建设和运营，并足以保证完成本项目的全部建设内容，满足项目运营维护的要求。

5.2.7 如项目融资额不足或未能按期完成融资的，乙方股东丁方应保证以自有资本、提供融资担保等各种方式确保乙方能够获得足额融资，按照本协议约定的建设进度保障资金及时到位，确保本项目的顺利建设和后续的运营维护。

5.3 融资文件必须具备的条款

乙方应确保贷款协议中包含有贷款人承诺的下述条款：

5.3.1 只要本协议（含附件）有效，贷款人不得采取任何行动影响、干扰、损害或终止甲方在本协议项下的权利，或以其他方式对本协议造成不利影响；

5.3.2 贷款人通过书面方式将乙方在贷款协议下的违约通知甲方；

5.3.3 给予甲方在收到上述违约通知后 90 天内纠正乙方此类违约的权利；

5.3.4 在上述纠正期间不行使贷款人对违约的任何权利或补救；

5.3.5 纠正期满时，乙方违约事件持续的，贷款人行使权利应以不妨碍和损害甲方在本协议下的权利和项目的正常运营为前提。如在纠正期内，触发贷款方直接介入的重大风险解除的或者提供贷款方能接受的补充担保措施后，贷款方应停止介入。

5.4 甲方对项目融资的支持

5.4.1 为保障本项目融资，甲方应负责协调其他政府部门，按照相关规定要求，在本项目完工之前，将本项目的政府支付的可行性缺口补贴列入某市政府的一般性财政支出预算和中长期财政规划，并取得某市人大或人大常委会的批准文件。

5.4.2 甲方应协调政府相关部门，协助乙方向金融机构申请长期低息贷款，并在合法的前提下，为乙方的融资提供相关的便利和支持，但不提供融资担保，必要时出具相关文件和证明。

第 6 章　项目用地

6.1 项目用地范围

本项目的项目用地主要有：项目临时性用地、项目固定用地以及项目相关设施所需用地，具体范围参见本项目初步设计文件。

6.2 土地使用权取得

6.2.1 项目临时性用地由甲方负责协调项目所在地政府提供给乙方，临时用地的费用由乙方承担。临时性用地使用期满后，由乙方负责拆除地上建筑物、构筑物并恢复原貌，关于该临时性用地发生的纠纷由甲方负责协调解决。

6.2.2 本项目的建设用地（包含地上空间与地下空间）由市政府以划拨方式提供给甲方，涉及的征地、拆迁和补偿工作及办理相关的审批手续等，按照属地负责制的原则由甲方协调工程所在地区政府组织实施，确保按照预定的开工时间分期向乙方提供满足开工条件的建设用地。征地、拆迁和补偿费用算入总投资，由乙方承担。在合作期限内，甲方将土地无偿提供给乙方使用。甲方确保乙方在合作期内为项目之目的合法、独占性地使用项目用地。

6.2.3 甲方确保乙方无偿使用的项目用地没有设定任何种类的抵押、质押及其他任何担保物权或者存在任何争议，如有任何争议，甲方应及时处理并优先保障本项目不受影响。

6.2.4 甲方应按照本协议约定，在不影响项目建设进度的前提下，分期将项目用地交付给乙方。甲方应当通知乙方前往项目用地现场办理项目用地移交手续，乙方接到甲方通知后，应当在甲方确定的时间指派代表前往现场办理项目用地交接手续。

6.2.5 乙方确认已察看并检查了项目用地，充分了解了该宗土地及其周围的状况，包括地下土壤状况、地下空间、通道和设施关联物等情况，自愿接受该宗土地的现状（包括地下地质条件）以及所有缺陷，甲方未就土地状况向乙方做出任何声明和保证。乙方对甲方提供的有关项目用地或其周围的状况的文件、材料或任何其他资料中可能含有的任何错误、不正确、遗漏均已充分知悉，甲方对此不承担任何责任或义务。

6.3 土地使用权的费用

6.3.1 在整个合作期限内，乙方应根据国家法律、法规自行承担土地使用税、费。

6.3.2 甲方按照适用法律的规定，支持乙方依法申请相关土地使用税费的减免手续。

6.4 土地使用的限制

6.4.1 在合作期限内，项目用地仅用于项目建设、运营维护相关的用途，对该项目用地的任何使用方式的变更，均需得到甲方书面同意。未经甲方书面同意，乙方不得将项目用地用于项目之外的任何目的，不得将项目用地用于转让、出租、抵押。

6.4.2 甲方以及有关政府部门有权经合理通知而出入项目用地，有权为了解或检查乙方履行本协议项下的其他义务的目的出入项目用地。

6.4.3 本协议提前终止的，乙方根据本协议享有的土地使用权亦提前终止。

第 7 章　项目的建设

7.1 建设期

7.1.1 本项目的建设期为 5 年，自本协议生效之日起计算。原则上，乙方应按某市地下综合管廊实施计划完成各子项目建设，其中国家示范项目应按照《实施计划》完成，经甲方同意确需调整的除外。

7.1.2 本项目范围内各子项目的要求的开工与完工日期由双方另行协商并形成补充协议，但项目工期应满足本协议对项目建设期的要求。

7.1.3 为了保障本项目工期，在建设期内，乙方应要求工程承包单位非因必须停工的不可抗力因素，在任何情况下不得停工、怠工，不得以任何纠纷作为停工、怠工的借口。乙方应就本项目的任何工期延误向甲方承担违约赔偿责任。

7.2 项目建设内容及项目设计

7.2.1 本项目的建设内容参见本项目的初步设计文件；本项目相关建设标准、技术规范参见《城市综合管廊工程技术规范》（GB50838—2015）。

7.2.2 本项目的初步设计方案和施工图设计应委托具有专业资质资格的设计单位完成，并征询相关管线单位的意见，经由某市发展改革委审定设计概算后方可实施。

7.2.3 经本协议各方或管线单位提出并对项目施工图设计进行修改的，

各方可以就该修改内容导致的项目建设费用及运营维护费用的变动进行协商。

7.2.4 在不降低建设标准和主要设计参数的原则下，乙方对设计进行变更应书面通知甲方，并由甲方审查。甲方或其他政府主管部门应在收到乙方的设计变动提议后 10 个工作日内通知乙方是否批准其变动建议。未经甲方和其他政府主管部门书面批准，乙方不得进行任何设计变动。

7.2.5 项目公司对本项目的初步设计和施工图设计的进度与质量负责。

项目公司应按照《某市政府投资项目管理暂行规定》执行基本建设程序。初步设计及概算须报市建设部门进行技术及概算审查后，报市发展和改革部门进行审批。

7.2.6 本项目建设范围以外的公共设施由甲方负责建设。

7.3 设计优化

7.3.1 乙方应本着审慎的原则对设计单位提供的设计文件进行审查，并征求甲方的意见。在不改变规划主要要素的情况下，如果乙方认为变更设计将加快建设速度、降低建设或维护成本、提高项目的质量和环保标准，可以对设计进行优化，但应遵守本协议的规定，报经甲方认可后实施。

7.3.2 若乙方的优化措施使得本项目总成本降低的，则该等降低所带来的直接成本减少及对应产生的收益部分，按照本协议第 7.13 条的约定执行。

7.4 工程建安造价

7.4.1 工程建安造价计算暂按 2011 版《 × 省建设工程计价定额》及相关费用定额计算，其中，市政定额未包含项目参照省定额站发布的相关定额计算；差价调整：人工费、机械费等调整按省定额站发布的人工费调整文件执行，主材费调整参照某市建设工程造价发布的同期价格信息。若新的计价政策发布，按新政策执行。甲乙双方确认，根据成交社会资本的最终报价，本项目的工程造价下浮率为【　　】。

7.4.2 本项目的造价咨询和监理单位由甲方依法招标确定，相关费用由项目公司承担并计入项目总投资。

7.4.3 本项目由市审计局组织全过程跟踪审计，重点对项目工程量、工程造价的真实性和合规性进行监督。审计费用由项目公司按审计局通知支付，审计费用计入项目成本。

7.5 承包商及供应商的选择

7.5.1 在本项目的建设过程中，乙方应依照有关法律法规的规定，择优选定具备相应资质的施工承包商、材料供应商。

7.5.2 根据相关法律及本协议的约定，如乙方选择其股东或关联方作为项目施工承包方、供应商的，所有的施工承包合同及供应合同应事先报甲方备案，甲方有权提出异议。

7.5.3 乙方在本协议项下的部分建设期义务可由符合资质要求的施工承包单位或供应商具体履行，但乙方应采取必要措施，督促和确保施工承包单位、供应商依照本协议约定履行，且乙方对施工承包单位的相关作为、不作为承担连带责任。乙方不得将施工承包单位、供应商的因素作为乙方建设期违约行为的抗辩理由。

7.6 项目建设质量保障

7.6.1 甲方应协调好有关部门和单位，负责本项目工程建设用地征地拆迁工作。因征地拆迁导致的项目延误和对乙方造成的损失由甲方承担。

7.6.2 乙方在开始建设工程之前，须建立一套完整的质量保证和质量控制方案交甲方审查确认后执行，并作为验收依据之一。甲方在收到该质量保证与质量控制方案后的 10 个工作日内，应提出审查意见；甲方在收到乙方的方案后的 10 个工作日内没有提出审查意见则视为认可该方案。如甲方的审查意见要求乙方进行修改的，则乙方应当在收到甲方通知后的 10 个工作日内修正该方案并将其重新提交给甲方审查确认后方可执行。

7.6.3 为保证本项目的工程质量，项目的监理单位由甲方依法招标确定，乙方须接受该监理机构进行项目监理。本项目的建设程序应按规定上报建设行政主管部门备案。工程的设计、施工、监理、质量管理、安全管理、竣工验收等应严格执行法律和强制性标准。

7.6.4 乙方应严格按照本项目施工图组织本项目范围内各个子项目设施

的施工建设，施工图应当经施工图审查单位审查并经甲方认可。本项目的工程建设质量需达到本协议所规定的设计、施工标准和技术规范及国家有关工程质量的要求。

7.6.5 乙方应在本项目范围内按每 6~7 千米设一个项目部，形成施工方内部的竞争机制，以保证项目工期及工程质量。

7.6.6 拟委派项目班子的基本条件：拟派项目经理须具备市政工程专业一级注册建造师执业资格、工程专业高级工程师职称和有效的安全生产考核合格证书，且未担任其他在建项目的项目经理；主要管理人员必须持有相应的岗位资格证书并具有与本项目相适应的资历和经验。

7.6.7 在工程开始施工后，乙方应严格执行各项质量保证和质量控制过程及方法。甲方有权参加或检查乙方以及分包商的质量控制过程及方法，以确保工程的质量要求。

7.6.8 本协议条款未涵盖的工程建设程序应按适用法律执行，适用法律没有规定的根据行业惯例执行。

7.6.9 在不影响乙方履行本协议义务的情况下，甲方有权在工作时间内对乙方或承包商履约情况进行检查，以保证乙方工程的任何部分均符合本协议的要求，乙方须对此项检查予以协助。

7.6.10 甲方有足够的证据证明乙方建设工程或其他任何部分与本协议所规定的或其他相关部门所规定的质量或安全要求严重不符，甲方有权立即通知乙方，乙方应按照要求进行整改。若乙方在收到甲方通知后 5 个工作日内未进行整改，则甲方有权自己进行或委托第三方进行必要的纠正，一切风险与费用由乙方承担。在这种情况下，乙方须允许甲方或其委托的承包商为此目的而出入项目用地。若乙方拒绝甲方或其委托的第三方进入项目用地进行纠正工作，或未能按照甲方的要求偿还甲方为此而付出的成本与费用，则甲方有权从建设期履约保证金项下提取相应金额。

7.6.11 除本协议另有规定外，对乙方提交的质量保证与质量控制方案，甲方的任何作为或不作为，均不会：

（1）减轻或影响乙方遵守本协议或法律所要求的与质量保证有关的义

务或责任；

（2）被视为甲方应对质量保证与质量控制方案承担任何责任。

7.7 项目建设进度保障

7.7.1 乙方应按照本协议及项目文件规定的项目建设期要求，在本协议生效后 30 日内向甲方提交一份本项目详细的《建设、技术管理方案》供甲方审核，乙方应严格按照进度要求进行项目建设。乙方应保证其资本金及项目的融资资金按该建设进度计划及时到位，以确保本项目按期完工。

7.7.2 乙方应严格按照《建设、技术管理方案》所规定的标准和时间进行施工，于每月 5 日前向甲方提交工程进度报告，详细说明如下事项：

（1）工程进度实际完成的百分比与计划完成的百分比的比较；

（2）预计本月完成的建设情况及预计建设时间；

（3）工程投资完成情况；

（4）存在的问题及处理意见，包含与进度计划的差异、原因分析及正在采取的纠正措施。

7.7.3 本项目建设期间所发现的文物、古墓、古建筑基础和结构、化石、钱币等具有考古、地质研究等价值的物品或其他影响施工的地下障碍物，乙方应在发现后 4 个小时内通知甲方，并采取有效的保护措施，防止具有考古、地质研究价值的物品损毁。甲方将在收到通知后 12 个小时内对乙方采取的措施提出处理意见，乙方按甲方提出的处理意见实施后所发生的直接费用由甲方补偿，所延误的工期相应顺延。

7.7.4 乙方应在项目运营期开始之后 1 个月之内清除和移走由于项目建设施工的原因所引起的项目用地范围内所剩余的材料、废弃物和临时工程，以使项目保持清洁和可使用的状态。

7.8 建设期内的安全、保卫和环境保护

本项目建设期间，乙方和建设承包商应遵守国家有关安全、保卫和环境保护方面的规定，并负责：

7.8.1 所有现场施工人员的安全，并保证施工现场（在其管理的整个范围内）和工程施工过程井然有序，避免发生人身事故。

7.8.2 为了保证项目建设安全进行，或为了公众的安全、方便，在确定有必要的时间和地点，或在任何有关部门提出要求时，提供并保持一切照明、防护、围栏、警告信息和看守。

7.8.3 根据本项目环境影响报告书提出的工程进度生态影响控制对策，采用一切合理的步骤，保护施工现场及其附近的生态环境，并避免因本项目的施工引起的污染对公众造成人身或财产方面的伤害或妨碍。

7.9 材料、设备及服务的采购

7.9.1 乙方应负责依法购置本项目工程建设所需要的一切临时性或永久性的设备、材料及其他物品，本项目工程建设所需的一切设备、材料的采购、供应、进口应当按照法律实施并符合国家的规范和标准及本协议的约定。

7.9.2 乙方应依照有关法律法规确定供货商或服务商。

7.9.3 乙方采购主要材料、设备之前应当将拟采购的材料、设备的详细资料提交甲方，甲方应当审查，如有异议应于收到乙方上述资料之日起 3 个工作日内向乙方提出。针对甲方提出的异议，乙方应予以充分考虑并将整改措施报告给甲方。

7.9.4 本项目所有采购项目和乙方在建设期间所进行的采购或所寻求的服务均应符合本协议有关条款的标准和规范要求。

7.10 工程费用的拨付

7.10.1 乙方应以注册资本、各级政府补贴和债务融资等方式筹集建设资金，合理安排和调度资金，确保各个子项目工程费用按时足额拨付给施工承包方和供应商。

7.10.2 乙方应建立专项账户和建设资金专项管理制度，按照国家规定，及时足额支付本项目的工程建设其他费用，督促施工承包单位足额及时支付农民工工资，妥善处理与施工承包方的相关争议，确保项目工期。

7.10.3 乙方应按照各个子项目工程当年度实际开工量向施工承包方或供应商支付工程预付款，甲方有权对乙方的工程费用使用情况进行监督检查。

7.11 甲方对项目建设的协助

7.11.1 甲方应协助乙方协调相关的政府部门，以确保项目建设的顺利进行，如因甲方过失、前期工作延迟完成或相关审批手续未及时批复等原因造成开工时间或项目建设期延误，甲方应将本项目建设期相应顺延，因此造成的乙方成本增加，可计入本项目工程费用。

7.11.2 在建设期内协助乙方办理有关政府部门所要求的批准和保持批准有效。

7.11.3 给予应由甲方提供的批准并保持批准有效。

7.11.4 建设和维护项目区域外的由政府部门投资建设的项目配套公用设施，不影响建设进度。

7.11.5 甲方应协调相关政府部门采取措施切实保障乙方可根据本协议相关约定选择供应商、承包商，保障项目顺利建设，不受任何单位、个人的非法干扰。

7.11.6 甲方可授权丙方代为履行本协议约定的建设期内对项目的协助、支持和监督职能，鉴于此，乙方应根据审计部门对本项目跟踪审计确定的年度投资，按照 0.7% 的比例向丙方支付项目管理费。对于已经开始建设的 6 个子项目暂按总投资概算（最终以经政府审计确认的金额为准）1.5% 的比例计算在乙方成立后 30 日内向丙方支付项目管理费 1260 万元，项目完工后，根据最终审计结算的数额进行调整。

7.12 甲方及施工监理对项目建设的监督检查

7.12.1 本项目由甲方依照有关法律法规的规定，择优选定中国境内具备相应资质及经验的建设监理单位，实施建设过程的监理，监理费用由乙方支付给甲方后，再由甲方支付给监理单位。甲方可委托丙方代为履行选定监理单位及代为转移支付监理费用等权利义务。

7.12.2 甲方或其指定机构有权随时对建设工程进行监督和检查。乙方应当责成建设承包商提供进入建设场地的便利条件和进行检查所需的与特定的检查目的相关的所有方案、设计、文件和资料的复印件，以及提供甲方合理要求的协助。

7.12.3 甲方有权通知乙方建设工程缺陷或不符合规定之处；有权要求乙方在合理期限内改正或更换合适的材料和设备。若乙方对甲方发出的通知有异议，须于接到甲方通知后的 5 个工作日内将其异议通知甲方，否则应提出整改方案和措施，报甲方批准后对工程进行整改，甲方与乙方须尽合理努力以求解决此项事宜。

7.12.4 甲方未监督、检验本项目建设工程的任何部分或甲方未通知乙方在项目建设、设备或材料采购方面严重违约不应视为甲方放弃其在本协议下的任何权利，也不能减免乙方在本协议下的任何义务。

7.12.5 甲方或其指定机构对建设工程的监督和检查不影响其他政府部门依法定职能对建设工程的监督和检查。

7.13 项目建设变动

7.13.1 在本项目建设期内，建设方案重大调整（包括但不限于工程范围、工艺技术方案、设计标准、建设标准）、土地规划变更等实质性的改变建设结果的行为，视为对建设方案的变更。甲方和乙方均可因以下原因提出建设方案变更请求，对于乙方提出的变更请求须经甲方书面同意后实施，对于甲方提出的变更乙方应积极配合：

（1）国家或省的相关政策调整；

（2）某市人民政府要求；

（3）在不降低原设计的质量要求的前提下，将加快建设速度；

（4）在不降低原设计的质量要求的前提下，降低建设、运营和维护成本；

（5）提高本项目的质量；

（6）公共利益需要；

（7）发现设计错误。

7.13.2 项目建设方案发生变动的应签订补充协议。

7.13.3 甲方要求的变动

（1）甲方认为需要对项目建设进行变动，应书面通知乙方。

（2）除本协议另有明确约定外，甲方要求的变动引起的工程量增减，经监理工程师初审，由乙方负责实施。

（3）乙方应始终尽一切合理的努力，以减轻或降低乙方和甲方因变动而花费的支出和发生的损失。因变动所致的延误或因甲方要求的变动而导致竣工验收日的迟延，乙方有权要求给予相应的宽展期限。

7.13.4 乙方要求的变动

（1）乙方在开工日后，认为需要对项目建设进行变动（但乙方提出的工程变动要求，必须是出于优化方案、节省开支等合理或经济性考虑），应书面通知甲方并经其同意后方可实施，否则不得变动。

（2）甲方在收到乙方要求变动的通知后的 20 个工作日内，须就变动向乙方做出书面回复，否则视为同意。

（3）根据法律规定，变动应经过批准的，乙方应负责办理报批手续并自行承担所有的相关费用。

（4）当甲方书面同意乙方要求的变动时，本协议应视为在当日做出了修改，双方须遵守其各自在修改后的本协议项下的义务，乙方要求的变动（含优化设计）引起成本增加的，则由乙方自行承担；如乙方要求的变动使得本项目总成本降低的，则该等降低所带来的直接成本减少及对应产生的收益部分，相应扣减可行性缺口补贴金额或由甲乙双方届时另行协商确定。

7.14 项目建设延迟

7.14.1 延迟是指一方违约、不可抗力、法律变更或变动等事件导致项目建设不能如期开工或完工。

7.14.2 如果乙方合理预计工期不能达到本协议所要求的进度日期，应立即通知甲方，并进行合理详细的描述。通知内容包括但不限于：

（1）延迟事件发生的原因、时间、过程；

（2）延迟或延迟事件的责任者；

（3）预计延迟时间；

（4）对本协议的任何违约或预期违约；

（5）关于减轻和纠正延迟或延迟事件影响的措施或计划。

7.14.3 乙方在发出延迟通知后，应定期（至少应每星期）就相关情况向甲方提供事件的最新进展报告。

7.14.4 乙方发出上述通知并不能免除其在本协议中的任何义务。如果乙方提出或实施的补救措施不能解决逾期的延误，甲方可要求乙方采取甲方认为必要的其他措施以达到进度计划的要求。

7.14.5 因工程变动导致的延迟：

（1）甲方要求的变动导致预定初步完工日或预定最终完工日的延迟，乙方有权要求给予相应的宽展期限，在合理宽展期内甲方不得要求乙方承担违约责任。

（2）乙方要求的变动导致预定初步完工日或预定最终完工日的延迟，除非双方就变动达成新的协议，乙方应当承担相应的违约责任。

7.15 项目建设失败

除本协议另有约定外，乙方如果出现以下情况之一，视为项目建设失败。项目建设失败，甲方有权提取乙方履约保证金的全部款项并提前终止本协议。

7.15.1 乙方书面表示放弃项目建设；

7.15.2 乙方书面通知甲方其已终止任一建设工程，且不打算重新开始施工；

7.15.3 乙方的作为或不作为实质上放弃了工程全部或部分的建设；

7.15.4 因非不可抗力原因，任何一个子项目在开工日之后累计出现 30 日以上的停工或停止实质性建设；

7.15.5 由于乙方原因未能在任何不可抗力事件结束后 30 日内恢复建设工程施工；

7.15.6 由于乙方原因未根据《建设、技术管理方案》的规定建设应当建设的工程或其任何部分，且迟延超过 60 日的；

7.15.7 建设期内，由于乙方原因连续 30 日内没有进行工程施工；

7.15.8 乙方出于任何其他原因停止工程建设，直接或通过承包商撤走场地全部或大部分的工作人员及施工设备；

7.15.9 由于乙方原因，超过预定最终完工日 90 日，未能通过项目验收。

7.16 甲方介入完成建设

7.16.1 乙方出现下列情况之一的，则甲方有权指定第三方取代乙方承担项目的任何必要的建设，以便实现完工。

（1）书面表示放弃项目；

（2）被视为放弃项目建设；

（3）被视为建设项目失败。

7.16.2 甲方介入建设后，乙方应与甲方及其指定的第三方合作，向其提供所有合理的协助，并让贷款人在其融资文件中做出具有相同效果的承诺，以确保项目的建设和完工。

7.16.3 甲方介入项目的建设，不应被视为根据本协议受让了项目资产或承担了乙方的义务。

7.16.4 除本协议另有规定外，甲方及其指定第三方介入建设所产生的一切费用和风险由乙方承担。甲方有权在向乙方提供详细的费用和支出记录后，从建设期履约保证金项下提取该部分款项。如果乙方已采取了切实可行的措施或提供了有效担保，甲方应撤出项目的建设。乙方应在此时恢复承担全部责任，直至任何一方发出终止通知为止。

7.17 项目验收

7.17.1 本项目竣工后，应按照建设工程的相关规定组织竣工验收工作，本项目各个子项目具备单项验收条件的，可以单项验收。

7.17.2 竣工初步验收

（1）本项目具备验收条件时，乙方应提前 7 天将某一确定日期书面通知甲方，说明在该日期将进行初验，甲方应在该书面通知告知的日期派代表参加验收组进行初验，乙方应根据初验结果进行缺陷修补和整改修复工作。

（2）初验结束，乙方按要求完成所有缺陷修补和整改修复工作，报监理与甲方核实后，应提前 7 天将某一确定日期书面通知甲方，说明在该日期将进行再次验收，甲方应在该书面通知告知的日期派代表参加验收组进行检验。若甲方或其代表没有按时参加检验，不影响验收结果。

（3）乙方要确保完成本项目工程中的各项内容，且有关部门要求整改的质量问题全部整改完毕。

7.17.3 重新验收，如果本项目工程或某分段、分部、分项工程未能通过验收，乙方应负责修复；在修复缺陷后，重复进行此类未通过的检验以及对任何相关工程的验收。

7.17.4 项目试运行，本项目的分段、分项、分部工程按照国家相关技术规范，需要进行试运行的，在工程验收前，应由乙方组织完成试运行。

7.17.5 验收争端

如果甲方与乙方之间对本条规定的验收程序或验收内容、结果产生争议，由某市建设行政主管部门依照国家颁布的统一标准或 ×× 省的有关规定解决此种争议。

7.18 验收标准

7.18.1 本项目按照国家和 ×× 省市颁布的现行相关工程验收规范进行验收，并保证本项目工程符合设计文件及本协议要求的验收质量。不影响项目工程质量的瑕疵不影响项目验收。

7.18.2 项目验收应根据国家规定的标准和程序进行。

7.19 竣工验收，甲方应在竣工初步验收合格的基础上及时组织竣工验收，乙方应积极配合。

7.20 竣工验收文件

工程竣工验收前一周，乙方应向甲方提供以下竣工验收文件。

7.20.1 工程中间验收记录；

7.20.2 设计变更文件；

7.20.3 竣工图和工程决算；

7.20.4 相关材料、设备的检验报告；

7.20.5 附属设施用材合格证；

7.20.6 施工总结报告；

7.20.7 其他文件。

7.21 项目建设费用的确认

7.21.1 本项目建设期内，乙方应接受某市相关部门对项目建设的跟踪审计，并提供相应资料和给予必要的配合。

7.21.2 本项目竣工验收后，乙方应根据相关的项目竣工验收资料向甲方报送项目建设费用决算资料，用于确认本项目的建设费用。

7.21.3 本项目的建设费用以乙方就本项目截至项目验收完成的全部实际投资额计算。

7.21.4 甲方应在接到决算报告后 60 日内完成工程决算审计工作（含投资评审部门的审核时间在内），甲方未能在规定时间内完成决算审计的，视为同意乙方提交的决算报告及相应金额。

7.21.5 乙方应积极配合甲方及投资评审部门的审核工作，并提供相应的文件。乙方对审核报告结果有异议的，双方应调取跟踪审计报告作为参考，充分听取设计单位和监理方的意见，必要时甲方及乙方可共同委托有资质的审计机构对项目的全部投资进行审计，在审核完成后，甲方应出具本项目建设费用确认函。

7.22 建设期履约保证金

7.22.1 建设期履约保证金的提供，乙方最晚应于本协议签订之日后 5 个工作日内且在磋商保证金退还之前，向甲方提供建设期履约保证金人民币壹亿贰仟万元整（小写：¥120,000,000.00），作为其履行在本协议下的建设和维护义务和其他违约赔偿义务的担保。建设期履约保证金可采用甲方认可的银行保函形式提交。

7.22.2 建设期履约保证金的退还项目办理了整体竣工验收后一个月内，甲方在建设期履约保证金中提留 2000 万元作为本项目运营维护保证金，其余保证金退还项目公司。

7.22.3 恢复建设期履约保证金的数额

如果甲方在建设期内根据本协议的有关规定提取建设期履约保证金的款项，乙方应确保在甲方提取后的 10 个工作日内，将建设期履约保证金的数额恢复到本协议前款约定的数额。甲方提取建设期履约保证金的权利不影响甲方在本协议项下的其他权利，并且不应解除乙方不履行维护本项目义务而对甲方所负的任何进一步的责任和义务。

7.22.4 乙方未在前述期限内补足或恢复建设期履约保证金相应金额的，甲方有权发出催告，乙方应在 30 日内予以补足；乙方在前述期限内仍未补足的，则甲方有权提取建设期履约保证金项下的余额，并有权提前终止本协议，收回本协议项下的经营权。

7.22.5 不支付工程建设其他费用和 / 或提供建设期履约保证金

如乙方未按国家规定及本协议约定支付工程建设其他费用和 / 或未按本协议规定提交建设期履约保证金，则构成乙方违约，甲方有权终止本协议。

7.23 甲方及乙方在建设期义务的转移

7.23.1 甲方可将本协议约定的建设期相关权利或义务委托丙方或其他政府机构承接，但甲方基于本协议的相关给付义务的转移需征得乙方的同意。

第 8 章　项目的运营维护

8.1 项目商业运营

8.1.2 本项目在竣工验收完成、甲方签署工程竣工证书后第一日开始进入商业运营，即进入本项目的运营期。从商业运营日开始至运营期结束，乙方应负责本项目的日常维护管理工作。

8.1.3 本项目在建设期内，经甲方批准，部分项目设施投入运营的，不视为整个项目进入商业运营。本协议约定的建设期 5 年届满，双方根据具备投入运营条件的管廊长度和项目设施确定项目建设费用，并在竣工验收完成后进入商业运营。本项目未建设完成的子项目后续建设，由双方另行协商。

8.1.4 发生以下情形，则视为开始进入商业运营。

（1）因为甲方原因，导致项目具备竣工验收条件后 90 日内未能完成竣工验收，甲方未能签署工程竣工证书；

（2）其他因甲方或政府原因导致的工程竣工验收延误；

（3）其他双方一致同意视为进入商业运营的情形。

8.1.5 发生上述情形的，乙方应将项目具备商业运营条件的相关资料及依照本协议的约定应视为开始进入商业运营的理由，以书面形式向甲方报告，甲方应在收到书面报告之日起 15 日内予以答复，未能在规定期限内答复的，则视为同意乙方进入商业运营。

8.2 本项目运营维护的一般性规定

8.2.1 在整个运营期内，乙方应自行承担管理、运营维护项目设施的费用和风险，按本协议及项目文件的约定配置有资质的专业管理、技术和操作人员管理本项目，建立健全相关管理制度和操作规范，保持项目设施处于良好的运行状态。乙方应确保在整个运营期内，始终根据下列规定运营并维护项目。

（1）适用法律和规范性文件；

（2）本协议及附件三《运营维护技术要求》的规定；

（3）《运营维护手册》以及与项目设施有关的设备的制造商提供的一切有关手册、指导和建议；

（4）谨慎运营惯例。

8.2.2 乙方应建立规范的操作规程和管理制度，培训雇员，使所有雇员能持证上岗。乙方应建立完善的生产日志和设备及技术档案资料，依法接受交通、路政、建设、城管、环保、安全生产等政府部门的检查和监督，并按要求向这些政府部门提供运营维护资料。

8.2.3 乙方应根据有关公共卫生和安全的适用法律以及本协议的规定，建立和完善安全生产制度，建立安全生产保证体系，保障设施安全和稳定地运行，防止责任事故发生。

8.2.4 乙方应建立完善安全生产制度和在极端天气和自然灾害等意外情况下的应急机制，制订应急预案报甲方备案。

8.2.5 乙方应在运营期开始后 3 个月内，建立项目运营维护质量保证和质量控制的具体措施与制度交甲方确认后执行。

8.3 运营维护手册

8.3.1 项目运营期开始前，乙方应根据适用法律和谨慎运营惯例编制或修订本项目的《运营维护手册》并提交甲方审核，并按照该《运营维护手册》进行本项目的运营维护。

8.3.2《运营维护手册》在运营期内应根据项目运营维护的实际情况随时进行修改、补充和完善。乙方应当就需要加以修改的部分书面通知甲方，由甲方在 10 个工作日内审查确认。如果甲方对运营维护方案的修改内容在规定的时间内没有提出意见，则视为认可。

8.3.3《运营维护手册》应包括项目设施的定期和年度检查、日常运行维护和年度维护计划及相应的实施方案、计划。

8.3.4 甲方就《运营维护手册》的修改是否提出异议均不减轻或影响乙方在本协议项下或按照适用法律的规定应承担的责任或义务，亦不减轻或影响甲方依据本协议或法律规定对乙方所享有的权利。

8.3.5 项目的运营维护应符合适用法律和国家、地方行业规范、标准。

8.3.6 乙方应详细记录项目运营、项目设施维护和修理等情况，并应当准许甲方查阅和复制上述资料。若乙方的上述记录可能包含商业秘密的，甲方应当予以保密。

8.4 运营维护履约保证金

8.4.1 运营维护履约保证金的提供项目办理了整体竣工验收后一个月内，甲方在建设期履约保证金中提留贰仟万元整（小写：¥20,000,000.00）作为本项目运营维护保证金，运营维护保证金作为乙方履行在本协议下的运营维护义务和其他违约赔偿义务的担保。运营维护保证金可采用甲方认可的银行保函形式提交。

8.4.2 运营维护履约保证金的转化运营期满前一年，乙方应向甲方缴纳移交维修履约保证金伍仟万元整（小写：¥50,000,000.00），届时，运营维护履约保证金将自动转为移交维修履约保证金的一部分。

8.4.3 恢复运营维护履约保证金的数额

如果甲方在运营期内根据本协议的有关规定提取运营维护履约保证金

的款项，乙方应确保在甲方提取后的10个工作日内，将运营维护履约保证金的数额恢复到本协议前款约定的数额。甲方提取运营维护履约保证金的权利不影响甲方在本协议项下的其他权利，并且不应解除乙方不履行维护本项目义务而对甲方所负的任何进一步的责任和义务。

乙方未在前述期限内补足或恢复运营维护履约保证金相应金额的，甲方有权发出催告，乙方应在30日内予以补足；乙方在前述期限内仍未补足的，则甲方有权提取运营维护履约保证金项下的余额，并有权提前终止本协议，收回本协议项下的经营权。

8.5 乙方项目维护、管理范围

8.5.1 乙方负责运营维护的项目设施范围包括：

（1）乙方拥有所有权的项目设施；

（2）乙方不拥有所有权但根据适用法律、乙方与其他方签订的协议规定，应由乙方进行运营维护的项目设施；

（3）某市各级人民政府或甲方拥有，但租赁或委托给乙方运营和维护的项目设施。

8.5.2 乙方运营维护的内容按照乙方的《运营维护手册》执行，主要包括：

（1）保持管廊内的整洁和通风良好；

（2）建立健全维护管理制度，搞好安全监控和巡查等安全保障；

（3）统筹安排管线单位日常维护管理，配合和协助管线单位的巡查、养护和维修；

（4）负责管廊内通风、排水、照明和消防等共用设施设备养护和维修，建立工程维修档案，保证设施设备正常运转；

（5）组织制订管廊管理应急预案，管廊内发生险情时，应当采取紧急措施并及时通知管线单位进行抢修；

（6）为保障管廊安全运行应履行的其他义务。

8.6 项目公共安全保障

8.6.1 乙方应遵守法律及相关技术规范和要求及国家规定的所有健康和

安全标准，建立、健全和完善安全生产制度及安全运行保障体系，确保项目设施安全运行，防止责任事故的发生。在运营期内，乙方应对其自身原因导致的安全事故承担全部责任，并应当在出现安全责任事故 1 小时内按照有关规定向政府安全生产监督管理部门和负有安全监督管理职责的有关部门报告。

8.6.2 乙方应针对自然灾害、重特大事故、环境公害及人为破坏等突发情况建立相应的应急预案和相应的组织、指挥、设备等保障体系，并保证在出现重大意外事件时其保障体系能够正常启动。应急预案应同时考虑随附的地上地下工程（包括但不限于地下各类管线爆管等）发生重大或紧急事故时，能随时启动响应机制，配合相关责任或实施主体，完成相应抢修、抢险责任等。

8.6.3 乙方制订的应急预案经甲方同意后实施。

8.6.4 在城市建设工程施工，需要移动、改建乙方管廊设施的，甲方应负责协调其他政府主管部门及时办理相关手续，并将设计图纸送乙方备案，乙方应当及时通知管线单位，所需费用由建设单位承担。

8.6.5 甲方应负责要求和协调相关部门，在管廊及其周边区域，从事下列可能危害管廊安全的活动时，应当事先向甲方书面报告，提供乙方认可的施工安全保护方案，并在施工中按照该保护方案采取安全保护措施。

（1）排放、倾倒腐蚀性液体、气体；

（2）爆破；

（3）挖掘城市道路；

（4）打桩或者进行顶进作业；

（5）建造建筑物、构筑物；

（6）其他危害管廊安全的行为。

8.7 应急预案

8.7.1 乙方应完善地下管廊及其附属设施的资料图档和设施信息化管理系统，制订并遵守紧急情况下（包括重大事故、突发社会公共事件、不可抗力事件）的应急预案，设立管廊设施应急抢修队伍。当发生紧急事件时，乙方应严格执行应急预案，能够立即协调管线单位进行抢修抢险，尽快恢复运行。

8.7.2 在紧急情况下，乙方应采取各种应急措施进行补救，尽量减轻事故对公众或管线单位的影响，甲方协调相关政府部门给予必要的配合。

8.7.3 出现《运营维护手册》、相关政府部门及其他适用法律规定的重大事故时，乙方必须及时、如实地向甲方和有关政府部门报告，属于乙方责任的，乙方应当严肃查处和进行整改。

8.7.4 甲方应协调职能部门加强对乙方应对自然灾害等突发事件的指导，监督乙方完善和落实各类应急预案。在发生危及或可能危及公共利益、公共安全等紧急情况时，甲方可采取应急管制措施。

8.8 未履行维护义务、补救及赔偿

8.8.1 乙方应履行维护项目设施的义务，发生紧急情况时应及时采取补救措施防止损失扩大，由此发生的费用由乙方承担；如因第三方原因导致项目设施损毁的，应由乙方先行承担费用予以补救，事后向侵权人追偿。

8.8.2 如果乙方未履行维护项目设施的义务，或者未采取补救措施或补救不及时，甲方将向乙方发出要求其进行补救的通知，如果乙方在限定的期限内没有采取补救措施，甲方有权自行或委托第三方进行补救，并按补救过程中发生的合理费用向乙方追偿或提取运营维护履约保证金。

8.8.3 若按照丁方报价的运营维护费水平，乙方在运营期内无法使本项目满足国家规定的或本协议约定的要求，则甲方有权提取运营维护履约保证金用于支付本项目必要的运营维护成本，以使本项目始终能够达到国家规定的或本协议约定的运营标准。

8.8.4 甲方行使兑取履约保证金金额的权利不损害其在本协议项下的其他权利，并且不应解除乙方不履行本协议义务而对甲方所负的任何进一步的责任和义务。

8.9 升级改造

8.9.1 在运营期内，如甲方要求对项目设施进行升级改造的，则在进行升级改造工程前，甲乙双方应就包括升级改造工程的建设方案、建设费用及运营维护费用等成本核定或因升级改造工程建设而需调整的费用达成一致。

8.9.2 甲方可通过承担建设费用并调整可行性缺口补贴的方式，或者单纯调整可行性缺口补贴的方式对乙方的投资增加或运营成本的增加进行补偿。该补偿额的确定将在考虑上述升级改造工程对乙方财务影响的情况下，考虑合理的投资回报率等因素为基础，由乙方与甲方共同确定。

8.10 甲方的监督与检查

8.10.1 甲方有权在任何时间自费检查乙方或其运营维护承包商执行《运营维护手册》的情况，乙方应当提供运营、维护的相关记录。

8.10.2 在运营期内，甲方有权派代表在任何合理时间进入项目检查乙方相关的运营维护记录及其他资料，监督项目的运营维护计划实施情况，乙方应对此等检查和监督提供完全的协助，并提供甲方所需的信息和资料。

8.11 运营期的评估与绩效考核

8.11.1 运营期内，甲方有权组织相关专家对乙方的运营维护情况进行日常考核评估，考核方法按照某市政府制定的地下综合管廊绩效考核的相关规定（附件二）执行。

8.11.2 甲方将定期开展中期评估，对项目运营管理效率、服务质量、公众满意度、协议履约情况等进行综合评价，对运营管理和服务中存在的问题，要求乙方及时做出调整和改进，切实提高服务质量和运营管理水平。

8.11.3 绩效考核采取日常考核、定期考核和抽检抽查相结合的方式，主要从两个方面开展：一是乙方规章制度和管理措施执行考核，二是综合管廊维护的监督检查考核。考核结果直接与运营维护费标准挂钩。

8.11.4 乙方有义务保证所提供的各项服务均符合相应的质量标准规定。依据相关的技术规范和标准，本项目涉及的各个行业主管部门协同相关职能部门对乙方的运营服务质量、运营维护情况等进行考核、评估。乙方应全力配合相关部门的考核工作。

8.12 甲方介入运营与维护

8.12.1 甲方根据本协议约定的考核方法和考核结果，确定乙方未能按照本协议的规定运营或维护项目，且乙方在收到甲方通知后的30个工作日或双方另行商定的合理期限内未能就上述情况进行补救的，则甲方有权自行或者委托第三方介入项目运营和维护工作，费用和风险均由乙方承担。甲方有权在向乙方提供详细的费用和支出记录后，从运营维护保证金项下提取该款项。

8.12.2 在运营期内，甲方有权派代表在任何合理时间进入项目检查乙方相关的运营维护记录及其他资料，监督项目的运营维护计划实施情况，乙方应对此等检查和监督提供完全的协助，并提供甲方所需的信息和资料。

8.13 乙方的报告

8.13.1 定期报告

（1）乙方应按照甲方的要求，于项目商业运营开始日起6个月内向甲方呈报第一个年度运营维护计划，并于每年度运营维护计划执行到期前6个月向甲方提交下一个年度经营计划。甲方对乙方提交的运营维护计划提出合理修改建议，乙方应按照甲方提出的修改建议对前述计划进行修改。

（2）每个运营维护年度结束后一个月内，乙方应向甲方提交上一年度的管廊运营维护情况报告和年度工作总结。

（3）乙方应提交甲方合理要求的其他资料或报告。

8.13.2 临时报告

乙方应当在下列事项出现后五个工作日内向甲方提交书面报告及相关材料供甲方备案。

（1）乙方的法定代表人的确定或变更；

（2）乙方在运营期内的任何形式的经营范围、公司住址、法定代表人或股东的变更登记；

（3）发生影响项目运营维护的安全、技术、质量、服务的重大事项；

（4）与乙方有关的重大诉讼事项或群体性事件；

（5）其他可能会危害到公共安全和公共利益的重大事项；

（6）甲方应对乙方报告事项涉及的乙方商业秘密采取必要的保密措施。

8.14 财务报表

乙方每年均应委托经甲方认可的会计师事务所对其进行年度财务审计，审计应在年度结束后的4个月内完成，乙方应在审计完成后10个工作日内向甲方提交经注册会计师审核签字的审计报告。

8.15 运营维护承包商的选定

8.15.1 乙方可委托运营维护承包商负责本项目的运营维护。运营维护承包商应具备相应的资质并具有丰富的运营维护经验。乙方选定或更换运营维护承包商须事先取得甲方的书面同意，并应按照经甲方事先书面认可的遴选方式、资格条件、业绩要求等，依法选择一家具有丰富管廊工程运营经验的专业运营商。

8.15.2 甲方对运营维护承包商的认可并不解除乙方在本协议项下的任何义务。乙方对于运营维护承包商、代理人或由其直接或间接雇用的任何人的任何作为或不作为对甲方承担完全的责任。

8.15.3 运营维护协议应包含使运营维护承包商能够履行本协议项下的义务所必需的条款或规定。

8.15.4 乙方应确保与运营维护承包商签订的协议符合本协议的规定，所有的承包协议和设备供应协议均应在签订后2个工作日内交甲方备案。

第9章　股权变更限制

9.1 对股权转让的限制

9.1.1 本协议生效之日后8年内，丁方不得转让其持有的乙方全部或部分股权，但市政府要求丁方转让的除外。

9.1.2 本协议生效之日后8年后，经甲方书面同意，丁方可以转让其持有的项目公司全部或部分股权。

9.2 乙方股权转让应按法律、法规的规定履行批准手续

9.2.1 乙方股东拟转让其全部或部分股权，丙方、甲方或甲方指定的机构具有优先购买权，拟转让的股东应以相同的条件向甲方发出同样的要约。

9.2.2 在要约发出后的 1 个月内，丙方和甲方或甲方指定的机构有权行使优先购买权。

9.2.3 如果甲方和丙方在收到转让方关于同意转让给第三方的书面请求后的 10 日内没有拒绝或者做出回应，则应视为甲方以及丙方已经同意本次转让并放弃优先购买权。

9.3 在不改变实质控制人的前提下，如乙方股东拟依照相关法律、法规的规定对乙方的股权进行重组，则甲方应同意该等转让。

9.4 在股权转让期间，乙方应维持其业务的正常经营，乙方任何一方股东不得故意阻碍乙方正常经营。

9.5 乙方应在其章程及股权证明中作出适当的规定，以确保有意购买股权的第三人及有关政府部门能够充分了解本协议对于乙方股权转让设定的限制性条件，乙方章程的修改应报甲方认可。

第 10 章　项目付费机制

10.1 项目回报

10.1.1 项目收入来源

本项目为准经营性项目，项目收入包括入廊费、运营维护费、可行性缺口补贴及其他补偿方式。项目运营期内，经双方协商，乙方可以取得与项目相关的其他经营性收入。

10.1.2 项目建设期（2016—2020 年）计息方法

甲方根据审计部门跟踪审计得出的项目当年投资额，扣除到位使用的财政补助资金后，按 4.9% 的利率计算乙方的建设期利息，并逐年支付利息，计算方法如下：

（1）第一年的利息为：（第一年投资额 – 第一年财政补贴）× 4.9%。

（2）第二年的利息为：第一年的利息 +（第二年投资额 – 第二年财政补贴）× 4.9%，以此类推。

（3）建设期内，市政府将制定强制入廊政策并研究确定入廊费收费标准。

建设期间，甲方将优先以收取的入廊费作为支付项目公司资金利息的来源，收取的入廊费不足支付的部分，由甲方予以补足。

（4）在建设期内，若部分管线将交付使用，项目公司应对其进行正常的维护运营。其日常运营维护费由政府审定后确认，项目公司向管线单位收取，不能足额收取的，差额由甲方全额补足。

10.1.3 项目运营期回报

运营期间，项目公司将通过两种途径取得经营收益。其一是通过收取入廊费以及政府支付的可行性缺口补贴取得预期的投资收益；其二是通过收取运维费取得运营收益。

（1）入廊费主要用于弥补管廊建设成本，由入廊管线单位向乙方一次性支付或分期支付。运营日常维护费是指日常维护费主要用于弥补管廊日常维护、管理支出，由入廊管线单位按确定的计费周期向乙方逐期支付。

（2）本项目遵循市场化运营原则，由乙方根据国家有关部门或某市地下综合管廊有偿使用费标准签订《某市地下综合管廊租赁协议》确定入廊费及运营维护费金额及支付方式，并由乙方直接向各管线单位收取。

（3）甲乙双方确认，本项目社会资本方对自有资金平均年化收益率的报价如下：项目公司自有资金（扣除用于征地拆迁的自有资金）平均年化收益率为【　】；用于征地拆迁的自有资金的平均年化收益率为【　】。项目公司根据社会资本方的上述报价水平取得投资回报，主要来源是收取的入廊费，入廊费不足以覆盖投资本息（含支付融资本息和弥补资本金及收益两部分）的部分，由甲方以可行性缺口补贴形式补足。项目公司应按照政府制定的标准向入廊管线单位收取入廊费。实际收取的入廊费与应收入廊费有差距的，甲方承担其中98%，项目公司承担其中2%。

（4）运营期内，甲方根据建设期内运营维护费情况测算并制定年度运营维护费单价标准，由项目公司向管线单位收取。实际支付给项目公司的运营维护费根据社会资本的报价水平确定。甲乙双方确认，本项目社会资本方对运维费的报价如下：综合舱年度运营维护费单价为【 】万元 / 千米·年；高压舱年度运营维护费单价为【 】万元 / 千米·年；燃气舱年度运营维护费单价为【 】万元 / 千米·年。项目公司收取的运营维护费与前述报价确定的运营维护费差额部分，其中 98% 由甲方补足。

10.1.4 在建设期及运营期间，如遇国家或省的税收政策、金融政策、入廊政策、入廊费标准、运营质量标准调整等因素导致建设运营成本的变化，甲方将协调行业主管部门组织对本项目工程建设成本、运营管理收益、运营管理效率和协议履约情况等进行综合评价，并建立动态调价机制。

10.2 入廊费及运营维护费

10.2.1 入廊费测算及调整机制

（1）本项目建设期内，市政府根据各种管线单独敷设成本、断面空间占比、管线敷设长度、合作期更新成本等因素测算确定入廊费标准。

（2）在项目运营期内，入廊费标准由某市人民政府相关部门进行调整，乙方应配合提供相应的资料。乙方应根据政府确定的入廊费标准向管线单位收取。实际收取的入廊费与按照入廊费计算的应收入廊费有差距的，差额部分的 98% 由甲方承担，差额部分的 2% 由乙方自行承担。

10.2.2 运营维护费测算和调整

（1）运营维护费按“运营成本 + 合理利润”进行测算。运营成本主要包括人工工资及福利、维修费、动力费（电费）、外购原材料、公司管理费及其他费用。

（2）运营期内，甲方按建设期内实际的运营维护费情况，根据不同管廊舱体类型核定年度运营维护费标准，并由乙方向管线单位收取。实际收取的运营维护费与应收的运营维护费差额部分 98% 由甲方补足。

（3）应付乙方的运营维护费根据本项目中选社会资本的运营维护费报价单价（分不同类别的舱室），分别乘以各类舱室的长度，即可计算出各类管线全部入廊情形下的应付运营维护费。

（4）甲方支付的运营维护费按照应付运营维护费扣除乙方应承担的实

际收取运营维护费差额部分（2%）。计算公式如下：

甲方支付的运营维护费 = 交付管廊里程 × 运维费单价报价 –（乙方应收运营维护费 – 乙方实际收取的运营维护费）×2%

（5）运营维护费的单价调整：运营维护费单价原则上每两年核算调整一次，并经项目主管部门审核后报批执行。自各子项目开始正式商业运营之日起，若电价、人工成本、居民消费价格指数三项成本变化导致运营维护成本变化幅度合计超过 5% 的，乙方可申请调整运营维护费单价。具体计算方式如下：

$P_n=P_{n-2}\times K$（P_n 为第 n 年调整后的运营维护费单价，P_{n-2} 为调整前的运营维护费单价，K 为调价系数，n 指第 n 年是调整运维服务费的当年）

$K = a(E_n/E_{n-2}) + b(L_n/L_{n-2}) + c(CPI_n/CPI_{n-2})$

在调整时，K 的取值应大于等于 1.05 或小于等于 0.95。

其中，a+b+c=1，a 是电力费用在初始运营养护成本中所占的比例；b 是人工费用在初始运营维护成本中所占的比例；c 为初始运营维护成本中除电力费用和人工费用以外的其他因素在初始运营维护成本中所占的比例；E_n 指在第 n 年适用的单位动力电价；E_{n-2} 指在第 n–2 年适用的单位动力电价；L_n 指在第 n 年某市统计局公布的在岗职工平均工资；L_{n-2} 指在第 n–2 年某市统计局公布的在岗职工平均工资；CPI_n 指国家统计局公布的在第 n 年获知的第 n–1 年的居民消费价格指数；CPI_{n-2} 指国家统计局公布的在第 n–2 年获知的第 n–3 年的居民消费价格指数。

（6）运营维护费标准详见本协议第 8.11 款的约定，运营维护费标准与绩效考核挂钩。

10.3 政府可行性缺口补贴及其调整

10.3.1 政府可行性缺口补贴由甲方每半年向乙方支付一次，第一次应在项目进入商业运营的第 6 个月届满后 15 日内支付。甲乙双方确认，本项目竣工验收后，根据审计部门确定的项目总投资金额并结合成交社会资本报价的工程造价下浮率与自有资金收益率计算年度可行性缺口补贴金额。

具体计算办法如下：

（1）计算项目实际投资额

项目实际投资额 = 审计结算的工程投资额 ×（1– 成交社会资本报价确定的工程造价下浮率）+ 审计确认的其他费用（不包括建设期利息）

（2）计算融资金额

融资金额 = 项目实际投资额 – 政府补贴 – 项目公司自有资金

（3）计算应付的项目年度可用性服务费

年度可用性服务费 = 平均每年应付融资本息（以融资金额为基数，以 4.9% 折现率计算的 15 年等额年金）+ 平均每年应付用于征地拆迁的自有资金的本金和收益［用于征地拆迁的自有资金（自有资金 × 征地拆迁费 / 项目总投资］为基数，以成交社会资本报价确定的用于征地拆迁的自有资金的平均年化收益率为折现率计算的 15 年等额年金）+ 平均每年应付项目公司自有资金（扣除用于征地拆迁的自有资金）的本金和收益［以项目公司自有资金减去用于征地拆迁的自有资金为基数，以成交社会资本报价确定的项目公司自有资金（扣除用于征地拆迁的自有资金）年化收益率为折现率计算的 15 年等额年金］

（4）计算应计入廊费

应计入廊费 = 按入廊费标准计算的应收入廊费 – 应收未收的入廊费 ×2%

（5）计算应支付的可行性缺口补贴

政府每年应付可行性缺口补贴 = 应付可用性服务费 – 应计入廊费

10.3.2 可行性缺口补贴的调整机制

可行性缺口补贴根据利率变化情况的调整项目运营期内，利率的变化影响乙方支出的财务费用，政府可行性缺口补贴在整个运营期间可根据银行 5 年以上贷款基准利率的变化予以调整。调整机制设置为：在项目正式运营后，若银行 5 年以上贷款基准利率变化累计达到 0.25（含）个百分点时，双方均可提出调整可行性缺口补贴的申请并启动调整程序，调整幅度以能完全覆盖利息变化额度为限。调整公式设定如下：

$$A1=Ai+B\times(Rn-Ri)\times T/365$$

其中，A1 为调整后可行性缺口补贴；Ai 为第 n 年调整前可行性缺口补贴；B 为第 n 年调整时借款未付余额；Rn 为银行贷款利率变化后执行银行贷款计息利率；Ri 为银行贷款利率变化前执行银行贷款计息利率；T 为利率变化年计息期内利率变化后的计息天数。｜Rn–Ri｜应大于或等于 0.25%。

10.4 经营性开发在市政府书面批准的前提下，乙方可以依法进行地下空间开发及其他可经营性资源的开发。收入来源包括但不限于为支持管廊建设而进行的土地综合开发、地下空间利用、广告位、停车场、地下商业等业务收入，所得收益由双方股东按照股权比例分享。

10.5 其他补偿方式

市政府将积极为本项目争取各级财政补贴和奖励资金，项目建设期内，本项目若再争取到额外的奖补资金，则须相应降低可行性缺口补贴金额；若中央财政 9 亿元补贴资金及省财政 12 亿元补贴资金不能足额到位，则将相应增加可行性缺口补贴。

第 11 章　保险

11.1 运营期内，乙方在充分评估项目投资和运营维护风险后，根据适用法律的规定，并结合项目的实际情况，决定项目建设和运营期间需要购买的保险险种。在合理的商业条件下，应遵照可保风险均应投保的原则进行投保。乙方购买保险后，应将保险协议复印件交甲方备案。

11.2 在运营期内，乙方应当自费投保下述险种，并始终使保险单保持有效。未经甲方书面同意，乙方投保的险种和数额不得随意变更。

11.2.1 建设工程一切险；

11.2.2 财产险；

11.2.3 第三者责任险（运营期间）。

11.3 在法律许可和承保人能提供的服务范围内，乙方有权在和保险公司之间签署的保险协议中，将贷款方列为第一受益人。

11.4 乙方应确保所有保险单均注明，保险商在取消保险或对之进行重

大改变之前至少 30 日书面通知甲方。未经甲方书面同意，乙方不得变更该等保险单据。

11.5 乙方应当促使保险公司或其代理人向甲方提供已购买保险的证明，以证实乙方确已按照本协议规定购买保险。

11.6 乙方按本协议的要求投保或获得购买保险证明，不得减轻或以其他方式影响乙方在本协议项下的义务和责任。

11.7 如果乙方不购买或维持本协议所要求的保险，甲方首先应书面要求乙方购买上述保险，在乙方接到上述书面通知 1 个月内仍未购买该保险，则甲方有权根据本协议自行购买上述保险，并有权从建设期履约保证金中提取相应金额，或在应付乙方的采购费中提取款项以支付保险费用。

11.8 乙方在本项目建设期应投保建设相关险种，并将投保的险种情况公开，并提交给甲方。

11.9 乙方应向甲方及时通报保险人的报告通知（如危险整改通知）并提交相应的副本，如果乙方未及时提供通知而造成保险单失效，应承担违约责任。

第 12 章　守法义务及法律变更

12.1 守法义务

甲乙双方应遵守中国法律、法规、规章和政府部门颁布的所有技术标准、技术规范以及所有其他适用的强制性要求。

12.2 法律的变更

本协议生效后，如相关的新法律法规的发布或者法律法规的修订影响项目收益时，双方应根据新法律规范或修订后的法律规范，变更本协议或解除本协议，签署补充协议或重新签署协议。

12.2.1 甲方（含市政府）可控的法律变更的后果。

（1）在建设期间，如果因发生市政府方可控的法律变更导致项目发生额外费用或建设期延误，乙方有权要求甲方支付额外费用并要求延长建设期和运营期；

（2）在运营期间，如果因发生市政府可控的法律变更导致乙方运营维护成本费用增加，乙方有权要求甲方支付额外费用或申请延长运营期限；

（3）如果因发生市政府可控的法律变更导致本协议无法继续履行，则构成“甲方违约事件”，乙方可以要求提前终止本协议，并要求甲方依照本协议的约定承担违约责任。

12.2.2 政府方不可控的法律变更的后果。对于超出市政府可控范围的法律变更，如由国家或上级政府统一颁行的法律等，应视为不可抗力，按照不可抗力的机制进行处理。

第 13 章　不可抗力

13.1 不可抗力事件

不可抗力指任何一方无法预见、控制，且经合理努力仍无法避免或克服的、导致其无法履行协议项下的义务的情形，包括但不限于：台风、地震、洪水等自然灾害；战争、罢工、骚乱等社会异常现象；征收征用等政府行为；双方不能合理预见和控制的任何其他情形。

13.2 不可抗力事件发生期间各方权利和义务

13.2.1 本协议任何一方由于不可抗力不能履行全部或部分本协议义务的，根据不可抗力的影响，免除全部或部分违约责任，但应在条件允许下采取一切必要措施以减少因不可抗力造成的损失。任何一方在违约行为之后发生不可抗力情形的，不免除该方违约责任。

13.2.2 遇有不可抗力的一方，应于不可抗力事件发生之日起 5 日内将不可抗力事件以书面形式通知另一方并提交相关证明文件。

13.2.3 发生不可抗力的一方在不可抗力影响消除后应当继续履行本协议。

13.3 不可抗力事件的处理

13.3.1 发生不可抗力事件，乙方有权要求延长建设工期、获得额外补偿或延长运营期限。

13.3.2 如不可抗力发生在建设期或运营期，则乙方有权根据不可抗力的影响期间申请延长建设期或项目运营期限。

13.3.3 如双方在 2 个工作日内达成一致意见，则双方继续履行本协议。

13.3.4 若双方不能够在上述期限内达成一致意见，则任何一方可送达协议解除通知。

第 14 章　违约、提前终止及终止后处理机制

14.1 违约行为认定

除不可抗力情形外，签订本协议任何一方不履行本协议任一条款，均视为违约。

14.2 违约责任承担方式

14.2.1 实际履行：要求违约方继续履行协议；非违约方暂时停止履行义务，待违约方违约情势消除后恢复履行；守约方根据此款规定暂停履行义务不构成守约方不履行或迟延履行义务。

14.2.2 赔偿：任何一方有权获得因另一方违约而使该方遭受的任何损失、支出和费用（包括但不限于评估费、律师费、诉讼费）的赔偿，该项赔偿由违约方支付。

14.2.3 一方迟延履行非金钱给付义务，应赔偿另一方实际损失；一方迟延履行金钱给付义务，每日按未付款金额的 0.05% 支付另一方违约金。迟延履行超过 60 日的，另一方有权立即解除本协议。

14.3 甲方违约赔偿责任

14.3.1 建设期甲方导致的延误。甲方违反本协议约定，未能适当履行本协议约定义务或其他可归责于甲方的原因导致项目延误，此等情况下，乙方的建设期限相应顺延，因此造成的乙方成本增加，计入项目的工程费用。

14.3.2 延迟支付补贴费用。甲方未按照本协议约定，及时足额向乙方支付相应的可行性缺口补贴，则乙方有权向甲方发出催告，如甲方在催告通知出具后的 30 日内仍未能支付的，则甲方除应支付应付未付的可行性缺口补贴外，还应按照应付未付金额，每日向乙方另行支付 0.05% 的违

约金。

14.3.3 不当提取保证金

如果甲方提取乙方提交的建设期履约保证金、运营维护保证金以及移交维护保证金中的相应金额之后确定甲方属不当提取，甲方应及时向乙方退还提取的款项，并支付该款项自提取之日至退还之日的利息，利息按央行公布的同期金融机构人民币贷款基准利率计算。

14.4 乙方违约赔偿责任

14.4.1 建设期延误

乙方违反本协议约定，未能适当履行本协议约定义务或其他可归责于乙方或乙方委托的承包商、供应商的原因导致项目建设延误，则导致项目延误每逾期一日，乙方应每日向甲方支付 30 万元（¥300,000）的违约赔偿金。

乙方违反本协议约定，未能适当履行本协议约定义务或其他可归责于乙方或乙方委托的承包商、供应商的原因导致项目建设停工，则每停工一日，乙方应每日向甲方支付 30 万元（¥300,000）的违约赔偿金，停工超过 30 日的，乙方应每日向甲方支付 50 万元（¥500,000）的违约赔偿金，超过 60 日的，甲方有权解除并终止本协议。

14.4.2 日常考核 / 中期评估不达标

在运营期内，甲方根据相关法律的规定及本协议的约定对乙方进行日常考核或特许经营中期评估，若考核结果或评估结果认为乙方应进行相应整改，则乙方应在规定的时间内改正，若乙方未能改正或改正的效果未能达到本协议约定的标准，则甲方有权视情形提取运营维护保证金或移交维护保证金项下的相应金额。同时，考核结果直接与运营维护费挂钩。

14.5 乙方违约事件导致的提前终止

下述每一条款所述事件如果不是由于不可抗力事件或甲方违约所致，如果有允许的期限而在该期限内未能得到纠正，即构成乙方违约事件（下称“乙方违约事件”），甲方有权发出提前终止意向通知。

14.5.1 乙方在本协议中所做出的任何声明被证明在做出时不属实或有

严重错误，或者乙方严重违反本协议中做出的任何保证；

14.5.2 因乙方或乙方委托的承包商、供应商的原因导致项目建设工期延误 90 日以上；

14.5.3 非因甲方或不可抗力导致，任一项目停工超过 60 日的。

14.5.4 乙方进入清算或者严重资不抵债，且无能力继续经营项目；

14.5.5 乙方违反适用法律而被相关政府部门依法吊销营业执照、责令停业、清算或宣布破产、责令关闭；

14.5.6 贷款人开始行使其担保协议项下的担保权利并可能造成项目无法正常运营；

14.5.7 乙方违反本协议的规定，擅自出租、质押、转让或以其他形式处分项目设施、项目经营权；

14.5.8 乙方未履行本协议项下的义务构成对本协议的实质性违约，并且在收到甲方要求说明其违约并予以补救的通知后 60 日内仍未能补救该实质性违约。

14.6 甲方违约事件导致的提前终止

下述每一条款所述事件如果不是由于不可抗力事件或乙方违约所致，如果有允许的期限而在该期限内未能得到纠正，即构成甲方违约事件（下称“甲方违约事件”），乙方有权发出提前终止意向通知：

14.6.1 甲方在本协议中所做出的任何声明被证明在做出时不属实或有严重错误；

14.6.2 甲方由于与其他政府部门调整、合并或被撤销，且无相应的政府部门或其指定机构能够承继本协议约定的权利和义务，从而实质上使乙方在本协议下的权利受到不利影响；

14.6.3 由于甲方原因导致项目停工超过 1 年或项目终止建设的；

14.6.4 甲方非依本协议所约定的情况擅自撤销本协议项下的经营权或将本协议项下的经营权授予给乙方以外的公司或经济实体；

14.6.5 因某市政府可控制的法律或政策变更，导致乙方在本项目的利益受到严重影响，该等影响不能根据本协议的约定予以消除或获得补偿；

14.6.6 连续两个可行性缺口补贴支付周期内，甲方未能及时、足额支付可行性缺口补贴的；

14.6.7 甲方未履行本协议项下的义务构成对本协议的实质性违约，并且在收到乙方要求说明其违约并予以补救的通知后 60 日内仍未补救该实质性违约。

14.7 提前终止意向通知

14.7.1 任何提前终止意向通知应详细表述引发出该通知的详细情况。

14.7.2 在提前终止意向通知发出之后，双方应在 20 日之内或双方同意的更长时间内（下称“协商期”）协商避免本协议提前终止的措施。

14.7.3 如果双方就将要采取的措施达成一致，或者违约方在协商期内纠正了违约事件，提前终止意向通知应立即自动失效。

14.8 提前终止通知

在协商期届满之时，除非双方另行达成一致，或导致发出提前终止意向通知的违约事件得到纠正，发出提前终止意向通知的一方可以向另一方发出终止本协议的提前终止通知（下称“提前终止通知”），提前终止通知发出后，本协议应于双方商定的提前移交日终止。

14.9 提前终止的补偿

提前终止时政府方对于乙方的补偿以双方确定移交的经审计的项目设施资产账面净值为依据，具体补偿方式如下：

项次	本协议提前终止之情形	终止补偿金
一	甲方违约事件导致的终止	A+D
二	法律变更或政府行为导致的终止	A+0.5D
三	不可抗力事件导致的终止	A+B+C
四	乙方违约事件导致的终止	A−D

说明：

（1）经审计的账面净资产 ×（距离运营期限届满的年限 / 运营期）。

（2）发生不可抗力情形时，根据项目协议及相关保险协议，乙方实际获得的保险赔款。

（3）发生不可抗力情形时，因乙方投保不足，导致所获保险赔款无法使项目设施恢复到出险前的正常状态和价值的恢复性建设费用缺额部分（如有）。

（4）项目终止后剩余运营期限（不超 5 过年）的预期收益。

14.10 提前终止后的项目移交

14.10.1 出现提前终止事宜后，双方应在 15 日内，根据本协议的约定对提前终止的补偿金额进行确认。补偿金额确认后的 15 日内，双方完成移交工作，本协议在甲方支付补偿金额后解除。

14.10.2 乙方应于解除日前 15 个工作日内向甲方移交本项目资产、设施（包括附属设施）的使用权，并提交移交清单。

14.10.3 乙方在本协议项下的权利和义务随移交的完成而终止。

14.10.4 甲方承担移交日后项目的全部或部分损失或损坏的风险，除非损失或损坏是由乙方的过错或违约所致。

第 15 章　项目的移交

15.1 项目移交

本项目运营期届满或提前终止的，乙方应将全部项目设施移交给甲方或由甲方指定的机构或组织。

15.2 移交委员会

15.2.1 以本项目运营期届满前的 12 个月作为过渡期，甲方和乙方应成立移交委员会，移交委员会由双方各派三人组成，移交委员会负责人由甲方委派。若本协议提前终止的，移交委员会应在本协议提前终止后 5 个工作日内成立。

15.2.2 移交委员会成立后 1 个月内应举行会谈并确定下列事宜的具体实施方案，乙方应提供移交必要的文件、记录、报告等数据，作为移交委员会制订方案的参考。

（1）项目设施移交的详尽程序；

（2）最终恢复性大修计划；

（3）商定移交项目设施清单（包括备品备件的详细清单）；

（4）就移交向第三方进行公告的方式；

（5）移交仪式的准备。

15.2.3 无论本协议是否已经终止，在完成本项目设施移交程序前，乙方应本着最大善意按照《运营维护手册》继续谨慎运营维护项目，甲方应给予配合和协助。

15.2.4 移交完成后，移交委员会应将本项目移交信息在市级报和市政府公众信息网上刊登，向社会公告。

15.3 移交维修履约保证金

15.3.1 为保证项目顺利移交，最迟不晚于运营期届满前 1 年，乙方应向甲方缴纳甲方认可的金额为伍仟万元（RMB¥50,000,000.00）的移交维修履约保证金。乙方提交的运营维护履约保证金可自动转化为移交维修履约保证金，并由乙方在上述期限内补足不足 5000 万元的部分。移交维修履约保证金可采取银行认可的银行保函形式，作为乙方履行本协议项下移交、质量保证等义务的担保。如果因项目提前终止的，则甲方有权从根据本协议应支付给乙方的补偿金额中提取伍仟万元（RMB¥50,000,000.00）作为项目移交维修履约保证金，如补偿金额不足上述移交维护保证金的金额，乙方应在补偿金额确定之日起 5 个工作日内予以补足。

15.3.2 甲方应在本协议约定的移交日后 12 个月结束后 15 日内将移交维修履约保证金扣除甲方根据本协议提取的金额后，不计息返还给乙方。

15.4 移交范围

15.4.1 在移交日，乙方应向甲方移交项目全部权利和权益，包括：

（1）项目所有建筑物、构筑物和设施；

（2）与项目相关的由乙方所有的机械、设备、装置、零部件、备品备件以及其他动产；

（3）运营和维护项目所要求的所有知识产权（包括以任何许可方式获得的）；

（4）已经向管线单位收取但尚未服务到期的剩余期限对应入廊费用和

运营维护费用；

（5）所有尚未到期、按其性质可以转让的保证、保险和其他的协议利益；

（6）土地使用权及与项目用地有关的其他权利；

（7）与运营、维护相关的运营手册、运营记录报表、移交说明、设计图纸和文件等文件资料。

15.4.2 乙方应确保项目设施应得到良好维护或处于良好运行状态，符合本协议所规定的安全和环境标准，且符合双方约定的其他移交标准。

15.4.3 乙方向甲方移交项目设施时，项目设施应不存在任何留置权、债权、抵押、担保物权或任何种类的其他请求权及涉及乙方的任何未了结的债务。截至移交日应不存在任何环境问题和环境遗留问题。

15.5 移交验收

15.5.1 在移交日期之前，甲方应在接收人和乙方代表在场时对本项目进行移交验收。乙方应确保项目设施完好并处于良好的运行状态，此为乙方通过移交验收的标准。如发现存在缺陷的，未能达到本款所述移交标准的，则乙方应及时修复。如任一方对是否达到移交标准有异议的，则由移交委员会聘请第三方机构进行评定。

15.5.2 如果未能达到验收标准（含异议情形下，经第三方机构认定未能达到验收标准的），且乙方不能自前次验收日起 30 日或双方同意的更长时间内修正任何上述缺陷，则甲方可以自行修正，由乙方承担风险和费用。甲方应有权从移交维护保证金中支取费用以补偿修正上述缺陷的支出，保证金不足以支付恢复性大修费用的，甲方有权向乙方追偿。在此情况下，甲方应向乙方提供所发生的支出的详细记录。

15.6 最后恢复性大修

15.6.1 在移交日之前 1 年，乙方应对项目设施进行一次最后恢复性大修，但此大修应不迟于移交日前 6 个月完成。大修的具体时间和内容应于移交日前由移交委员会核准。

15.6.2 最后恢复性大修应包括：核查设备制造厂商的手册提出的标准

项目；消除项目设施实际存在的缺陷，包括但不限于设施设备、建筑物等；检修、探伤、检测及易损易耗件更换等；甲方合理提出的其他检修项目。

15.6.3 最后恢复性大修应在行业主管部门的监督下，由丁方和丙方双方共同组织验收。恢复性大修费用属于运营成本，金额按工程定额确定。如果乙方不能根据本协议约定进行最后恢复性大修，甲方可以自行进行大修，由乙方承担费用和风险。甲方有权提取移交维护保证金，以补偿甲方自行最终恢复性大修所产生的费用。在此情况下，甲方应向乙方提供所发生的支出的详细记录。

15.7 移交的具体内容

15.7.1 设施设备的性能测试

（1）乙方应当在移交日前 10 日内向甲方或其授权机构发出检验通知，邀请甲方或其授权机构在检验通知指定的日期参与项目设施的性能检测，如果甲方或其授权机构明确以书面方式谢绝该邀请，或者在检验通知指定的日期怠于答复，乙方可以在甲方或其授权机构缺席的情况下进行性能测试。

（2）乙方应确保所有项目设施工况良好，性能测试所得各项性能参数都能符合相关技术规范的要求。如果所测参数不符合上述要求，甲方有权从移交维护保证金中支取相应费用以修正上述缺陷。如果移交维护保证金不足使用的，甲方承担费用之后有权向乙方追偿。

（3）如果项目设施的缺陷或损坏不符合移交标准，甲方或其授权机构有权就此获得赔偿。

15.7.2 建筑物移交

乙方向甲方移交的各项建筑物应确保建筑物外观整洁，结构无损坏，能够满足安全生产的要求。

15.7.3 备品备件的移交

（1）乙方应向接收人无偿移交项目正常维护需要的消耗性备件和事故修理备品备件。消耗性备件应根据《运营维护手册》确定。提供的事故抢修备品备件应与乙方向设备生产商购买设备时所获得的随机备品备件水平相同（水平相同系指规格一致，且质量不低于、数量不少于随机配件）。

（2）在移交日之前，甲方可以向乙方提出一份在移交范围之外的备品备件清单。乙方应尽最大努力以其可以从供应商处得到的同样优惠的价格提供，由甲方支付费用。

15.7.4 保险和承包商保证的转让

在移交时，乙方应将所有承包商和供应商提供的尚未期满的担保及保证无偿转让给接收人，并且将所有保险单、暂保单和保险单批单转让给接收人。接收人应支付或退还上述移交之后保险期间的保险费。

15.7.5 技术转让

乙方应向接收人移交乙方在合作期间形成的一切商标、专利、软件、版权、专有技术及所有知识产权或无形资产的文件。接收人将无偿拥有该等知识产权或无形资产的使用权，且仅有权将该等知识产权用于本项目及项目的扩建工程，而乙方仍为知识产权的所有权人。

15.7.6 雇员的接收与培训

（1）运营期结束的 6 个月之前，乙方应提交一份当时乙方的雇员名单，包括每个雇员的资格、职位和收入的细节。乙方还应说明在移交日之后这些雇员将可以被接收人聘用。

（2）接收人如需在移交日之前派驻人员进行培训或学习的，应不迟于移交日前 6 个月向乙方说明情况，并提供及拟派驻人员名单及简历，乙方应免费负责为上述人员提供培训。

（3）乙方应允许接收人在合理情况下与这些雇员进行面谈和面试。接收人有权自主选择在移交日之后其愿意聘用的雇员，而无义务聘用全部或任何的乙方雇员。

（4）如果接收人有意聘用部分乙方雇员，乙方应积极予以协助配合，并根据适用法律支付该等雇员的经济补偿金。

15.7.7 协议的取消、转让

如果甲方要求，乙方应解除或终止其签订的、于移交日仍有效的运营维护协议、设备协议、供货协议和所有其他协议。甲方对于解除或终止协议所发生的任何费用不负任何责任，同时乙方应确保甲方使之不为此受到损害。

15.7.8 移走乙方相关的物品

除非双方另有协议，乙方应于移交日之后 60 日内，自费从场地移走乙方雇员的个人用品以及与项目运营和维护无关的物品，如果乙方在上述时间内没有移走这些物品，甲方在通知乙方之后，可以移走并将物品转运至适当的地点以便安全保管。在此情形下，甲方搬移、运输和保管的合理费用和风险均由乙方承担，甲方有权从移交维护保证金中扣除上述费用。

15.8 缺陷责任期

15.8.1 乙方保证在移交日后 12 个月内，修复由材料、工艺、施工、设计、技术缺陷或运营期内乙方的任何违约造成的项目及其设施和设备任何部分出现的任何缺陷或损坏（正常磨损除外）。丁方对乙方的前述义务承担连带责任。

15.8.2 甲方发现任何上述缺陷或损坏责任后应及时通知乙方。在任何情况下，上述通知最迟应在移交日后 12 个月的保证期结束前送达。收到该通知后，乙方应尽快修复缺陷并承担相关费用。如果乙方在收到甲方通知后 30 日内不能或拒绝修复缺陷，甲方有权自己或请第三方修复上述缺陷。在这种情况下，乙方应支付合理且必要的修理费用，而且甲方有权提取移交维护保证金中相应金额以补偿此项费用，保证金不足支付的，甲方有权向乙方追偿。如果为符合约定的移交标准所需进行的缺陷或损害修复无法实施，或不合理地增加负担，或过于昂贵，则甲方有权因项目的性能指标降低而获得赔偿。甲方有权提取移交维护保证金获得上述赔偿，赔偿标准以实际发生为准。

15.9 风险转移

乙方应承担移交日前项目的全部或部分损失或损坏的风险，除损失或损坏是由甲方的违约所致外。

15.10 移交费用和批准

15.10.1 除非本协议另有规定，对于依据本章所进行的向接收人移交和转让项目有关的承包商的保证、技术和供应协议，甲方和 / 或接收人无须向乙方支付任何补偿或收购费用。

15.10.2 乙方和甲方应各自承担因移交和转让发生的费用和支出。甲方应自费获得所有的批准或使之生效，并采取其他可能为移交和转让所必需的行动，并且应支付与移交和转让有关的所有印花税、税收、收费和类似的费用。如果乙方未按本章规定的范围和内容进行移交，甲方为此发生支出或遭受损失，甲方有权从移交维护保证金中扣除。

15.11 提前终止移交的特殊约定

15.11.1 移交的特殊程序

（1）建设期内，若发生本协议约定的提前终止事由，乙方应自发出或收到提前终止通知之日起 15 日内制作项目设施清单报送甲方。运营期内，若发生本协议约定的提前终止事由，乙方应自发出或收到提前终止通知之日起 20 日内制作项目设施清单报送甲方。

（2）甲方应于收到乙方报送的项目设施清单之日起 20 日内与乙方共同确定移交日，如双方无法就移交日达成一致的，则依据本协议的争议解决条款处理。

15.11.2 若在建设期内本协议提前终止，乙方所有的供建设运营本项目之用的且为继续建设运营本项目所必需的资产及在建工程均应当列入移交范围。

15.11.3 若在运营期内本协议提前终止，项目运营所需的项目设施均应列入移交范围。若非属于项目运营必要的资产，但可以辅助或加强运营效能的，接收人可向乙方协商购买。

15.12 本协议移交后的效力

自移交日期开始，乙方在本协议项下的权利和义务即应终止，本协议另有规定或移交日之前发生及未付的债务除外。接收人应接管项目的运营及本协议明示或默示的，因本协议产生的于协议终止后仍然有效的任何其他权利和义务。

第 16 章　项目争议解决

16.1 项目协调委员会

16.1.1 为了有效协商解决协议履行相关争议事项，本协议生效日后 30 天之内，双方应成立一个由 3 名乙方代表和 3 名甲方代表组成的项目协调委员会。任何一方均可在通知另一方后更换项目协调委员会成员。该委员会的所有决定均应得到委员会全体成员的一致通过。

16.1.2 本协议在履行过程中的重大争议事项（包括但不限于可能导致项目建设延误超过 30 天，或出现可能导致本协议终止的其他事项），双方应提交项目协调委员会协调处理。

16.1.3 项目协调委员会在履行职责过程中，可以聘请相关的专家或其他专业机构提供专业咨询意见，相关的工作费用由乙方负责，各方自行承担派出委员的其他费用。

16.2 协调事项

协调委员会应负责按照本协议的规定协调解决本协议下或与本协议引起的终止履行有关的争议。协调事项包括但不限于：

16.2.1 协调双方在项目设施的建设及运营方面的计划和程序；

16.2.2 在发生不可抗力影响项目运营时讨论应采取的步骤；

16.2.3 影响项目设施安全的事项；

16.2.4 协调与入廊管线单位的相关争议；

16.2.5 为解决本协议项下的争议任命财务专家和专家小组；

16.2.6 其他双方同意的事项。

16.3 争议解决方式

16.3.1 因履行本协议而产生的任何争议，双方均应首先通过友好协商或通过项目协调委员会协商调解的方式予以解决，如果协商无效，任何一方均可向 ×× 仲裁委员会提起仲裁。

16.3.2 本条的效力不因本协议的终止、解除、无效或撤销受到影响。

16.4 争议期间的协议履行

争议期间项目各方对本协议无争议的部分应继续履行；除法律规定或另有约定外，任何一方不得以发生争议为由，停止项目服务、停止项目服务支持或采取其他影响公共利益的措施。

第 17 章 协议其他约定

17.1 协议生效

本协议自双方签字并加盖公章之日起生效。

17.2 协议文件构成及优先顺序

17.2.1 本协议包括全部附件，每一份附件都应被视为本协议的一部分。本协议的任何规定与本协议的附件之间有任何冲突的，应以本协议的规定为准。

17.2.2 本协议构成双方对项目的完全理解，取代双方以前所有的有关项目的书面和口头陈述、协议或安排。

17.2.3 项目文件的地位和优先顺序如下：本协议及附件、竞争性磋商文件及澄清回复、成交社会资本方竞争性磋商响应文件及澄清回复、成交通知书。

17.3 协议的修改

17.3.1 本协议履行期间，双方可根据届时有效的相关法律或法规的规定，对本协议的某一部分进行修改、补充或变更；双方确认的对本协议的有效的修改、补充或变更的书面文件，均与本协议具有同等法律效力。如其内容与本协议存在冲突或矛盾的部分，以修改、补充或变更的内容为准。

17.3.2 本协议任何修改、补充或变更必须经双方协商一致并签字盖章后方具有法律约束力。如果根据届时有效的相关法律或法规的规定而需要政府有关部门审查批准的，则自政府有关部门审查批准之日起对甲乙双方产生约束力。

17.4 协议的转让

17.4.1 甲方可将本协议下的全部或部分权利或义务转让给市政府指定的政府机构或部门，除此之外，未经乙方事先书面同意，甲方不得转让其本协议项下全部或部分的权利或义务。

17.4.2 本协议项下经营权不得转让、出租、抵押或设定其他担保。未经甲方书面同意，乙方不得将在本协议或与本项目有关的其他协议项下的权利转让、出租、抵押、质押或设定其他担保。

17.4.3 以本项目融资为目的，乙方有权在项目相关权益设置质押或其他担保权。

17.5 双方往来文件的权属

17.5.1 由甲方向乙方提供的文件和计算机程序及其他一切文件，或者主要在这些文件和计算机程序的基础上制作的文件和程序，应属于甲方的财产。这一规定适用于上述文件和计算机的程序的所有复制件。这些文件、计算机程序或其复制件只能由乙方用于项目之目的。除非甲方和乙方另有协议，否则这类文件、计算机程序或复制件应在项目合作期结束之际归还甲方。

17.5.2 由乙方向甲方提供的文件和计算机程序及其他文件，应属于乙方的财产。这些文件、计算机程序或其复制件只能由甲方用于项目之目的。

17.6 保密

17.6.1 任何一方或其雇员、承包商、顾问或代理人获得的所有资料和文件（不论是财务、技术，还是其他方面），未经另一方事先书面同意，在项目终止之后的3年内不得向第三方透露或公开，但是法律要求的除外。

17.6.2 双方应确保各自接触到这些文件、计算机程序及其复制件的有关雇员遵守本协议相关的保密规定。

17.7 通知的送达

17.7.1 甲、乙双方因履行本协议而需由一方发给对方的任何通知应以书面方式发出。该通知可以专人送达、传真、特快专递或挂号方式送达的方式发出。所有的通知应送达本协议项下对方当事人的地址或该方事先通知的其他地址或传真号码（该地址或传真号码有变动的，应至少提前 3 日通知对方）。

（1）甲方：　　　　　　　　；

地址：　　　　　　　　；

收件人：　　　　　　　　；

邮编：　　　　　　　　；　　传真：

（2）乙方：　　　　　　　　；

地址：　　　　　　　　；

收件人：　　　　　　　　；

邮编：　　　　　　　　；　　传真：

17.7.2 上述通知、要求或信息，以专人送达的，以接受方在送达回执上的签收时间为送达日；以传真方式送达的，以发送之日为送达日；以特快专递或挂号方式送达的，以接受方在相应邮寄凭证上签收之日为送达日。

17.7.3 在本项目合作期内，甲乙双方应各自指派 1 名日常事务代表，代表乙方与对方进行日常事务的联系和沟通。双方应将自己的日常事务代表书面通知对方，若需变更，则应提前 10 日将继任人书面通知对方，否则视为未变更。

17.8 不弃权

除非另有规定，一方未行使或延迟行使本协议项下的权利、权力或特权并不构成放弃这些权利、权力和特权，而单一或部分行使这些权利、权力和特权并不排斥行使任何其他权利、权力和特权。

17.9 可分割性

本协议任何一条款成为非法、无效或被撤销，并不影响本协议其他条款的有效性及可强制执行性。

17.10 信息披露

为维护公共利益、促进依法行政、提高项目透明度，协议各方有义务按照法律法规和本协议约定，向对方或社会披露法律法规要求披露的信息。

17.11 协议份数

本协议一式【　】份，甲乙双方各执【　】份，丙方、丁方各执【　】份，其余份用于办理相关审批、核准、备案、登记或其他手续。各份具有同等法律效力。

（本页无正文，为《某市地下综合管廊 PPP 项目公司股东协议》的签字盖章页）

甲方： （公章） 法定代表人/授权代表（签名） 职务：　　联系方式：	乙方： （公章） 法定代表人/授权代表（签名） 职务：　　联系方式：
丙方： （公章） 法定代表人/授权代表（签名） 职务：　　联系方式：	丁方： （公章） 法定代表人/授权代表（签名） 职务：　　联系方式：

签约地点：中华人民共和国某市　签约时间：【　】年【　】月【　】日

附件一：各管廊项目基本情况表

序号	道路名称	长度（km）	2015 年实施	2016 年拟实施	2017 年拟实施	2018—2019 年拟实施	2020 年拟实施
1	长滨路	2.24	√				
2	长滨十七街	2.00	√				
3	海秀路	1.71	√				
4	美安四横路	3.25		√			
5	天翔路	0.92	√				
6	海涛西路	1.80	√				
7	长秀大道	3.40	√	√			
8	长滨东八街	0.95			√		
9	长滨西八街	0.85			√		
10	经一路	2.11		√			
11	美安一纵路	1.35		√			
12	椰海大道（西段）	5.00		√			
13	江东大道（二期）	3.20		√			
14	海涛东路	3.77		√	√		
15	长秀大道（东段）	0.43		√			
16	长滨十七街（西段）	1.90			√		
17	长滨路（南段）	0.80		√			
18	美安大道	3.25				√	
19	主二路	3.20				√	
20	兴洋大道北段	4.75				√	
21	兴洋大道南段	5.5					√
22	桂林洋大道	6.00					√
23	次 5 路	2.00				√	
24	次 13 路	2.50					√
25	次 7 路	1.10					√
26	灵桂大道	1.70				√	
27	长椰路	1.00		√			

续表

序号	道路名称	长度（km）	2015 年实施	2016 年拟实施	2017 年拟实施	2018—2019 年拟实施	2020 年拟实施
28	新海中路	0.90		√			
29	规划一路	1.40		√			
30	规划二路	1.66			√		
31	盐灶路	0.35			√		
32	八灶路	0.78		√			
33	规划一路	1.10				√	
34	规划二路	0.50				√	
35	规划三路	0.50				√	
36	丁村北	4.98				√	
37	长堤路	2.50			√		
38	国兴大道	3.00				√	
39	规划路	1.20					√
40	规划路	1.20					√
4，	规划路	2.97					√
42	龙昆南路以东段	5.10			√		
43	海榆中线—丘海大道	2.00		√			
合计		96.47					

附件二：某市地下综合管廊 PPP 项目绩效考核办法

为进一步提升某市地下综合管廊运营维护质量和效率，有效促进地下综合管廊运营维护常态化和精细化水平，通过科学和定量考核，进行全过程跟踪检查、督办、考评，结合工作实际，制定本办法。

一、考评对象

地下综合管廊建设运营单位

二、考评内容

地下综合管廊项目设施维护、运行、应急保障措施及客户满意度等。

三、考评方法

根据地下综合管廊行业工作特点，按照年度不同、运营维护周期制定考评细则，主要考核乙方是否按照规定的标准、时限和质量完成工作任务。经检查督办未进行整改的对照考评细则加倍扣分；将新闻媒体曝光、晨检、夜查，以及社会反映的问题纳入考评工作范畴；在地下综合管廊日常运营期间，每月抽查一定比例管线，检查运营维护等项工作。日常运营期巡查发现问题，按标准扣分，督办未整改的加倍扣分。考评采取日常巡查督办、重点项目、定期联合考评、基础工作考评等形式进行，实行百分制。

1. 日常监督考评。每日进行巡查，对照考评细则标准，发现问题，现场拍照、记录，按标准扣分，并下达限期督办整改通知，未按时限整改的加倍扣分，扣分结果列入当月考评成绩。

2. 定期联合考评。每个季度组织管线途经区域入廊单位相关人员，集中进行联合互检互查考评，随机抽查管线，对检查发现的问题现场打分，按标准扣分，并对检查问题进行通报。

3. 社会监督考评。将新闻媒体曝光、晨检、夜查，以及社会反映的问题纳入日常考评工作，按标准扣分，经核实造成影响的 5 倍扣分，对重大问题、造成不良后果的 10 倍扣分。

4. 基础工作考评。按照考评细则的内容进行检查，年终进行一次，考评结果列入年度考评成绩。

四、考核主体

由某市住房和城乡建设局会同相关行业主管部门进行考核。

五、评分办法

考评采取满分百分制：项目设施维护考核 40 分、项目设施运行考核 30 分、应急保障措施考核 20 分、客户满意度考核 5 分及实际收费情况考核 5 分。

六、运营维护费核定

根据日常监督考评、定期联合考评、社会监督考评结果，计算季度考评成绩，提供给项目实施机构作为计算绩效考核评分的依据，由市财政部门根据绩效考核评分核定相应季度的运营维护费。

开始正式运营后，实行打分制并设定及格线 90 分。当期考核得分 90 分及以上，支付比例为 100%；得分低于 90 分视为不合格，按低于及格线每分处以 10 万元违约金。

某市住房和城乡建设局有权根据适用法律法规政策规定和项目实际情况对本绩效考核办法进行适当调整。

某市地下综合管廊绩效考核表

绩效考核包括入廊收费情况、项目设施定期维护、项目主体设施日常巡检、项目设施运行考核、资金使用和管理、社会影响等。总分为 100 分，及格分为 90 分。各项分值及具体考核办法如下表：

1. 入廊收费情况

入廊收费情况考核总分 20 分，最多扣 20 分，具体考核项目、要求、标准明细如下：

序号	考核项目	考核要求	考核标准
1	入廊协议签署情况	项目公司（乙方）应当与入廊管线单位签署入廊协议	管线单位已经入廊但未与项目公司（乙方）签署入廊协议的，每发现一例扣 2 分

续表

序号	考核项目	考核要求	考核标准
2	入廊费和运营维护费用的收费标准	项目公司（乙方）和管线单位应当按照PPP项目协议的要求约定入廊费用和运营维护费用	违反PPP项目协议的要求约定入廊费和运营维护费的，每发现一例扣2分
3	入廊费的收取	按照入廊协议的约定及时足额收取入廊费	未按照入廊协议的约定及时足额收取入廊费的，每发现一例扣2分
4	运营维护费用的收取	按照入廊协议的约定及时足额收取运营维护费用	未按照入廊协议的约定及时足额收取运营维护费的，每发现一例扣2分

2. 项目设施定期维护

项目设施定期维护考核总分36分，最多扣36分，具体考核项目、要求、标准明细如下：

序号	考核项目	考核要求	考核标准
1	供电系统的正常运行	系统变配电站正常运行、电力电缆线路正常运行、防雷及接地设施正常运行	每1处问题扣1分
2	照明系统的正常运行	照明系统控制功能正常运行；亮灯率95%以上（含95%）；应急照明功能正常运行；安全疏散照明正常运行；配电箱及照明灯正常运行	每1处问题扣1分
3	消防系统的正常运行	火灾自动报警系统正常运行；灭火系统以及防火分隔；灭火器材正常运行	火灾自动报警系统异常的扣2分，其余每处问题扣1分
4	通风系统的正常运行	风机正常运行；通风口、风管正常运行；排烟防火阀正常运行；空调系统正常运行	每1处问题扣1分
5	排水系统的正常运行	管道阀门正常运行；水泵正常运行；水位仪正常运行	每1处问题扣1分
6	标识系统的正常运行	设置规范，标牌无倾斜、破损、污渍等；标识无错误、标牌无缺失等	设置不规范、标牌倾斜、外表破损、污渍等，每1处问题扣0.5分；标识错误、标牌缺失，每1处问题扣1分
7	监控报警系统的正常运行	监控中心机房正常运行；计算机与网络系统正常运行；闭路电视系统正常运行；现场监控设备正常运行；传输线路正常运行；通信系统正常运行	每1处问题扣1分
8	项目设施及附属工程清洁情况	项目设施及附属工程应保持整洁	每1处问题扣0.5分

续表

序号	考核项目	考核要求	考核标准
9	管廊内清理疏通情况	管廊内清理疏通应每周一次	一个星期内未对管廊内清理疏通的，每发现一次扣 1 分
10	管廊状态	管廊内裂缝、变形、腐蚀、缺损等情况	发现管廊内轻微裂缝扣 0.5 分，发现严重裂缝扣 1 分；发现管廊变形扣 1 分；发现管廊腐蚀现象扣 1 分；发现管廊轻微缺损扣 0.5 分，严重缺损扣 1 分

3. 项目主体设施日常巡检

项目主体设施日常巡检考核总分 10 分，具体考核项目、要求、标准明细如下：

序号	考核项目	考核要求	考核标准
1	巡检人员的配备	按照有关要求，配备相应的维护人员	未配备符合要求的维护人员的扣 3 分
2	巡检人员的培训	对巡检人员进行巡检培训	未对巡检人员进行巡检培训的扣 3 分
3	日常巡检	建立日常巡检制度、做好日常巡检记录	每 1 处问题扣 2 分
4	巡检安全保护措施	巡检人员是否采取防护措施、是否配备防护装备	每 1 处问题扣 2 分

4. 项目设施运行考核

项目设施运行考核总分 22 分，具体考核项目、要求、标准明细如下：

序号	考核项目	考核要求	考核标准
1	项目设施及附属系统工程	项目设施及附属系统工程故障频率	故障频率在 1%~4% 的扣 2 分；故障频率在 5%~10% 的扣 4 分；故障频率在 10% 以上的扣 5 分
2	安全作业	建立安全作业规则，工作人员入廊得到相关培训并保障工作人员的安全	未建立安全作业规则的扣 3 分，入廊工作人员未得到相应培训的扣 1 分，工作人员安全责任事故的扣 3 分
3	突发事件	制订消防、水管爆裂、燃气泄漏、防盗等突发事件的应急预案，突发事件发生后的 10 分钟内，应当及时通知有关管线单位进行抢修等处理	未制订消防、水管爆裂、燃气泄漏、防盗等突发事件的应急预案的扣 3 分，突发事件发生后未能在 10 分钟内通知管线单位的扣 2 分

续表

序号	考核项目	考核要求	考核标准
4	安全检查	制订安全检查计划，并定期开展安全隐患排查工作	未制订安全检查计划的扣2分，未定期开展安全隐患排查的扣1分
5	备品备件	备品备件和应急物资的种类与数量应满足相应的需求	备品备件不满足需求的扣1分，应急物资不满足需求的扣1分

5. 资金使用和管理

资金使用和管理考核总分6分，具体考核项目、要求、标准明细如下：

序号	考核项目	考核要求	考核标准
1	资金的执行使用管理情况	资金下达及时，执行率高（90%以上），使用安全，管理规范	每发现1处扣1分
2	对试点工作的推进情况	管理和使用情况符合规范且未对试点工作造成严重影响	资金管理和使用情况不符合规范且对试点工作造成严重影响的，扣2分

6. 社会影响

序号	考核项目	考核要求	考核标准
1	社会及客户的投诉情况	不得有投诉情况	每发现1例扣1分
2	媒体舆论情况	媒体不得有负面评论	每发现1例扣2分

附件三：运营维护技术要求

一、总体要求

1.PPP 项目公司应成立专门的运营维护部门，组建专业运营队伍，管理、技术人员的配备应不少于现场操作人员的 20%。

2. 设置不小于 500 平方米备品备件及应急物资仓库，以及不小于 1000 平方米的养护场地。

3. 设置专用运营场所：管线业务服务站 1 个（面积不小于 30 平方米）、监控中心 6 个（西海岸片区、江东片区、新海港片区、美安科技新城各 1 个，中心城区棚改区 2 个）。

4. 运营单位应制订运营维护管技术方案，内容包括管理制度、工作流程、质量控制措施、应急预案等。

二、运营要求

1. 现场操作人员配备不少于 112 名，具体如下：

片区	监控中心数量	监控值班兼消防员（名）	高压电工兼巡视员（名）	业务受理员（名）	合计
西海岸片区	1	8	16		24
江东片区	1	8	16		24
中心城区棚改区	2	16	16		32
新海港片区	1	8	8		16
美安科技新城	1	8	8		16
管线业务服务站				3	3
合计	6	48	64	3	115

其中，监控值班兼消防员须具备建（构）筑物消防员职业资格、高压电工兼巡视员须持进网作业许可证（高压），均须统一着装。

2. 运营车辆配备每片区不少于 1 辆，以 7 座及以上小客车或普通小

型货车为宜

3. 运营值班工作要求

（1）综合管廊应实行24小时不间断运行管理，及时处理各类突发情况；

（2）配备具备相应职业资格和上岗技能的值班人员，每班次不少于2人；

（3）监视、检查管廊设施运行状况和环境动态，及时发现运行中存在的问题；

（4）操控各类机械、设备，为安全巡视和管线施工提供便利；

（5）保持通信畅通，及时报告运行情况；

（6）做好综合管廊运行记录。

4. 安全巡视工作要求

（1）廊内和路面设施安全巡视每日不少于1次，每班次巡视人员不少于2人，20千米以上片区不少于4人；

（2）廊内巡视以管廊结构和自有设施为主，协助做好管线巡视；

（3）路面巡视应重点检查出入口设施和各类路面井盖，遇有损坏应做好警示措施并报修；

（4）妥善处理巡视中发现的问题，及时报告并做好记录。

5. 管线业务工作要求

（1）设置管线业务办理场所，并在场所内公开业务流程、收费标准、空间分配方案、服务规范、工作人员等相关信息，工作人员不少于3人；

（2）受理管线入廊（拆除）申请，办理管线入廊收费相关事宜，及时进行技术分析，并在15个工作日内给予答复；

（3）查验入廊相关手续和出入人员身份证明；

（4）加强施工现场管理，发现并纠正违规作业行为；

（5）提供人员、机具、材料出入廊和临时借电、照明、通风、排水等服务；

（6）做好管线竣工资料备案，建立入廊管线档案库。

三、维护要求

综合管廊运营单位应按照相关技术标准制订技术巡检、保洁保养、维修更换、专业检测等设施维护工作的年度计划、作业流程、环境保护与维护质量控制措施。

1. 主要设施运行技术要求

（1）主体结构性能达到设计标准；

（2）消防设施完好率达到 100%；

（3）照明设备完好率达到 97%；

（4）其他机电设备完好率达到 95%。

2. 主要设施保洁要求

（1）控制中心、管理用房清扫不少于 1 次 / 日；

（2）设备用房清扫不少于 1 次 / 月；

（3）廊内地面、通风口、投料口清扫不少于 1 次 / 月；

（4）廊内立面和顶部不少于 1 次 / 季；

（5）排水沟、集水井清淤不少于 1 次 / 半年。

3. 技术巡检要求

（1）结构渗漏水、裂缝检查不少于 1 次 / 季；

（2）机电设备外观检查、试车不少于 1 次 / 月。

4. 主要设备保养要求

（1）弱电设备保洁、保养不少于 1 次 / 月；

（2）风机、水泵保养不少于 1 次 / 半年，宜在汛期前、后实施；

（3）其他机械设备清洁、防腐处理、润滑保养不少于 1 次 / 年；

（4）铁件防腐处理不少于 1 次 / 年，锈蚀严重时可增加频次。

5. 专业检测要求

（1）结构沉降和形变检测不少于 1 次 / 年，地质结构不稳定或管廊周边有地下建（构）筑物建设工程时应增加检测频次；

（2）建筑消防设施检测不少于 1 次 / 年；

（3）其他专业检测项目按照相关技术标准或视设施运行状况组织实施。

6. 综合管廊设施出现下列情形时，应组织实施大中修工程

（1）达到设计年限或使用寿命；

（2）混凝土结构耐久性、结构裂缝或防水性能低于设计标准并无法用常用方法修复；

（3）因自然灾害或人为事故造成设施严重损坏；

（4）该系统的年度设备维修（更换）费用超过重置费用的 50%；

（5）其他经专业检测或专家鉴定的重大病害或系统性故障。

大中修滚动项目库（参考）：

序号	项目	周期	说明
1	其他弱电设备大修	6~8 年	技术大幅度落后或经检测存在系统性整体性故障
2	S 型热气溶胶灭火装置到期更换	7 年	产品标注有效期
3	计算机及通信设备大修及更新改造	8~10 年	技术大幅度落后或经检测存在系统性整体性故障
4	悬挂式超细干粉灭火装置强制报废	10 年	《灭火器维修与报废规程》（GA95—2007）
5	其他消防设备大修	10~15 年	达到使用年限或经检测存在系统性整体性故障
6	供配电设备、电力线路、通信线路大修	25 年	达到使用年限或经检测存在系统性整体性故障
7	沉降位移引起的结构较大病害大修	按需	视结构病害情况
8	预埋管堵塞及断裂掘路维修	按需	无法疏通或贯穿时
9	道班房结构大修	按需	较大程度漏水、裂缝、地基塌陷或被鉴定为危房

四、安全管理要求

1. 综合管廊运营单位应建立安全岗位责任制，配备至少 1 名专职安全管理人员，并制定安全教育、安全检查、安全考核等安全管理制度以及防火、防盗、防入侵等安全防范措施。

2. 综合管廊运营期间运营单位应接受并配合公安、消防、安全生产等行政主管部门的安全检查。

3. 综合管廊运营期间发生安全责任事故，运营单位应依据安全生产法规的相关规定进行报告、处置、责任认定和追究。

4. 综合管廊运营单位应会同入廊管线单位制订自然灾害、设备事故、管线事故等应急处置预案和联络协调机制，并定期进行演练。

第七章　城市管廊 PPP 项目的融资

一、资金来源

（一）政府

融资是政府推广 PPP 首要解决的问题。从资金来源看，中央财政发挥了“四两拨千斤”的作用，积极引导地下综合管廊建设，通过现有渠道统筹安排资金予以支持。

根据《关于开展中央财政支持地下综合管廊试点工作的通知》，中央财政对地下综合管廊试点城市给予专项资金补助，一定 3 年，具体补助数额按城市规模分档确定，直辖市每年 5 亿元，省会城市每年 4 亿元，其他城市每年 3 亿元。对采用 PPP 模式达到一定比例的，将按上述补助基数奖励 10%。

（二）社会资本

建设主体鼓励由企业投资建设和运营管理地下综合管廊，可由当地政府直接控制的国有企业和具有建设经验的社会资本合资成立项目公司，以此项目公司成为建设主体。

地下综合管廊的使用单位主要是电力、通信、广播电视、给水、排水、热力、燃气等市政管线单位。为鼓励七大管线单位付费入廊，政府需要加大力度协调管线单位，但由于管线单位中比如电力、通信等往往是省管，可能会造成阻力，那么，政府可以允许管线单位入股项目公司。所以，建议政府以政府背景公司联合当地管线单位组成联合体，再引入具备资金实力、建设能力和经验的社会资本成立项目公司，作为融资主体。

在地下综合管廊建设中，拥有资金和建设实力的央企公司在项目竞争中优势最为明显，如中国铁建、中国中铁、中国中车等往往会采用“投融资 + 设计施工总承包 + 回报”模式介入管廊基建项目中，通过自身实力缓解地方基建项目的融资难题。

（三）金融资本

同时，开发性金融也充分发挥作用，相关金融机构也在积极加大对地下综合管廊建设的信贷支持力度。根据融资方式的不同，管廊 PPP 项目融资可分为股权融资和债权融资。常见的股权融资方式有基金、信托、IPO 等；常见的债权融资方式有银行贷款、企业债、银行间市场债务融资工具、项目收益债、项目收益票据、资产证券化、融资租赁、资管计划、保险投资债权计划等。

二、融资策略和工具

（一）融资模式

根据地下综合管廊建设的不同阶段，可以采取不同的融资模式。

1. 破冰及初级建设阶段

建议先从产业园区试水，采用 PPP 建设模式中的 BOT（建设—运营—转让）或者 BOO（建设—拥有—运营），即由项目公司负责建设园区中的地下综合管廊，并且提供能源供应服务（如在园区建筑物顶层布放收集太阳能的装备并转化为电能为园区供电等），通过园区中的企业、居民等支付能源费用、管线单位支付入廊费用等作为项目公司的回报。这个阶段，项目公司可以向银行申请 PPP 贷款或项目贷款。

2. 地下综合管廊的快速发展阶段

这时，已有若干条地下综合管廊建成或投入运营，下一步应当考虑如何由点及面，推广建设。建议从城市整体布局考虑，建立地下综合管廊建设基金，由项目公司引入社会资本、保险资金、银行资金等中长期资金作为优先级，并设置 5+5+N 的期限（类似永续债的期限安排），允许优先级投资人在每 5 年行使重定价权并选择是否继续持有基金，允许优先级投资人的退出和加入，优化基金的流动性。

3. 地下综合管廊的成熟运营阶段

此时，城市地下综合管廊基本建设完毕，当地项目公司主要进行管廊的运营。这时的资金需求主要是营运资金和改扩建资金需求。由于项目公司已经具有一定规模和实力，能够获得较高的外部评级，可以通过资本市场、债券市场融资，通过 IPO、企业债、短期融资券、中期票据、项目收益票据等直融方式筹集资金，也可以通过 PPP 贷款等间接方式筹集资金。具备条件的项目公司可以开始考虑参与其他城市的项目竞标，这时可以通过并购债、并购贷款等来解决资金。

（二）融资工具

综合管廊 PPP 项目由于投资金额规模大，投资期限长，通常会借用一些金融工具，保证项目的顺利实施。例如，银团贷款、融资租赁、工程保理贸易融资、资产证券化、基金等一系列结构化安排。

1. 银行贷款

这是 PPP 项目融资最常用的融资工具，是 PPP 项目公司通过向一家或几家银行金融机构发出委托函，通过银行间市场按相同条件组织几家甚至十几家、几十家银行参与的银团。银团贷款在 SPV 组建过程中提供无追索权或者有限追索权贷款，期限长、利率低，是项目融资中分散风险最有效的方法，同时，也是保证 PPP 项目融资顺利实施，保护投资者利益最好的模式。

2. 银行理财借道支持

银行理财产品参与管廊 PPP 项目主要通过与信托公司等金融机构合作，由银行募集资金，信托公司负责投资 PPP 项目。银行理财资金进入 PPP 项目主要通过项目公司增资扩股或者收购投资人股权，并作为机构投资人股东，获得固定回报，并不承担项目风险，只是名义上的股东。退出时有股权转让和直接减资两种方式，股权转让是指项目公司支付股权受让金，直接减资是由银行支付给信托公司资金，然后返还给银行理财账户，程序相对复杂。

3. 融资租赁

这是集融资与融物、贸易与技术更新于一体的新型金融产业。由于其融资与融物相结合的特点，出现问题时租赁公司可以回收、处理租赁物，因而在办理融资时对企业资信和担保的要求不高，所以比较适合管廊企业融资。融资租赁属于表外融资，不体现在企业财务报表的负债项目中，不影响企业的资信状况。

4. 工程保理

工程保理又称托收保付，管理 PPP 项目建设和运营中，项目公司将其现在或将来的基于其与买方订立的服务合同所产生的应收账款转让给保理商（提供保理服务的金融机构），由保理商向其提供资金融通、销售账户管理、信用风险担保、账款催收等一系列服务的综合金融服务方式。

5. 资产证券化

资产证券化是通过在资本市场和货币市场发行证券筹资的一种直接融资方式，它将缺乏流动性但具有可预期收入的资产，通过在资本市场上发行证券的方式予以出售，以获取融资，以最大化提高资产的流动性。资产证券化在一些国家运用得非常普遍。由于管廊 PPP 项目需求弹性小，价格稳定，因此可以带来稳定的现金流。同时，PPP 项目通过收费方式收回前期投资，在项目开始前可以对项目进行充分尽职调查，而且公共项目由于使用价格稳定，所以其现金流可以很好地被预测。

6.PPP 基金

《国家发展改革委关于开展政府和社会资本合作的指导意见》（发改投资〔2014〕2724 号）中明确提出："鼓励项目公司或合作伙伴通过成立私募基金、引入战略投资者、发行债券等多种方式拓宽融资渠道。"PPP 项目私募基金得到政策的支持，这与 PPP 项目自身的特点关系密切，PPP 项目的各主体之间的关系复杂，投资规模大，回收时间长，因此 PPP 项目需要较为灵活的融资方式。通过设立 PPP 基金，运用规模化及专业化的运营方式降低融资成本，可以避免传统融资方式的瓶颈。

PPP 基金模式是近年来较为重要的融资模式创新。PPP 基金的优点在于融资便利，基金的合理架构有利于通过灵活设计风险和利润分配结构，来吸引各类风险偏好不同的投资人参与。从实践来看，一般情况下 PPP 基金的潜在资金至少有银行资金（例如政策性银行），以稳健收益而非高收益为目标的保险资金、社保基金等，以及追求一定回报率的社会资本。理论上只要有风险和收益率设计合理的投资产品，这些基金完全有动力去投资，而一般而言 PPP 并不缺少内部收益率在 7% 以上的项目，并且一些研究显示，国际上一般 BOT 项目内部收益率还普遍在 10%~20%，这些收益率都高于或显著高于我国当前养老金等的实际收益率。

7. 项目收益债

43 号中明确项目收益债是 PPP 项目的融资方式之一。项目收益债券是与特定项目相联系的，债券募集资金用于特定项目的投资与建设，债券的本息偿还资金完全或基本来源于项目建成后运营收益的债券。项目收益包括但不限于直接收费收入、产品销售收入、财政补贴以及因项目开发带来的土地增值收入。证券公司可以为符合条件的 PPP 项目公司设计债券结构，通过发行项目收益债进行融资。但是同时证券公司受制于资金来源和牌照等限制，主要会以服务中介的形式参与 PPP 业务，其介入程度无法和银行、保险相比。

8.REITS+PPP 模式

REITS——房地产信托投资基金，起源于马萨诸塞商业信托，主要用于房地产领域的金融工具。房地产与 PPP 项目的共性是投资大、投资期长，重资产运营模式，REITS 恰恰是将重资产运营模式转化为轻资产模式。

采用 REITS 模式不涉及资产转移、风险隔离等环节，直接投资项目公司股权，使部分社会资本退出。或是 REITS 收购项目公司的资产，再采用“售后回租”的方式，使项目公司仍然保留特许经营权，盈利方式转为运营管理费，这样一来，项目公司摆脱了重资产运营模式，社会资本也能提早获得投资回报。

9.PPP 资产交易平台

2017 年 2 月 28 日和 3 月 1 日，财政部政府和社会资本合作中心（PPP 中心）先后与天津金融资产交易所和上海联合产权交易所合作成立 PPP 资产交易平台。PPP 资产交易平台促进了 PPP 资产的流动性，优化市场配置，直观反映 PPP 市场的供需情况。交易平台采取信息公开的方式，增强市场透明度，能够逐步建立起良好的信用环境体系。另外，交易平台累积大量交易数据和项目实况数据，通过数据分析，进而判断项目的全生命周期可能存在或发生的风险，以做好监管和风控措施。其实，最重要的一点还是社会资本能够借此平台顺利退出，但这不是一朝一夕能够实现的。未来能够在 PPP 资产交易平台流通的产品，多是标准化产品，而目前 PPP 项目发展参差不齐，部分 PPP 项目只是原有 BT 或 BOT 项目改装而来，很难实现标准化。另外，PPP 领域至今未在国家层面立法，缺少法律依据和底层架构，在利益链条相互交错的交易结构中，社会资本难以获得保护，这直接阻碍 PPP 资产的交易和流通。

10.PPP+ 互联网金融

从去年开始，国家加强对互联网金融的整治工作，在国务院的政策指导下，各省市金融办等机构加大对本地的 P2P 等互联网金融平台的监管，责令不合规的平台整改或关闭。其实，互联网金融的交易结构主要由三部分组成——资产端、运营端和用户端，其中最核心的是资产端。“资产荒”让越来越多的互联网金融平台难以为继。

PPP 项目的资产端是极好的，部分基础设施项目既有建成的固定资产作为基础，又有政府付费或兜底承诺，入库的项目还经过物有所值和财政承受能力评价，未来发生风险的概率非常低。即使发生了风险，还有政府这个大靠山。从收益率方面来看，PPP 的平均收益率在 8% 左右，相对于银行理财收益仍有一定的竞争优势。

互联网金融与 PPP 的优质资产端结合后，不仅可以降低投资风险，也能够让广大普通投资者参与到PPP项目的投资中，降低了PPP的投资门槛。

三、融资组合

（一）股权融资

股权筹资形成股权资本，是企业依法长期拥有、能够自主调配运用的资本。股权资本在企业持续运营期间内，投资者不得抽回，因而也称为企业的自由资本、主权资本或股东权益资本。股权资本是企业从事生产经营活动和偿还债务的本钱，是代表企业基本资信状况的一个主要指标。企业的股权资本通过吸收直接投资、发行股票、内部积累等方式取得。股权筹资项目，包括实收资本（股本）、资本公积金、盈余公积金和未分配利润等。其中，实收资本（股本）和实收资本溢价部分形成的资本公积金是投资者的原始投入部分；盈余公积金、未分配利润和部分资本公积金是原始投入资本在企业持续经营中形成的经营积累。

股权资本由于一般不用还本，形成了企业的永久性资本，因而财务风险较小，但付出的资本成本相对较高。以股权为主的融资模式包括股权出让融资、增资扩股融资、产权交易融资、杠杆收购融资、引进风险投资、投资银行投资、国内上市融资、境外上市融资、买壳上市融资等。

由于管廊PPP项目较为复杂，建设期较难通过股权融资，除承包商、运营商等发起人，股权融资仅限部分专业投资机构以及专业投资基金。当PPP项目进入运营期，投资风险逐步降低，可能会有部分愿意获得稳定收益的保险、养老等资金进行股权投资，这时候部分项目发起人逐步通过股权交易、退出项目，提前实现投资收益，或者寻找投资机会。

一般来说，作为PPP项目公司的股东，其特别的优势在于能够获得项目运营收益，通过参与或掌握公司的整体运营，而掌控其收益大小，多劳多得。除此之外，如果股东同时为项目公司的服务提供商或货物供应商，其还能以此获得更有利的商业机会。但相较于其他债权类的出资人，其劣势在于，股东对于公司财产收益分配的优先权最弱，其只有等债权人的债权获得满足时才能获得其股权投资的收益。总的来说，利用股权投资，风险最大的同时收益也最大。常见的股东是项目参与方、当地投资者、政府、特许权获得方、机构投资者、双边或者多边组织等。

（二）PPP 基金融资

PPP 基金从组织形式来看，可分为公司型、契约型和有限合伙型。公司型基金是按公司法成立的法人实体。有与一般公司相类似的治理结构，基金很大一部分决策权掌握在投资人组成的董事会手中。与公司型基金不同，契约型基金不是法人，必须委托基金管理公司管理运作基金资产，投资者作为信托、资管等契约的当事人和 PPP 基金的受益者，一般不参与管理决策。有限合伙型基金一般由普通合伙人（GP）和有限合伙人（LP）组成，普通合伙人只占基金的少数，但负责基金的投资和运作，有限合伙人是基金的主要投资者，不直接参与基金管理，保留一定的监督权，对投资活动承担有限责任，并享受优先分红。

在 PPP 模式下的基金组织形式普遍为有限合伙型，GP 承担无限责任，除了承担基金的管理运作职能外，一般还担任劣后级，优先承担一定比例的投资风险和损失，对 LP 负有保值增值义务，且双方按照约定的绩效指标对收益进行分账。

PPP 基金具有杠杆融资机制，通过一定的资本金可以撬动更多的资本介入，其增信设计主要以结构化方式进行内部增信，一般主要方式是社会资本和金融机构作为优先级，政府作为劣后级。此外，其他的增信措施还有土地抵押担保、收益质押担保、第三方担保等。

PPP 基金参与管廊 PPP 项目投资具有灵活的特点，既可以投资地方政府确定的项目公司（特许经营公司或运营公司），作为股东持有项目公司股权，参与项目公司建设运营，分享项目公司收益；也可以债权或股权债权相结合的方式对 PPP 项目进行投资；还可参股地方政府发起设立的 PPP 基金。

（三）债权融资

债权融资表示公司通过借贷的方式，向公司外部（也可以向股东借款）融资。债权融资的类型有银行信贷、中票、企业债、信托融资、项目融资、租赁等。

对于债权人来说，降低其投资风险的方式一般有三种：其一，获得银行或者第三方的担保；其二，尽量选择预付一定比例或者按比例分阶段支付投资款项以为自己留有资本缓冲；其三，选择突破有限责任公司的责任限制而向股东追索公司债务，而达到该目的一般只要得到股东的特别承诺即可，其本质无外乎是第三方担保。这种情况主要出现在项目的某个环节风险过高而难以获得投资时，股东作为项目公司的所有人更愿意在针对这一环节承担额外的担保责任。

债权出资与股权出资相比，借款人的优势重点体现在利益的优先分配早于股东获得受偿，而劣势在于收益有限。一般来看，债务偿还往往以固定或者浮动利率为基准、由债务人按周期支付。

1. 项目融资

狭义的项目融资是指具有无追索或有限追索形式的融资活动，即融资不是主要依赖项目发起人的信贷或所涉及的有形资产，而是依赖项目本身的效益。项目融资的基础和保证是拟建设项目未来的现金流量和项目建成后所形成的资产的价值。

根据《项目融资业务指引》（银监发〔2009〕71 号）规定，项目融资，是指符合以下特征的贷款：（1）贷款用途通常是用于建造一个或一组大型生产装置、基础设施、房地产项目或其他项目，包括对在建或已建项目的再融资；（2）借款人通常是为建设、经营该项目或为该项目融资而专门组建的企事业法人，包括主要从事该项目建设、经营或融资的既有企事业法人；（3）还款来源主要依赖该项目产生的销售收入、补贴收入或其他收入，一般不具备其他还款来源。

PPP 项目多为项目融资，并且多希望成为无追索权的项目融资。但是在我国，由于银行信贷方式及风险控制模式不同，PPP 项目多为银行信用融资或有追索权的项目融资，并要求母公司或政府（国有企业）进行担保。完整意义的无追索权项目融资目前阶段很难实现。

2. 贷款与贷款担保

按机构对贷款有无担保要求，分为信用贷款和担保贷款。贷款是指以借款人的信誉或保证人的信用为依据而获得的贷款。担保包括保证责任、财务抵押、财产质押。贷款担保可分为人的担保和财产担保两种。

3. 项目收益债券

项目收益债券是以项目公司为发行主体，募集资金直接投入固定资产投资项目，项目运营收入进入专户并专项用于债券本息支付的债券。PPP 模式下的项目收益债无疑会成为债券市场新的投资品种，这些项目具有明确经营权转让、稳定的现金流及必要的政府补贴，债券发行的主要特征是项目导向，发行主体的信用资质不会是影响债券定价的决定性因素。此外，项目收益债的发行主体不是地方政府，其发行利率将会明显高于地方政府债，而项目的属性决定了债券还款来源非常稳定，风险相对可控。

项目收益债券在 PPP 领域的应用前景广阔。从行业上来说，符合国家产业政策、具有稳定收入且收入不主要来源于地方政府的项目均可以探索采用项目收益债来融资，包括城市地下综合管廊等。

4. 资产证券化

资产证券化是指企业或金融机构将其能产生现金收益的资产加以组合，出售给特殊目的的载体（SPV），SPV 再发行以该基础资产产生的现金流为支持的证券产品，将该证券出售给投资者的过程。资产证券化具有资产支撑和风险隔离两个特性，资产支撑是指资产证券化的证券必须有特定的资产作为支撑，经营性和准经营性 PPP 项目投资周期长、现金流入长期稳定，天然适合作为资产证券化的基础资产；风险隔离是发起人通过将支撑证券的资产出售给发行的方式，使资产离开发起人资产负债表，从而实现的“破产隔离”。

管廊 PPP 项目资产证券化的操作步骤通常可分为四步：第一步是资产汇集，即 PPP 项目发起人选择可以作为证券化的基础资产汇集打包，形成"资产池"，PPP 项目基础资产通常为基础设施或公共产品、服务（如管廊）的收费权或经营权。第二步是资产转移，即发起人设立并将基础资产转移至特殊目的的机构（SPV），该 SPV 可以是信托计划、资管计划，也可以是公司或有限合伙企业，但由于目前特殊目的公司配套法律制度的缺失，国内通常以信托计划、券商或保险资管计划作为 SPV。第三步是证券发行和销售，SPV 在中介机构（一般为投资银行或证券公司）的帮助下发行债券，向债券投资者进行融资活动，债券销售回款在支付服务费后按约定价格返还发行人。这个过程中除了证券公司或投资银行的参与之外，还需要信用评级机构对资产实施信用评级，还可能设计信用增级机构实施信用增级。第四步是投后管理，由服务机构（通常是发行人）负责对资产池实施续存期间的管理和到期清算结算工作，包括收取资产池的现金流、账户之间的资金划拨、税务和行政事务以及清算结算，清算财产在全部偿付债券本息后仍有剩余的将返还发起人。

5. 夹层融资

夹层融资也被称为备用资金，因其介于股权投资与债权投资之间，其受偿的优先权也介于二者之间，即迟于债权人而早于股东受偿或获得收益分配。夹层融资的典型方式包括提供次级贷款和发行优先股，前者体现为晚于普通借款人受偿，后者体现为可以获得项目收益分配但并不能参与公司运营。一般项目公司采用这种方式的动机在于控制其资产 / 债务比例，尤其是在项目出现预算外的超支情况时（10% 以内），为了尽快获得资金，而采用这种方式进行融资。

但这种融资方式的特点在于成本较普通贷款高，由于夹层融资下的投资人要晚于普通债权人获得收益分配，为了弥补其所承担的风险，项目公司一般会选择向其提供高于普通贷款更高的利息或向其分配项目公司收益（表现为向其提供期权、可转换债券等选择），一般会通过信托方式安排。

四、融资安排分析

融资安排也称为融资结构，是指企业在筹集资金时，由不同渠道取得的资金之间的有机构成及其比重关系。资金筹措的方式主要有权益融资方式和负债融资方式两种。合理的融资结构要求在符合国家法规固定的前提下，达到债权人有关资产负债比例的要求，满足权益投资者的权益要求，符合融资风险控制的要点。

（一）权益融资资金与债务融资资金的比例

融资结构比例直接影响项目投产运营后项目法人的财务结构和资产质量，同时对项目盈利及清偿能力产生较大影响，因此，我国有关项目投资的管理法规对项目资本金比例最低限额作出了明确的规定。

债务资金和资本金不同，在一定期限内必须按期还本付息。债务资金比例越高，不能按期还本的可能性越大，财务风险就越高。且债务资金享有优先受偿权，权益资金的提供者可能因此承担较大风险，所以股权融资的成本大于债务融资。而对于管廊 PPP 项目，协调处理财务风险与资本成本的矛盾非常重要。对于经营性的项目来说，由于其受市场因素影响较小，预期的现金流量稳定且具有长期增长性，因此可以相应提高债务资金比例，充分利用金融机构中长期优惠利率贷款或长期债券，最大限度地降低资金成本。

在设计管廊 PPP 项目的融资结构时，必须考虑这种结构的融资成本。从不同来源取得的资金，其成本各不相同，为了对整个项目的融资方案进行筹资决策，在计算各种融资方式单独的资金成本的基础上，还要计算这个融资方案的综合融资成本。

综合融资成本一般是指债务资本的单位成本和股本资本的单位成本根据债务和股本在资本结构中各自所占的权重计算的平均单位成本，故又称为加权平均资金成本（WACC）。

（二）权益融资结构

权益融资是负债融资的基础，是项目法人最基础的资金来源，体现了项目法人的实力，尤其是为债权人提供了保障，增强了公司的举债能力。在 PPP 项目中，政府与社会资本按照一定比例进行投资。实际上，PPP 项目的费用分配问题也就是项目投资如何在政府和社会资本分摊的问题。

由于政府财政支付的经济特性，PPP 项目中如果政府的投资比例过高，不仅会加重政府的负担，而且不能达到 PPP 项目本身想要利用社会资源来提高项目建设效率的初衷。故在 PPP 项目的评价和决策中，应当考虑投资主体及其投资比例的问题。

从政府角度来说，其参与投资的作用在于改变项目收益均值，满足投资者的收益要求。政府可以利用政策性金融机构对项目提供财政拨款、无息贷款或优惠贷款。

如果项目的收入能完全弥补社会投资的成本和最低回报率，则社会资本能承担项目的全部投资额。政府也可以根据自身财政状况和 PPP 项目在国民经济中的重要性、项目的盈利能力、收费定价机制、政治经济风险等因素，决定是否参加投资及参加投资的比例。

如果 PPP 项目具有一定的外部性，即效用不完全由消费者占有，则可能出现消费者支付意愿不足的情况。如按投资者决定的价格向消费者提供产品或服务时，预期收入不一定能弥补社会投资者的成本和最低回报。在这种情况下，则需要政府进行投资或补贴。

要决定最优的投资分摊比，可以利用政府管制的产品的价格和其他合约条件（如特许经营期限）来估计项目的投资收益均值，根据项目投资收益与社会投资者要求的投资回报率的差额与项目收益率的比值，来确定政府投资总额与社会资本投资总额的比例。

（三）债务融资结构

债务融资主要是银行长期贷款和各种债券，也包括融资租赁、信托计划和国外金融机构贷款等。一般来说，除了债务资金成本外，还需要考虑债务期限、还款计划、利率结构及其他附加保障性条款等问题。

我国目前还是以间接融资为主的金融体系，公共项目的其他外部融资渠道不多，银行贷款具有资金来源稳定、手续简单、灵活性强等特点，是公共项目的最主要融资方式之一。

按照融资期限的长短来分，债务融资可分为短期债务融资和中长期债务融资。PPP 项目融资应该合理搭配长短期的债务比例。根据项目现金流特点，公共项目一般不宜用短期贷款，但在使用中长期贷款时，也必须合理安排贷款期限组合，以便分散和控制项目财务风险。

（四）金融机构参与 PPP 的操作要点

1. 项目营利性分析

金融机构参与 PPP 项目，首先需要分析项目的收入实现形式，明确所要提供的融资项目属于经营性项目、准经营性项目，还是非经营性项目，不同项目类型的盈利能力差别很大，其次分析项目的收费机制和项目盈利测算的合理性和可实现性，重点关注特许经营期限、收费机制变更的补偿机制、项目唯一性等条款，对于准经营性项目，还需考虑政府补偿机制、社会环境变化对项目现金流的影响程度。

2. 项目退出安排

很多情况下，金融机构在项目一开始就介入 PPP 项目，与之前的和政府或政府平台的融资类项目不同，PPP 模式下未必存在股权回购安排，政府出于项目长期性的考虑也会限制短期资金的进入，因此金融机构在开展项目时必须充分考虑相关的退出机制，例如在项目建设期可以由资管计划先期介入，待完成建设施工，项目开始运营后再由银行发放贷款，置换原资管计划的融资。对于采取资管计划 + 有限合伙基金的方式实现资金注入基础设施项目的，可以通过基金赎回、资管计划受益权转让、有限合伙份额转让等形式实现退出。

3. 投资的流动性

由于银行、保险、基金等金融机构资金通常都有一定的投资期限，而PPP项目周期可能有10年甚至更长时间，为解决资金的流动性问题，金融机构在设计融资方案时可以进行结构化分层，安排流动性支持者以增加流动性。通过结构化分层，对优先级份额设定较短期限，期限届满时投资者有权选择向流动性支持者转让份额实现退出；对于次级投资者则持有份额至产品到期，同时获得较高的超额收益。

4. 增信措施

过去金融机构在和政府或政府平台进行融资合作时，主要关注政府的财力、增信措施、是否纳入财政预算和出具安慰函，在PPP模式下，项目审核的关键点转变为PPP项目的整体营利性、项目运营主体的建设经营能力和财务状况，还款来源依赖于项目的现金流和相应的增信措施。在实际操作中，可以采用股权质押、基础设施项目应收账款收益权、项目公司资产、其他社会资本方保证等增信措施，降低投融资风险。在基础设施施工建设阶段，项目无现金流入时，可以考虑超额募集或由次级投资者补足资金的形式用于支付期间收益。

5. 财务监督

PPP项目建设资金有多样化的来源渠道，为了保证各类机构的投入能够达到预期目的，必须确保投入资金被用于项目建设，同时相关的现金流入能用以偿还负债。因此金融机构必须对项目运作过程进行财务监督，确保专款专用，并及时掌握项目的经营情况。金融机构可以委派财务人员，并采取设立专门账户的形式进行监管，如果有可能还可向项目公司委派董事和监事，参与项目公司的经营决策和监督。例如和银行签订专门账户，项目的经营收入先进入该专门账户，除在合同约定的范围内可以支付项目经营开支外，剩余资金必须作为债务偿还的准备。

（五）金融机构参与PPP的风险应对

根据《关于推广运用政府和社会资本合作模式有关问题的通知》（财

金〔2014〕76 号），PPP 项目风险按照“风险由最适宜的一方来承担”的原则，项目设计、建设、财务、运营维护等商业风险原则上由社会资本承担，政策、法律和最低需求风险等由政府承担。金融机构在参与 PPP 项目中，面临诸多风险，具体如下。

1. 项目建设风险

PPP 项目需要在规定的时间内建设完成达到可使用状态，才能在后续的经营中获得现金流和利润，尤其对于政府采用可用性付费方式直接购买产品和服务的非经营性项目，项目的“可用”是付费的前提条件。因此金融机构在对项目方融资时可以将建设施工方的资质要求列入合同条款，要求选择具有较强实力的工程施工企业参与项目建设，通过合同约定或者购买保险，由建设公司或者保险公司承担项目建设延期、不合格等引起的损失。

2. 项目经营管理风险

实际运营过程中，由于基础设施项目的经营状况或服务提供过程中受各种因素的影响，项目盈利能力往往达不到预期水平而造成较大的营运风险。比如供水、供热、供电等项目在面临运营成本上升需要提高价格时，由于民众反对或政府出于维稳的目的不予调整等。杭州湾跨海大桥项目和鑫远闽江四桥则是由于出现了竞争性项目而导致项目收入无法达到预期，而政府又无法按约定给予补偿，影响了社会资本的收益情况。

银行、保险等金融机构一般仅以资金方或财务投资者的身份参与 PPP 项目，对 PPP 项目的建设、管理、运营等并不擅长，若项目一旦出现经营不善或管理纠纷，会直接影响收益的实现。因此，金融机构在向项目公司提供融资之前，应对融资主体和管理团队进行详尽的尽职调查，寻找具有良好口碑的合作方，对项目的运营及未来现金流收入进行财务分析和测算，确保可行性缺口补助和政府付费项目纳入政府的全口径预算管理，并通过相关协议争取参与重大事项决策的权利。

3. 增信措施落实风险

PPP 项目融资中可能涉及房地产抵押、信用保证、股权质押、应收账款质押等多种增信方式，实际操作中可能存在增信方式不能落实的风险。尤其对于非上市公司股权质押和基础设施收益权应收账款质押等一些需要政府登记的增信方式，各地在执行中的口径尺度会有很大差异，根据我国现行的担保法，可用于质押的收费权类型局限于公路、桥梁、隧道、渡口等“不动产收益权”范围，因此在融资协议签订之前就要对不同地区的抵押登记政策进行了解，把担保方式的落实作为放款的前提条件，并尽量采用多种增信方式进行组合，在选择担保物时也要优先考虑易于处置变现的标的。

4. 政策风险

PPP 项目运作在很大程度上受政府政策影响，青岛威立雅污水处理项目中，当地政府在签约后又单方面要求重新谈判以降低承诺价格；长春汇津污水处理厂项目中，政府废止了当初指定的管理办法，导致实施机构拖欠合作公司污水处理费最终项目失败；廉江中法供水厂项目中供水量和水价都未达到当初合同规定的标准。此外，法律的变更也会对 PPP 项目融资带来负面影响，例如江苏某污水处理厂采用 BOT 融资模式，原计划于 2002 年开工，但由于 2002 年国务院颁布《关于妥善处理现有保证外方投资固定回报项目有关问题的通知》，项目公司必须重新与政府就投资回报率进行谈判。上海大场水厂和延安东路隧道也遇到了相同的问题，均被政府回购。从以上失败的案例看，政府缺乏经验，违反财政补贴机制和项目唯一性的承诺，往往造成社会资本方无法收回投资本金或取得合理的利润。对于政府的政策风险，必须从当地产业结构、财政实力、市场化程度、过往资信记录等多方面进行考量，并通过签订详细的法律合同，降低地方政府“随意签约，肆意毁约”的概率，在区域选择上优先考虑沿海经济发达地区和内地省会城市与财政实力较强的其他城市。

5. 财政可承受能力风险

根据最新颁布的《政府和社会资本合作项目财政承受能力论证指引》（财金〔2015〕21 号），地方政府每一年度全部 PPP 项目需要从预算中安排的支出责任，占一般公共预算支出比例应当不超过 10%。金融机构需要密切关注特定地区（尤其是列入地方政府性债务风险预警名单的高风险地区）的财政收入状况、PPP 项目目录，并密切跟踪各级财政部门（或 PPP 中心）定期公布的项目运营情况，包括项目使用量、成本费用、考核指标等信息，确保所参与项目涉及的地区政府整体 PPP 支出控制在一定比率之内。

6. 信用风险

金融机构对 PPP 项目的投资能否收回本金和获得合理的利润，很大程度上依赖于项目实施主体等交易对手的信用状况，对于获得特许经营权的项目实施主体，应选择有较高施工资质、项目经验丰富的专业机构，并对其资金实力、财务经营状况和信用资质进行分析。

7. 财务风险

财务风险是指基础设施经营的现金收入不足以支付债务和利息，债权人主张债务而导致项目公司破产，造成 PPP 模式应用的失败。财务风险既可能由于政府不守信而造成，也可能因为运营主体经营管理不佳，或者随着社会经济和文化的改变而影响原有业务模式的需求而导致。社会资本可能必须独自承担此类风险，所以金融机构在为项目融资时尽量要求由政府或融资担保机构提供担保，由政府部门和融资担保机构分担部分财务风险。

8. 国有股权转让的法律风险

在部分项目中，金融企业向项目公司增资扩股或购买原有股权的方式取得项目公司的股权，合同约定期限到期时，国有股东或国有资产监督管理部门通过回购方式受让项目公司股权，在实际操作时两次股权转让大多未经过资产评估程序，而且多采用协议转让方式。根据《企业国有资产法》《企业国有资产评估管理暂行办法》《关于企业国有产权转让有关事项的通知》，相关国有股的转让需要通过资产评估，并在产权交易场所公开进行交易，因此该类操作具有一定的法律风险。金融企业在项目开始之初就必须考虑国有股权转让的程序问题。

第八章　城市管廊PPP项目的风险管理

政府与社会资本合作（PPP）模式是政府和社会资本基于合同和协议在基础设施建设和公共服务供给方面达成利益共享、风险共担、长期协作的友好合作关系，政府在基础设施供给中鼓励社会资本参与融资、设计、建设、运营等项目全生命周期阶段。PPP项目由于具有长周期、资本密集、参与方众多、项目流程繁杂等特点，在项目实施过程中存在着各方面的风险，合理PPP项目的风险管理是保障PPP项目流程顺利实施、维护PPP项目利益相关者权益的重要措施。城市管廊PPP项目是PPP项目的领域之一，城市管廊PPP项目既包含各领域PPP项目统一的风险类型，也含有城市管廊领域特异的风险种类，本章依据PPP领域的共性特点，结合城市管廊特点梳理和评估风险类型，分析合理的风险分担原则并提出有效的风险控制机制。

一、风险识别

（一）风险识别的概念及意义

风险识别是项目风险管理过程中的第一个环节，是风险管理的基础，它决定着风险管理的可靠性和完备性，对项目的成败起着关键作用。风险识别指通过一定的定性技术方法对项目全生命周期中可能存在的风险因素进行完备的查找、收集、识别与整理。风险识别是结合项目背景，从多方面、多主体、多阶段考虑项目风险因素的过程。风险识别不仅按照逻辑链条收集风险类型，还要给出各种风险类型的意义、引起的后果及严重程度。

由于不同项目风险类型具有差异性，风险发生的可能性也高度不确定，这对项目的实施具有较大的影响，因此风险识别作为风险管理的基础步骤，具有极高的价值意义，良好完善的风险识别可以给出项目相对完善的风险体系，对于甄别风险源、查找风险原因、预期风险发生影响、防范风险发生、降低系统性风险具有极大的帮助。只有正确认识项目风险类型，才能从根本上对项目风险进行把控和防范。

（二）风险识别方法

风险识别主要步骤是通过对大量的数据资料、信息资源、文献情报等进行整理，通过一定的方法进行分析，以确定项目面临的风险因素。关于风险识别方法，国内外已经实现了多种定性方法应用与风险识别，如头脑风暴法、德尔菲法、核对表法、SWOT 分析、项目工作分解结构、常识经验和判断、敏感性分析、故障树法、流程图法等[①]。下表 8.1 整理了风险识别相关方法的优劣及适用范围，针对项目不同的属性特点可以选择不同的风险识别方法，以便更合理完善地识别风险类型。

表 8.1 风险识别方法对比分析

方法类型	优点	缺点	适用范围
头脑风暴法	自动忽略不常见风险类型	对评定成员专业水平要求较高	适用于问题结构单一，目的明确，问题较为简单的类型
德尔菲法	充分发挥专家的专业性，对重点问题能够精准把握，对问题的探究更为深入	结论的得出耗时长、花费大，比较困难，且易受最后组织者的主观因素影响	适用于问题复杂，需要缜密思考的大型工程类项目
核对表法	简单易行，操作容易	风险因素分析不够完善，风险来源及相互影响关系难以刻画，难以针对项目识别重点风险	适用于已经形成一定规范的常见项目风险识别
SWOT 分析	分析简单，概括性强	对风险因素类型概括不全面，分析维度不足	适用于比较简单的风险分析

① 冯燕 . PPP 项目融资风险识别及量化研究［D］. 重庆大学，2007.

续表

方法类型	优点	缺点	适用范围
项目工作分解结构	风险识别工作可以参考项目前期项目范围、进度及成本管理等方面的工作分解结构，操作性强	较大类型项目的工作分解结构太过繁杂	适用于中小型项目风险识别
故障树法	可视化强，对于风险分析刻画更形象化，也比较全面	对于复杂庞大体系难以实现完善的风险识别，错误率较高	适用于缺少经验的项目操作的风险识别工作
流程图法	涵盖广泛，可以识别非技术或技术风险	耗时长、成本高，容易出现遗漏	适用于需要同时识别技术及非技术风险
因果分析图法	对于风险以及风险之间相互联系关系可以良好刻画，对风险梳理较为全面	要求专业人士具有较丰富工作经验，耗时长	适用于大型项目的风险识别工作

（三）PPP 项目风险识别

PPP 项目一定程度上具有与建筑工程项目相似的特性，即客观性、普遍性、多样性、可测性和随机性①，除此以外，还具有以下特点：风险周期长、风险阶段性较强、项目利益相关者风险差异化、风险体系庞杂等。结合这些特点，通过对 PPP 项目的案例及研究整理，主要总结了 PPP 项目具有如下的风险类别②：

1. 法律变更风险

主要指在法律、法规、政策、指导文件等方面的颁布、修订、重改等内容变动，将会引起项目的合法合规性、设计可行性、运营收费、市场需求、合同协议有效性等多方面涉及项目实施过程中具体细节的变动，对项目设计、建设、运营等多阶段产生不良影响，甚至会引起项目各类风险的发生，导致项目暂停及失败。

2. 项目审批延误风险

主要是指项目在立项、准备、采购、实施等阶段过程中，所需要的项目审批程序过于繁杂，项目审批耗费时间长、耗费成本高等问题，这对项

① 陈友兰 . 基于 PPP 融资模式的城市基础设施项目风险管理研究［D］. 中南大学，2006.

② 亓霞、柯永建、王守清 . 基于案例的中国 PPP 项目的主要风险因素分析［J］. 中国软科学，2009（5）：107~113.

目实施节点有延误影响，容易延长项目的建设工期，增加项目建设成本，对项目正常运作带来威胁。

3. 政治决策失误风险

主要指政府决策过程中出现的不规范行为、官僚作风，以及缺少对于 PPP 的充分认识和操作经验包括信息不对称等因素造成的对项目决策的失误现象。该风险容易引起项目进程缓慢、项目阶段延迟以及项目谈判暂停等问题，影响项目的正常运作。

4. 政治反对风险

主要指政府出于项目的公益性等全面考虑对项目提出反对意见，从而引起政治风险包括群众反对项目实施的现象。该风险影响项目的实施方案及成败。

5. 政府信用风险

该风险指在项目实施过程中政府拒绝原始合同协议中的规定，不履行合同约定义务，拒绝承担相应的责任等问题。政府信用风险严重危害项目的实施，使项目合同协议缺少了法律规定的实际效益，没有了合同的约束力，最终严重威胁着项目的成败。

6. 不可抗力风险

主要指合同协定的任何一方都无法控制无法制止的危机，如地质灾害、环境气候变化、突发事故、战争等。该风险难以在合同签订时规避防范，也无法在事件发生后停止，对于项目正常运行有难以预测的影响力。

7. 融资风险

指的是在项目融资过程中出现的融资不可行、融资结构不合理、融资资金筹措紧张、金融市场不健全等风险问题。其中融资资金筹措紧张是很多 PPP 项目中经常遇到的风险，融资风险关系着项目是否能够顺利完成资金筹集，是否能够合理分配股权结构，以保障项目公司具有合理的资产结构以及项目顺利进行。

8. 市场收益不足风险

主要是在项目运营过程中收益不足难以回收投资、运营成本以及合同要求收益，市场收益不足主要由于项目收费水平低、项目需求不足、用户流量不足、同类项目竞争等因素引起，市场收益不足容易引起项目运营方投资资金难以回笼、难以负担较高的运营成本，最终引发项目的失败。

9. 项目唯一性风险

主要指政府或者项目投资人在项目进展过程中又同时进行了其他项目的新建或改建工程，引起项目在融资上以及建设、运营等多方面受到商业竞争而产生的风险。项目唯一性风险的发生会对项目市场收益风险、市场需求风险、信用风险等方面产生不良的影响。

10. 配套设备服务提供风险

指的是在项目实施建设过程中的设备、材料、服务等方面的资源供给不足、延误或缺失。配套设备及基础设施等供给发生风险会引起项目建设延误、影响完工工期、增加建设成本等问题，对项目顺利进行有不利影响。

11. 市场需求变化风险

主要指项目对于公众用户的吸引力发生变化，市场需求不足的现象。引发市场需求变化的因素来自很多方面，如宏观经济、社会环境、政治环境、国际竞争、人口迁移、法律法规变动等。市场需求变动会引起实际市场收益大大偏离项目预期收益，引发项目收益不足风险。

12. 收费变更风险

指的是由于原始 PPP 合同中产品及服务的收费成本过高、过低或者价格缺乏弹性导致项目公司收益不足并发生收费变更的现象。收费变更会引发项目实施过程中多个环节的变动及风险。

13. 腐败风险

指的是政府在项目审批及执行过程中采用不合法的手段要求不合理的收费及财物索取，直接增加了项目的实施成本，也同时会影响项目运营的不合理收费，并会增加政府的信用风险，引发项目向不利方向发展。

（四）城市管廊 PPP 项目风险识别

1. 城市管廊 PPP 项目风险特点

城市管廊 PPP 项目一方面具有传统政府采购管廊项目的建设模式，一方面也具有 PPP 项目的独特特点。传统政府采购的管廊项目只需单纯考虑工程项目的建设风险，而城市管廊 PPP 项目不光存在工程项目的建设风险类型，还要考虑 PPP 项目全生命周期的设计、运营等方面的风险，且对于政府采购不须考量的法律及政治风险城市管廊 PPP 项目更需要着重考量。另外在项目目的上与传统管廊项目也有着差异，传统政府采购管廊项目的目的更多强调项目的公益性，而投资城市管廊 PPP 项目的社会资本方更多关注项目资本的可回收性、项目的收益性。因此我们有必要分析一下城市管廊 PPP 项目的风险特性，具体内容如下：

（1）长周期性

城市管廊 PPP 项目涉及的利益相关者众多，合作关系繁杂，存在较高的不确定性及灵活性。一般的城市管廊 PPP 项目的特许经营期在 30 年左右，特许经营期内社会资本负责承担项目设计、建设、运营、维护等工作，历经项目的立项、准备、采购、实施到移交的全生命周期。

（2）复杂多样性

城市管廊 PPP 项目的风险复杂多样，并且风险之间具有很强的相互联系的特点。在项目的设计、建设以及运营过程中，会受到政治、法律、金融、技术、市场等多方面的影响，因此每个阶段都会具备不同方面的多种风险影响，风险种类多样且来源复杂。

（3）政策影响性

城市管廊 PPP 项目属于准公共产品范畴，项目目的更侧重公益性的体现，准公共产品供给不同于私人产品的供给，公共产品主要受政府管制，政策影响对项目的影响极大。在项目特许经营期内，政府的政策变动、法律法规变动以及政府对于收费制度、程序等方面的干预与调整都会影响社会资本的收益，对于受政策影响这一点应该着重注意。

（4）受特许经营协议影响

由于城市管廊 PPP 项目的准公共产品特性，导致政府与社会资本在签订特许经营协议及项目合同时要充分保障项目的公益性，使公众用户的收益性最大化。因此，政府会对特许经营协议加入很多对于项目收费的规定，而不是绝对随市场需求影响，且政府对于项目后期运营期的收费调整机制的管控也比较强，这样就在一定程度上增加了社会资本的投资运营风险。

（5）阶段性变化

城市管廊 PPP 项目由于实施阶段的不同而具有不同的内容及特性。在城市管廊 PPP 项目全生命周期包含了项目立项、项目准备、项目采购、项目实施、项目移交几个阶段，各阶段存在着不同的风险，因此需要从社会资本方角度对不同阶段的风险给予识别、评估及应对策略。

（6）风险边界模糊性

城市管廊 PPP 项目实施过程中，对于政府和社会资本的权利及利益边界难以界定，由于政府和社会资本在很多阶段都有内容的重合，对于风险的分配也有一定的困难。对于双方能够各自承担控制的风险因素要予以确定，对于双方都难以控制的风险要明确风险承担的责任，划分承担比例，合理化风险分配体系。

2. 城市管廊 PPP 项目风险类型

城市管廊 PPP 项目风险类型的确定主要是基于 PPP 项目风险清单基础，再结合专家意见以及项目的特殊性进行风险类型的进一步细化与补充。通过对国内外文献的总结，笔者总结了以下城市管廊 PPP 项目风险类型，如下表 8.2。

表 8.2　城市管廊 PPP 项目风险类型

风险类型	风险因素
政府风险	政治 / 公众反对 r1
	贪污腐败 r2
	国有化、征用、扣押、没收 r3
	项目许可与审批延误 r4
	政府决策失误 r5

续表

风险类型	风险因素
法律政策风险	法律变更 r6
	法律及监管体系不完善 r7
	行业政策、规范、标准等变更 r8
	税收调整 r9
	合同 / 文件风险 r10
建设风险	设计变更 r11
	工程延误 r12
	工程建设变更 r13
	完工风险 r14
	建设成本超支 r15
	土地获取 r16
	施工安全 r17
运营风险	运营成本高 r18
	经营效率低 r19
	同质项目竞争 r20
	运营收益不足 r21
	维护成本超支 r22
市场风险	利率变动 r23
	通货膨胀 r24
	项目融资风险 r25
	市场需求 r26
环境风险	不可抗力 r27
信用风险	政府信用风险 r28
	社会资本信用风险 r29
	第三方信用风险 r30

（1）政府风险

政府风险包括政治 / 公众反对风险，贪污腐败风险，国有化、征用、扣押、没收风险，项目许可与审批延误风险，政府决策失误风险等，主要指由政府主体单方面对项目进行反对、干预、征用、贪污以及影响项目进程及项目顺利实施的风险。其中项目许可与审批延误风险又分为项目审批风险和项目建设审批风险，项目审批风险主要指城市管廊 PPP 项目不符合 PPP 模式项目开展的规定程序，比如关于项目实施方案、物有所值评价报告、财政承受能力论证报告等资料缺失，或项目实施方案不符合政府城市管廊公益性等。建设审批风险指管廊 PPP 项目建设手续不符合项目审批流程，如缺少项目可行性报告、节能评估、环境影响评估、用地预审、水土保持方案，等等。

（2）法律政策风险

法律政策风险主要包括法律变更风险，法律及监管体系不完善风险，行业政策、规范、标准等变更风险，税收调整风险等。主要指在项目实施过程中所有涉及法律与政策方面的风险，一般在项目进展过程中最常见的法律政策风险为变更、调整风险。

（3）建设风险

建设风险指的是管廊 PPP 项目建设阶段具备的风险，主要包含设计变更风险、工程延误风险、工程建设变更风险、完工风险、建设成本超支风险、土地获取风险、施工安全风险等。建设风险主要分为两类：适宜性风险和工程建设风险。

适宜性风险指对项目的经济可行性以及社会效益可行性等因素考虑不全面的现象，对项目规划设计、建设区位、同质项目、用户流量等因素缺少全面的思考。

工程建设风险指的是项目建设过程中成本超支、工期延误、技术不足、质量安全等方面的风险因素。其中土地获取风险在管廊 PPP 项目建设风险中比较常见，由于城市管廊项目涉及城市地下电力、通信、供水、排水、热力、燃气等多类管线隧道，涉地范围广，施工面积大，项目用地问题不可小觑。当前项目用地获得方式主要有“招拍挂”、协议出让、划拨、租赁等方式，对于土地获取负责主体的分配也因项目的不同而有所差异，无论土地获取由哪方利益相关者负责，该部分风险都是值得注意的。

（4）运营风险

运营风险指的是城市管廊 PPP 项目在运营过程中的一切相关风险类

型，主要包括运营成本风险、经营效率低，同质项目竞争风险、运营收益不足风险、维护成本超支风险等。城市管廊 PPP 项目运营风险中容易出现收益不足风险，主要由于用户需求量不足、运营成本高等因素引起，因此合理地预计用户需求量和运营及维护成本对于降低运营风险有很大的作用。

（5）市场风险

市场风险包括利率变动风险、通货膨胀风险、项目融资风险、市场需求风险等。城市管廊 PPP 项目进入运营期之后，由于运营期期限较长，不确定因素多，金融风险发生概率大，其中基准利率、通货膨胀变化较容易发生。利益及通货膨胀的变化会引起投资人在项目收益方面出现收益风险。项目融资风险主要指项目的融资可行性、融资需求、融资安全、融资可持续等方面的风险，安全、可持续的项目融资是支撑项目顺利实施的重要保障。市场需求风险主要指公众对项目的需求不足风险、同质项目竞争风险等，市场需求不足会引起运营收益不足风险，严重影响项目的可持续运营及投资人的投资收益。

（6）环境风险

环境风险主要指不可抗力风险，即地质灾害、不良气候、突发暴动等自然灾害及社会异常事件。

（7）信用风险

信用风险主要包括政府信用风险、社会资本信用风险和第三方信用风险，主要指各方利益相关者的不符合合同协议规定的违约行为。任何一方利益相关者的信用风险的出现都会引发项目实施过程中的一系列风险。

二、风险评估和分析

城市管廊 PPP 项目的风险评估和分析首先应遵循 PPP 项目风险评估分析的内容和流程，在此基础上要结合城市管廊 PPP 项目风险类型的独特性及项目属性进行风险评估和分析。本部分将就 PPP 项目的风险评估内容、目的及作用、评估流程等方面给出风险评估框架，后对城市管廊 PPP 项目风险类型进行评估分析。

（一）风险评估的内容

风险评估是指在对项目的风险进行了系统的识别之后，对风险类型进行评价和衡量，一般包括风险评价和风险估计两部分。风险评价是指通过科学的方法对所有风险类型进行分析、衡量，确定风险类型对于项目实施的重要及危害程度的排序。风险估计是在风险识别的基础上进行定量分析，估计风险类型可能发生的概率以及发生造成的损失的大小。在实际风险评估过程中，风险评价与风险估计往往相互联系，密不可拆，因此风险评估常常同时涵盖了两方面的内容。

（二）风险评估的目的及作用

1. 风险评估的目的

PPP 项目的风险评估主要具有以下的目的：

首先，风险评估要给出各风险类型的比较分析和综合评价。由于 PPP 项目中风险类型众多，那么哪些风险是首要风险，哪些风险对于项目的实施起确定性作用，又有哪些风险具有较小的影响力且不需要太多关注。风险评估要对各个风险类型进行重要性的比较，给出影响力及可能性的比较排序，这对于风险管理提供了基础支撑。

其次，风险评估要寻找各个风险之间的相互影响的关系。由于 PPP 项目利益相关方众多，项目流程复杂，项目运营时间长，因此在项目建设及运营各阶段涉及着不同的利益相关者易引发的多种风险类型。随着利益相关者间合作关系的深入，各种风险之间不是单纯的独立关系，而是具有网状的联系，对风险之间影响关系的梳理对于 PPP 项目的风险也至关重要。

再次，风险评估也应该涉及风险之间的传染转化研究。各风险类型在相互联系的基础上很容易出现风险传染并进一步转化、加剧。风险评估也应对风险之间转化的可能性做以评估，以降低风险传染转化的发生概率。

最后，风险评估应尽量做到对风险指标的量化研究，目前多数风险评估仍停留在定性的评价描述，对风险的定量评价对于确定风险排序、风险发生概率、风险发生后果有着较大帮助，可以更加科学地评估风险，充分服务于项目风险管理工作。

2. 风险评估的作用

风险评估的作用主要有以下几点：

首先，能够更科学、系统地认知风险。通过对风险类型的定性评价，可以掌握风险类型产生的背景、原因及联系要素。通过对风险类型的科学的定量评价，可以得到风险的发生概率、分布情况以及风险类型的确切排名。综合定性定量方法我们能够得知风险发生的可能性及对项目造成损失的程度，就可以判断哪些风险对于项目实施起确定性作用，哪些风险处于次要地位。

其次，能够保障项目的合理性和可行性。通过对 PPP 项目的定性、定量评价，可以分析出项目目前的风险情况，项目未来可能出现的问题，可以更加合理地规划项目的实施，更加可靠、可行地制订计划。

最后，可以系统有效地制定风险控制措施。通过科学系统的风险评估工作，可以对风险类型的严重程度给予一定的评判，对不同的风险类型给予不同的关注程度和监管措施，更科学地制定风险防范体系。

（三）风险评估的流程及方法

1. 风险评估的流程

城市管廊 PPP 项目的风险评估流程一般与 PPP 项目的风险评估流程一致，主要分为四个步骤：项目风险评估体系的构建，项目风险信息的跟踪、收集与处理，项目风险的细化判断，项目风险的分类与定级。风险评估具体流程如下：

（1）项目风险评估体系的构建。基于对项目风险类型的识别，结合项目的特点及项目需求，梳理好项目各种风险因素以及各风险类型之间的联系，构建项目风险管理信息系统，作为风险评估体系的体系基础。

（2）项目风险信息的跟踪、收集与处理。在项目风险识别以及风险评估体系基础构建完毕的基础上，要做到对项目风险信息的跟踪，收集各利益相关方存在的各种风险的资料，以及项目进展过程中风险发生的可能性及程度，对原始数据要实施追踪更新，以达到风险评估的实时性及精准性。

（3）项目风险的细化判断。通过对风险评估体系的应用，将初步的风险识别体系进一步细化，对风险的程度大小进行定量评估。在此阶段对于专家的专业性要求极高，需要具有相关领域经验的专家进行判断。

（4）项目风险的分类与定级。通过前几个步骤的操作，对风险的类型、联系、程度及后果都有了一定的定量研究支撑，在此基础上进一步对风险的程度进行分类，对发生概率高、发生影响大的风险类型予以定级，划定为高级风险级别，对发生概率低、影响力较弱的风险类型划定为低级风险级别，不同风险等级给予不同的风险管理措施。

2. 风险评估的方法

风险评估方法多种多样，大体分为定性分析方法和定量分析方法。本节简单介绍一些项目管理中常用的风险评估方法，包括专家会议法、德尔菲法、层次分析法、粗糙集方法，并对这些方法进行解释、对比、分析。

（1）专家会议法

专家会议法，顾名思义就是通过会议的形式将领域专家聚集在一起进行思想、理论、经验的交流，结合具体项目专家们最终通过讨论给出对项目风险的评估结果，最终确定评估方案。

专家会议法的优点在于可以通过会议的方式进行意见交换和理论交流，通过多个专家的讨论可以避免项目实施太过主观性，专家集体的探讨也有利于启发项目的创新性方案。然而也存在不少缺点，一方面专家集体讨论难免耗时长，各抒己见有时难以达成统一意见；另一方面有些专家会有从众心理，失去主观判断能力。专家会议法同时存在着缺少数据支撑的缺点，多数是主观定性的判断，没有定量依据。

（2）德尔菲法

德尔菲法是在专家会议法的基础上进一步升级的评估方法，它包含了专家会议法的理论观点交流的优点，摒弃了其中可能形成专家们意见跟风的程序。主要流程如下：首先，项目组将所有项目资料打包发给评估专家，并向其提出项目需求及部分注意事项，等待各评估专家的回复。其次，对各位评估专家的回复意见进行汇总整理。再次，向各位专家发放并回收专家意见。如此循环，直至专家组对于项目意见结论不再有任何修改和补充。

德尔菲法的优点在于，能够精准地捕捉每一位权威专家的意见声音，做到了意见评价的自由性、开放性，通过几轮的意见汇总整理，更加做到了意见的全面性。然而意见汇总程序耗时长，对专家的时间要求较高，此方法不免增加了前期会议成本。对于几轮意见的汇总最终也是将意见趋于统一和大众，也难免出现随大流的现象。同时，对于定量方法的应用的缺失也是德尔菲法的最大缺陷。

（3）层次分析法

层次分析法由美国学者萨蒂提出，是一种同时结合定性与定量的决策分析方法。构造层次分析的指标体系，需要专家给出指标的对比打分矩阵，通过一定计算最终得出各指标的权重。

优点在于集定性分析与定量分析于一身，能够在专家主观分析的基础上通过定量计算给出定量排序，更具说服力。缺点在于，虽然包含了定量分析，但定性部分的专家打分主观性过强，也难以保证评估的精准性。

（4）粗糙集方法

粗糙集方法是处理不确定性问题的一种方法，它可以避免主观性因素，从事实本质出发，通过对数据表的分类、指标筛选、规则提取、决策评价等步骤进行评估。粗糙集方法不依赖权重等信息，对风险的评估更准确、客观。然而此方法需要较强的数据支撑，在风险评估这一过程比较难以满足这一条件，因此对于一般问题的评估比较难以实现。

（四）城市管廊 PPP 项目风险评估与分析

回顾本章对城市管廊 PPP 项目的风险识别，城市管廊 PPP 项目主要风险有以下几类：政府风险、法律政策风险、建设风险、运营风险、市场风险、信用风险、环境风险几大类别。总结城市管廊 PPP 项目一般共性及一些研究探索，对城市管廊 PPP 项目影响最大的风险类型是法律政策风险，其次为市场风险和运营风险，再次，政府风险和信用风险对项目的影响也比较强，而建设风险、环境风险的影响逐渐在减弱。

首先，法律政策风险。对城市管廊 PPP 项目实施影响最大的风险类型是法律政策风险。由于城市管廊 PPP 项目建设覆盖范围广、运营期长、涉及利益相关者众多，一方面法律政策方面若出现变动等问题就会影响合作过程中任何一处细微的环节的成败；另一方面，目前我国在城市管廊 PPP 领域方面的法律政策建设尚不完善，各方利益相关者缺少法律的保障，且在许多细节方面缺少系统的规范，极易在细微处引发法律纠纷，影响项目实施运行。

其次，市场风险和运营风险。由于城市管廊 PPP 项目属于准经营类项目，项目最根本属性是公益性，主要目的是为了实现公众用户的公益效益，因此收益率不是管廊 PPP 项目考虑的最主要因素。城市管廊 PPP 项目的收费方式基本是可行性缺口补贴模式，即在公共用户付费的基础上，政府对收费不足的部分给予补贴。然而有时候政府财政补贴、可行性缺口补贴下放存在不及时的现象，因此市场风险和运营风险如市场需求不足、运营成本高等问题都会对项目顺利实施造成较大的风险。

再次，政府风险和信用风险。政府风险和信用风险的风险评估排序排在第三位。如上所述，城市管廊 PPP 项目是准经营类项目，很大程度上要依政府的顶层设计、实施规划进行，政府在此过程中的掌控程度较高、干涉意愿较强，然而过度的干预容易会对项目的实施方案产生影响和改变，严重影响项目的实施过程。信用风险涉及政府、社会资本、第三方等的违约风险，信用风险对于项目多方的合作关系有严重影响，也更易引发多方的连带违约风险，对项目收益造成损失。但随着法律法规的日益规范，操作指南的不断细化和政府及社会资本对于 PPP 模式的认知、经验的不断丰富，政府风险和信用风险发生的可能性不断降低，对管廊 PPP 项目的影响力在逐渐缩小。

最后，建设风险和环境风险。建设风险和环境风险在城市管廊 PPP 项目中风险评估排名靠后，由于建设风险和环境风险在传统政府采购模式中同样存在，在管廊 PPP 项目中也就不算 PPP 模式最首要的风险类型。当然，建设风险中工程变动、工期延误、工程超支等风险也是不容忽视的风险问题。建设风险应在建设前期、施工过程中通过监督管理和项目评估不断规范，以达到降低建设风险的作用。

三、风险应对和分担

（一）风险应对

通过对城市管廊 PPP 项目的风险识别与风险评估，给出结合特定风险类型的差异性的风险应对措施，对维护管廊 PPP 项目顺利实施是十分重要的。在风险应对方面，应明确以下问题：

1. 城市管廊 PPP 项目的风险与收益在一定程度上是正比关系，因此单方面想规避风险而不考虑收益层面的联系是不切实际的。

2. 城市管廊 PPP 项目的风险管理应以预防、降低、转移、自留为主，综合分析城市管廊 PPP 项目各主体的具体风险内容，包括信用风险（政府信誉、社会资本信用及第三方信用风险）、平等协作关系的融洽性、政治及法律的稳定性及可持续性、建设方的建设技术能力、运营方的运营管理能力、金融机构对项目的支持力度等因素。

3. 风险应对应有以下几个基本原则：预防潜在影响力比较大、发生概率很大的风险，对于难以控制已经发生的风险要着力减轻降低，基于降低系统风险的原则进行合理的风险分担转移概率不确定的潜在风险，对于自身职能分内的风险要主动承担，采用积极的措施，规范分内职能。

风险应对策略从大方面可以分为以下几个步骤：风险利用、风险回避、风险转移、风险分散、风险缓解和风险自留①。

（1）风险利用。由于风险具有高度的不确定性，一方面风险可能带来不利的危险，另一方面也可能带来积极的机遇。对于风险能够给项目带来的积极影响，我们要有包容的态度，充分发挥风险可能带来的积极性，以实现项目目标的可能性，为项目带来积极收益。

对于风险是否能够带来利益，我们需要有严谨的判断，不可盲目拍脑门决策。需要判断的有几下几点内容：一是需要有系统的风险识别流程，构建比较完善的风险类型框架，再进一步去判断具体风险类型的应用价值和可能性；二是要有较为准确的风险评估系统，对风险类型的特征、影响力、影响排序、影响后果都进行科学的考量，对风险利用能够引发的事件以及付出的代价要充分考虑；三是风险利用的具体方法，如何能够积极地利用风险，而不会引发不良的影响，采用什么样的方法、需要哪些因素的帮助可以充分利用风险。

风险利用这一问题在实际操作过程中应该十分谨慎，极易引发不良的影响且处理起来十分复杂，因此实操工作者要对这一方案具有很丰富的经验和科学的方法。

（2）风险回避。风险回避就是指在项目风险发生的可能性较大，后果影响较重，一旦风险发生难以妥善应对的情况下采取的一种应对措施。风险回避措施的合理采用需要有经验比较丰富的项目管理者，对项目的风险类型、风险发生概率及影响后果都有深刻的认知，这样才能正确地回避风险，而不至于认识错误或过于保守。

风险回避策略的选择主要是在有以下原因存在的情况下才会做此决策：一是项目存在较大的风险，并且风险发生的后果影响较为严重，收益很低的项目；二是冒此风险推进项目可以获得较高的收益，但对于可能失

---

① 彭飞 . PPP 项目风险管理研究［D］. 安徽建筑大学，2016.

败的后果是项目及企业无法承担的；三是该策略的选择相较于其他策略具有较低的成本，更容易操作。

（3）风险转移。风险转移是指项目利益相关者将自身面临的风险部分转移给与其相关联的其他利益相关者，风险转移之后也可以称作风险分担，即是通过合同或协议将风险进行分配、共担，以降低项目某些利益相关者所承担的风险。

风险转移的主要方式分为以下几种：合同风险转移、资产证券化融资、第三方抵押或担保、保险。合同风险转移即双方或多方通过签订合同或协议达成对某些风险类型分担的一致性。资产证券化融资意思是在融资方面将融资资产打包的同时也对风险给出了一定的分散方式，即通过发行证券将风险分散给证券购买的散户。第三方抵押或担保就是项目主体外的第三方机构为某利益相关者背书，替其担保的行为。保险就是项目利益相关者购买相关的保险来寻找保险机构对其进行保障，将部分风险转移给保险机构。

（4）风险分散。风险分散指的是在同类风险分担过程中增加项目利益相关者的数量，通过增加利益相关者的数量以达到对于某类风险的更细化的分散，可以降低每个利益相关者所分担的风险。因为项目利益相关者的目标要求不同，职能范围也有区分，各个单位对于风险的承受能力也各异，因此通过增加项目中多元的利益相关者，可以对多种风险类型进行风险分散，分散到每一个利益相关者的风险就可以降低。

然而其中也存在一定的问题，随着利益相关者的增多，项目合同协议框架会变得更复杂，项目管理与监督也会随之变得困难，因此，项目管理者在扩充利益相关者来进行风险分散时要考虑到这些问题的存在。

（5）风险缓解。风险缓解策略是指在风险已经发生的情况下通过某些手段和方法将风险的负面影响后果降到最低程度。风险缓解主要包括风险预防和风险控制。风险控制是采用成本较低的方法，在保证收益的原则上将风险影响后果降到最低的风险应对策略。

（6）风险自留。风险自留意思就是项目利益相关者对于某些风险类型不采取任何方法进行转移、分担、分散，而是主动承担风险的一种策略。该策略发生的前提是项目利益相关者在相较其他的风险应对策略风险，自留策略具有较低的成本，且对于收益的影响力较弱。通常情况下，在 PPP 项目实施过程中会有某些风险基本是采取风险自留的措施，而不是进行风险分担和转移，主要体现在项目主体实施过程中直接涉及的风险处理上。

结合城市管廊 PPP 项目的特点和 PPP 模式属性，下面针对法律风险、市场和运营风险、政治风险、建设风险、金融风险几方面给出如下的应对策略：

法律风险方面。法律政策风险对于城市管廊 PPP 项目具有很强的影响力，对于法律政策风险的应对策略只能从根源解决，政府加强对 PPP 模式及城市管廊 PPP 领域的法律法规的制定及完善。目前，国家各部委已经出台了多项支持性政策及文件，如《国务院关于创新重点领域投融资机制鼓励社会投资的指导意见》《国务院办公厅关于推进城市地下综合管廊建设的指导意见》、财政部《关于印发政府和社会资本合作模式操作指南（试行）的通知》和发展改革委《关于开展政府和社会资本合作的指导意见》等。

市场和运营风险方面。针对市场和运营风险的应对方面，主要有如下的应对步骤：第一，获得政府许可，要求政府财政支付并确保内部决策程序的合法，保证社会资本投资方在管廊 PPP 项目中的合法投资地位；第二，要保障管廊 PPP 项目的合法性，申请纳入财政部 PPP 项目库或发展改革委 PPP 项目库；第三，特殊目的公司要与第三方社会资本签订合同协议如《管线入廊租赁协议》等；第四，运营期内政府要制定相关的行业准入管理办法，禁止在运营期内有多家相关企业互相竞争挤出。

政治风险方面。政治风险的主要风险因素有政府干预、政府信用、政府腐败等。因此对于政治风险的应对措施应该从政府端着手，加强各级政府简政放权的管理改革，通过对顶层设计和监管评估职能的加强，放松各阶段的干预、管理、影响行为。在项目流程机制方面，尽量采用公开的方式以强化社会资本、项目公司的主体地位，比如招标流程、采购程序、实施阶段等，做到信息公正、公开与信息的完全性。在财政监管方面，财政部主要负责财政支出的审批、监督工作，保障政府在项目流程中履行相应的义务。

建设风险方面。建设风险的应对策略主要从风险源头入手，设置合理、明确的建设风险分担方案，建设风险主要由建设方即承包商、分包商承担，具体应对策略如约定建设风险中社会资本方引起的建设延期问题，其超额成本及后果由社会资本方承担，而对于非社会资本方所引起的建设延期则可依据合同中的保护条款按照原计划支付进行，可以大大降低建设风险引起的不良后果。另外，要注重承包商及分包商之间的合同契约，允许在一定可承受范围内转移部分建设风险，以保障城市管廊 PPP 项目的顺利进行。

金融风险方面。城市管廊 PPP 项目的金融风险应对策略需要政府、金融机构、社会资本的共同努力。首先要求政府制定金融方面相关的支持政策和法律法规，加强城市管廊 PPP 项目方面的法律支撑。其次要构建社会资本和金融机构良好的合作磋商关系，加强金融机构对城市管廊 PPP 项目的认可与支持，促进城市管廊 PPP 项目融资方面的灵活性。另外社会资本要强化建设、运营等项目实施阶段的资金有效利用，保障自身在项目实施中的财政支出有效，政府也要对此加强监督管理，降低金融风险发生的可能性。

（二）风险分担

1. PPP 项目风险分担原则

城市管廊 PPP 项目既包含传统基础设施建设的复杂性，也具有 PPP 项目的合作复杂、投资大、风险因素多、利益相关者众多等性质。为实现高效的风险管理机制，就必须有合理的风险分担机制，风险分担前提即是有合理恰当的风险分担原则。城市管廊 PPP 项目风险分担一般遵循 PPP 项目的风险分担原则，具体内容如下：

（1）风险应分配给具有相应收益的一方

PPP 项目风险分担应遵循风险与收益对等原则。一般情况下，风险高则回报高，项目主体要想获得高额的收益，就需要在可控范围内承担更大部分的风险。风险收益对等原则有益于提高社会资本投资的积极性，促进了风险分担机制的灵活性。

（2）风险应分配给最有控制力的一方

风险应该由对该风险最有控制力的一方承担，此原则能较大程度地降低风险发生的可能性，减轻风险发生的损失。由于该方项目主体掌握与该风险类型相关的技术或资源，对于防范风险的发生或最大限度地控制风险后果相较其他项目主体更有优越性，因此风险分担原则上应主要或大部分由最有控制力的一方承担。

（3）风险分担具有上限

项目实施过程中对风险的评估可能会不断发生变化，风险发生的可能性及风险发生的后果有可能会在评估结果预料之外，对这些类型的风险应该有特殊的风险分担方式，不能按普通原则将风险一味地分配给某方项目主体，应该将风险分担的责任相对量化，在可控的、合理的范围内进行风险分担，以增强风险分担的可行性及社会资本的积极性，促进项目的顺利实施。

2. 管廊 PPP 项目风险分担

根据风险分担三大原则：风险收益对等、风险控制力对等、风险分担上限，本节主要就城市管廊 PPP 项目的政治风险、法律风险、金融风险、建设风险、运营风险、市场风险、不可抗力风险几个方面分析风险分担问题。

（1）政治风险

政治风险应由政府承担。根据风险分担原则，风险应由最具有控制力的一方进行分担。政治风险如政府干预、审批延误、政府腐败、政治不稳定等风险因素都在很大程度上受政府的控制，政府在风险的管理过程中占据主导地位，政府是最能够有力控制风险发生及降低风险发生损失的项目主体。在管廊项目实施过程中，由于项目操作流程复杂、审批程序较多，对于政府引起的审批延误问题政府应该主动承担相应的风险及损失，以降低社会资本的潜在风险，提高其项目建设的积极性。运营过程中，政府提出的对于特许权、税收、合同等的调整若对项目实施造成损失、侵害了项目主体的利益，政府要在损失受到评估后承担该部分的损失补偿，来保障项目的顺利进行。

（2）法律风险

法律风险应由政府承担。该条风险分担主要依据风险分担原则中风险由最有控制力的一方进行承担。由于城市管廊 PPP 项目的法律政策方面的不完善，在项目实施过程中可能会遇到法律补充、修订，政策的制定等问题。法律及政策变更所引起的项目风险发生及损失应该由政府主动承担并进行补偿，社会资本方在法律方面没有预见性和控制力，其受到的损失也应该由政府给予相应的补偿，具体补偿范围及金额应依据项目签订的合同条款来确定。

（3）金融风险

金融风险应由项目主体各方共同承担。项目的金融风险的发生会受到多方面的因素影响，国际经济环境及政策的变化可能间接影响国内经济环境，带来通货膨胀的风险，也会引起汇率的变化；国内经济环境的变化如通货膨胀、利率的变动都有可能引发金融风险。对于国际经济环境变化引发的金融风险，项目主体之间应该拟定科学合理的合同协议明确风险分担比例；对于利益变动引发的风险，要在项目前期准确地预测利率变动对城市管廊 PPP 项目未来现金流的影响程度，将浮动利率计算转换为固定利率，以此方式在一定程度上降低利率风险，也可以将这种收益分配的方法视作风险分担的一种方式。原则上受多因素影响、涉及多项目主体的金融风险由各方主体共同承担。

（4）建设风险

建设风险由社会资本承担。建设风险主要包括成本、质量、技术、工期、设计等因素的风险，这些风险都是社会资本方直接涉及的风险，社会资本方更有能力控制风险的发生及影响程度。社会资本可以在承担建设风险的前提下，选择通过银行提供担保、政府给予信用担保、保险公司保险等方式来降低所承担的建设风险。

（5）运营风险

运营风险主要由运营商承担。城市管廊 PPP 项目运营阶段是最主要的阶段，其中涉及的技术、管理、效率等问题主要取决于运营团队的管理能力和运营效率。因此，运营商是在这一阶段最具有控制能力的项目主体。运营商在承担运营风险的过程中可以首先对项目进行预期分析，在项目可行性分析方面对项目各个主体给予合理的权责划分，降低运营期内可能发生的风险类型及可能性。另外可以寻找保险公司进行保险，一定程度上可以降低运营商承担的风险。

（6）市场风险

市场风险一般由政府和社会资本共同承担。在城市管廊 PPP 项目运营过程中，市场需求量的变动可能有多种因素影响，对市场需求量的预测很大程度上会与实际用户需求量偏离。需求风险的发生可以从多方面进行降低，一方面政府应当给予适当的补贴与优待，如资金补贴、特许经营期延长、税收优惠等政策；另一方面社会资本也需要承担一部分的市场风险，双方共同承担可以降低各方所承担的风险，提高了社会资本投资的积极性。

（7）不可抗力风险

不可抗力风险由政府和社会资本共同承担。因为不可抗力风险对于项目主体任何一方都不具备单独承担风险的能力，若单独由哪一方承担风险，有可能造成该方项目主体压力过大，对项目实施过程产生很大的不良影响。对于不可抗力风险应在双方合同条框中事先确定好各自分担的风险比例，在各自能力范围内计算科学的分配比例。

四、风险控制体系和机制

城市管廊 PPP 项目的风险控制要深入 PPP 项目实施的各个阶段，在项目的识别、采购、建设、运营等各阶段加强相关的法律、收益及监管方面的管理，本部分从法律机制、监管机制、价格机制、利润分配机制及退出机制几个方面探讨机制的重要性并给出一定的策略建议，在法律、收益、退出等方面的管理机制的完善对于风险的有效控制具有良好的促进作用。

（一）法律机制

完善、科学、稳定的法律机制是维护PPP项目平稳运行，保障PPP项目主体合法权益的重要基础。目前我国在法律机制方面亟须完成法律法规的建设工作，规范各部门复杂的法规秩序，建立清晰、统一的法律法规章程，使PPP项目有法可依，具有权威和规范性。在PPP法律机制建设方面，主要需突出以下几方面内容：明确项目范畴、划分项目主体责任及权利、分配项目风险、项目退出机制等。这样可以在项目全生命周期建立规范的法律机制以规范项目主体的操作、增强投资者的积极性。

目前关于PPP立法方面的争议主要可以分为三种：一是强调对PPP模式要单独立法；二是不制定统一的PPP法律，而是建立专项部门规章以及地方政府法规取而代之；三是在既定的法律框架内规范PPP项目操作，不再另行制定法律法规。各方声音争执不下，而笔者认为随着政府与社会资本合作模式在政治战略、城乡建设、国际合作等方面的不断加深，PPP法律建设问题越发受到各方关注，也越来越被重视，PPP模式的操作需要一套规范、合理、稳定的法律进行支撑，以防范各种风险的发生，解决项目争端问题，保障社会资本投资的合法性，保障各项目主体的合法权益。

（二）监管机制

加强PPP项目的风险控制就要建立有效的监督管理机制，配以科学有效的绩效评估机制。在组织机构方面，政府要调动其各个部门的工作效率，从中央层面到各级政府主管部门，包括财政部、发展改革委、证监会、水利部、环保局、交通部、建设部等各部门主管加强PPP项目的审核、调查、追踪、监督等职能工作。在此方面政府要加强对各部门的严格要求，各部门要深入学习PPP相关的专业知识、技术及操作流程，并且在组织机构方面各部门要设置专业的PPP部门，掌管各地方各领域PPP项目的审批与执行，地方政府可以参考中央的组织结构，以地方财政部门为中心，设立由地方发展改革委、环保局、水利局、交通局、建设厅等各部门协调构成的地方 PPP 监管体系。目前，PPP 项目在项目审批及实施过程中各部门的审批流程过长、效率极低、推诿现象严重、多头管理权责不明，这些现象严重影响 PPP 项目的实施建设效率。因此，从中央到地方建立以财政部为中心，多部门协调联合，可以极大程度地节省项目审批耗时，提高项目审批及建设效率，对于项目审批延误、项目建设逾期等风险均有一定的控制作用。

在监管体系的具体内容方面，主要涉及 PPP 项目合同协议的执行监管、项目建设期的质量监督、项目运营期的收费监督、PPP 项目全生命周期的绩效评估等。对于项目建设期的质量监督，各地主管部门要加强对项目质量、环境影响等因素的监督和追踪，另外在项目实施中的财务监管也需要各级主管部门进行大力监督，以防范社会资本在建设及运营过程中的腐败、偷工减料现象，对公共产品的合理价格要做统计评价，防止社会资本运营过程中定价过高的现象出现。对于运营期价格的监督直接影响着 PPP 项目中公众用户与社会资本方的利益分配，价格收费应该充分体现 PPP 项目的公益性，在满足项目公益性的基础上满足社会资本方的收益。最后在监督机制中要发挥公众监督的职能，收集公众意见、核实公众的意见，比如加强地方组织协会、消费者、项目建设周边住户等的意见调查。

（三）合理价格机制

合理的价格机制制定主要内容包括定价原则及价格调整两大方面。PPP 项目合理的定价机制应以公平、效率、满意为原则。公平原则是指要充分考虑项目各方主体的合理权益，尽可能地平衡各方的利益需求，政府在这个过程中要鼓励社会资本的投资积极性，充分保障其投资资金的安全性，并且其价格机制的制定要充分保障项目的公益性原则。效率是指价格机制的制定要在一定程度上促进社会资本建设、运营的高效率。满意是指令项目利益相关者满意，最大程度上使公平和效率达到平衡，而衡量的标准是利益相关者的满意程度。价格调整机制主要内容包括价格调整机制的制定与启动、价格调整周期。价格调整机制的启动一般是在项目达到临界条件，压力测试达到极限才可发生。价格调整周期指的是随着 PPP 项目的运营，政府与社会资本对风险的识别与评价不断深入，政府及社会资本根据对风险信息的掌握程度来调整周期的行为。

（四）利润分配机制

PPP 项目的利润分配机制主要指政府、社会资本、公众用户三方项目主体间的利润分配问题。合理的利润分配机制需要满足各方项目主体的利益需求，在分配过程中需要考虑各方的职责、所承担的风险以及成本投入等因素。对于政府部门来说，政府可以通过调节价格进行利润的调整，当 PPP 项目的实际利润大于预期利润时，政府会降低收费价格以平衡实际利润和预期利润，或者将差额资金纳入公共项目基金。对于社会资本方同样可以采取一系列措施平衡 PPP 项目的实际利润与预期利润，主要方法包括政府财政补贴、税收优惠及价格调整。对于公众用户难以调整 PPP 项目的实际收费价格，他们的预期是希望通过最小的成本获得更大的公共服务。

根据风险收益对等原则，分析一下影响利润分配的四个因素：

一是项目利益相关方的努力程度。PPP 项目实施过程中，需要政府和社会资本在最大程度上服务于项目实施，只有双方各自做好本职工作并建立起良好的合作沟通关系，PPP 项目才可能在最大限度上满足各利益相关者的利润需求，实现项目的公益性最大化。

二是政府方的监管力度。政府在 PPP 项目的运作过程中充当投资者、财政补贴者及企业与公众间利益的协调者，政府需要针对各利益相关者的不同目标设计科学合理的监管机制辅助完善基础设施的收费机制。由于政府方和社会资本对于项目的追求目标不同，政府及公众追求的是 PPP 项目的公益性的最大化，而社会资本方则考虑项目的最大化收益。政府需要在此过程中监督社会资本的行为，防范社会资本以权谋私、获取超额收益的行为，在社会资本方定价及收费过程中严格监管，增强项目的社会效益。

三是公众用户的满意程度。公众用户的目标是以最低的成本享受最好的公共服务，如何在公共用户的公益性目标和社会资本的收益性目标间平衡，最大化降低两种目标的矛盾是 PPP 项目要考虑的重要因素之一，采用何种的利润分配机制尽可能满足多方的要求需要政府及社会资本进一步去调查研究。

四是股东投资比例。项目投资与其收益是成正比的，在 PPP 模式中项目公司的比例需要合理的磋商探讨。投资一方面与收益对等，另一方面也说明了其分担的风险的比例，各利益相关方需要对自身的风险承受能力进行评估，在可承受范围内给出合理的投资标的，合理设置政府和社会资本的投资比例是 PPP 项目顺利进行的重要基础。

（五）退出机制

退出机制指的是投资银行、信托等金融机构在 PPP 项目投资几年内回收投资成本、获取利润的机制。退出机制的合理设置有利于良好衔接短期流动资金与长期投资资金，代表投资人在 PPP 项目投资结束后可以通过股权转让进行资金回笼、提前收益，这在很大程度上降低了项目投资者所承担的风险。退出机制有益于增强 PPP 项目资本的流动性，增加对社会资本投资的积极性，因此建立科学的退出机制是PPP模式深入发展的必经途径。

结合国内外 PPP 项目的实施经验，目前社会资本及金融机构在项目实施后主要有以下几种退出方式：一是社会资本在特许经营期满后无偿将 PPP 项目的所有权移交给政府。由于社会资本在特许经营期内通过项目的收费机制及政府财政补贴等优惠已经收回了投资资金并收获了一定的收益，可以在特许经营期满无偿移交项目所有权。例如北京地铁四号线项目，社会资本负责特许经营期内项目的运营、维护、更新职能，合同到期后社会资本向北京市政府无偿移交项目的所有权和运营权。二是社会资本在特许经营期满后有偿向政府转移项目所有权，意思是政府通过一定价格的回购从社会资本方购买项目的所有权。一般这种情况是发生于社会资本在特许经营期内没有收回投资资金，政府在特许经营期后通过一次性付费购回项目所有权及运营权。

第九章　案例介绍和分析

一、国际案例

在法国、英国等欧洲国家，共同沟被视为应由政府提供的公共产品，其建设费用由政府承担，运营期间以出租的形式提供给管线单位实现投资的部分回收，这种模式背后的支撑是雄厚的财政实力。

日本在共同沟建设中，其建设资金由道路管理者与管线单位共同承担，分担的比例并无明确的要求。后期运营管理中，采取道路管理者与各管线单位共同维护管理的模式。共同沟本体的日常维护由道路管理者（或道路管理者与各管线单位组成的联合体）负责，而共同沟内各种管线的维护，则由各管线单位自行负责。

台湾的共同沟也是由政府部门和管线单位共同出资建设的，与日本所不同的是，台湾对二者分担的比例有明确的规定。从建设投资费用来看，主管机关承担 1/3 的建设费用，管线单位承担 2/3，其中各管线单位以各自所占用的空间以及传统埋设成本为基础，分摊建设费用。

从共同沟的维护费用分摊来看，管线单位于建设完工后的第二年起平均分摊管理维护费用的 1/3，另 2/3 由主管机关协调管线单位依使用时间或次数等比例分摊。其中的管理费用不包括主管机关编制内人事费用。为确保共同沟建设与维护资金，政府还成立了公共建设管线基金，用于办理共同沟及多种电线电缆地下化共管工程的需要。政府机关、管线单位作为资金提供者可以享受一定数量的免息资金以及时保证共同沟所需资金。

以上为笔者选取的几个典型的国际地下管廊 PPP 项目的操作模式，国际上各个国家因为政治、经济、文化的国情不同，因此发展 PPP 项目的模式也不尽相同，同时国际案例的操作与我国现有的 PPP 模式规范体系存在冲突，为了更好地为我国 PPP 模式实践操作提供指导，笔者认为我们在选择发展 PPP 项目模式时，应该基于我国的基本国情，不应直接模仿或者直接采用哪个国家的 PPP 模式。因此笔者决定暂不对国际地下管廊 PPP 案例过多赘述。

二、国内案例

A. 贵州省某市地下综合管廊试点城市 PPP 项目（地下综合管廊）

（一）基本情况

贵州省某市地下综合管廊试点城市 PPP 项目（以下简称“本项目”或“项目”）位于贵州省某市中心城区，是国家财政部、住房和城乡建设部 2015 年地下综合管廊试点项目。项目内容主要包括老城区的人民路、天湖西路等 10 条道路地下管线入廊改造和新城区大河经济开发区的育德路、天湖路、天湖西路 3 条道路综合管廊建设以及上述 13 条道路地下综合管廊投资融资、运营、管理、维护等。项目实施的综合管廊总长共 39.69 千米（老城区管廊长度 23.9 千米、新城区管廊长度 15.8 千米），总投资约 29.94 亿元（老城区 17.30 亿元，新城区 12.64 亿元），其中，建安费用约 26.83 亿元，工程建设其他费用 1.69 亿元，预备费 1.43 亿元①。

根据《贵州省某市中心城区综合管廊专项规划（2015—2030 年）》和《贵州省某市地下综合管廊试点城市实施方案（2015—2017 年）》，本项目最终的目的是实现贵州省某市供水、电力、通信、广电、再生水、热力、

---

①《六盘水市市委、市政府召开城市地下综合管廊建设专题会》，载 http：//www.gzlps.gov.cn/art/2015/7/1/art_18581_662687.html

燃气、雨水、污水管线入廊，形成以荷泉南路（雨、污管网）、育德路（燃气管网）和红桥路（采用巡检车安装、维护）为地下综合管廊的全国示范项目。

本项目特许经营期为30年，其中：建设期2年，运营期为28年。本项目通过公开招标的方式选择具备相应工程施工总承包资质和项目经验的社会资本方，并由中标社会资本方增资贵州省某市政府已预先设立的项目公司，并通过项目公司负责项目的投资、融资、建设及运营维护等。

（二）项目实施步骤

首先，贵州省某市发展改革委（PPP项目管理办公室）作为PPP项目牵头部门，联合贵州省某市住建局（贵州省某市市政基础设施主管部门）、贵州省某市财政局（PPP项目管理中心）等部门对本项目进行物有所值评价、预期收益分析、财务边界指标分析测算、管廊收费标准测算、财政承受能力论证等项目前期论证评估工作。根据前期论证评估情况，贵州省某市政府授权市住建局和贵州省某市保障性住房开发投资有限责任公司（以下简称“住房开发公司”）作为项目实施单位，开展地下综合管廊PPP特许经营权授予工作，编制《贵州省某市地下综合管廊可行性研究报告》《贵州省某市市政基础设施地下综合管廊试点建设PPP模式实施方案（初稿）》等，并取得贵州省某市发改、国土、规划等部门的关于项目立项、用地预审、规划的批复意见。同时贵州省某市发展改革委将本项目入库，并于2015年7月发布《贵州省某市2015年7月PPP推介项目情况表》，将项目对外进行重点推介。

其次，住房开发公司根据贵州省某市政府的授权，委托第三方中介机构（大岳咨询公司）对本项目特许经营情况进一步进行专业的可行性评估，评估内容包括项目全生命周期成本、技术路线和工程方案的合理性，可能的融资方式、融资规模、资金成本，建设运营标准、公共服务质量和监管要求等。同时，贵州省某市住建局协调组织各入廊管线单位执行《贵州省某市地下综合管廊试点城市实施计划（2015—2017）》规定的入廊计划，强制管线入廊时间和入廊数量。

再次，根据专业的可行性评估结果，贵州省某市发展改革委和住建局组织第三方中介机构（大岳咨询公司）制定管廊服务费收费标准及计算模型，并组织贵州省某市各相关部门和入廊企业对管廊服务费收费标准及计算模型进行讨论与商定。同时，根据专业的可行性评估结果及各部门、入廊企业讨论反馈的意见，对《贵州省某市市政基础设施地下综合管廊试点建设 PPP 模式实施方案》进行进一步完善，并形成最终稿报贵州省某市政府审批和贵州省住建厅备案。

之后，根据贵州省某市政府审批的《贵州省某市市政基础设施地下综合管廊试点建设 PPP 模式实施方案》，贵州省某市住建局采取公开招标的方式依法依规选择项目合作伙伴。从 2015 年 7 月 28 日贵州省某市住建局发布《贵州省某市地下综合管廊试点城市 PPP 项目资格预审公告》起至 2015 年 9 月 16 日发布《贵州省某市地下综合管廊试点城市 PPP 项目公开招标结果公告》，本项目在历经近两个月的资格预审、招标、投标、评标、定标等采购程序后，最终确定中国建筑股份有限公司为中标社会资本方。

最终，贵州省某市住建局与公示期满无异议的中标社会资本方进行合同谈判，经过谈判确认，双方签署 PPP 项目合同或特许经营协议。同时，中标社会资本方与住房开发公司组建项目公司，并由项目公司具体负责项目的投融资、建设、运营、维护等工作。

（二）项目运作模式

本项目采取“管廊打捆 +PPP”的模式，采用“建设—运营—移交”的方式进行运作。具体模式如下：

1. 根据贵州省某市政府的授权，住房开发公司实际于 2015 年 5 月 28 日已成立了某城市管廊建设开发投资有限责任公司（以下简称“某管廊公司”）。某管廊公司注册资本为 7 亿元（注册资本为认缴，住房开发公司未实际缴纳出资），是本项目的项目公司。

2. 中标社会资本方根据中标后谈判确认的情况和住房开发公司、贵州省某市住建局签署《特许经营协议》，同时与住房开发公司签署股东（增资）协议，对项目公司增资，通过增资实现对项目资本金的投入。增资完成后，项目公司注册资本由原来的 7 亿元变更为 10 亿元，社会投资人实际缴纳货币出资 8 亿元，占股 80%；住房开发公司实际缴纳货币出资 2 亿元，占股 20%。

3. 中标社会资本方进入项目公司后，项目公司与贵州省某市住建局签署补充协议，全面承继中标社会资本方和住房开发公司在《特许经营协议》项下的权利和义务，由项目公司负责项目的投资、融资、建设及运营维护，自行承担费用、责任和风险，并获得服务费用。

4. 贵州省某市政府协调各个入廊企业与项目公司统一签署入廊协议，项目公司向入廊企业地下综合管廊使用服务，并通过收取廊位租赁费、管廊物业管理费以及获得政府可行性缺口补贴等方式取得收入，以补偿投入的成本和获取合理投资回报。

5. 特许经营期结束，项目公司将项目设施完好、无偿移交给贵州省某市政府指定单位。

（三）项目融资结构图

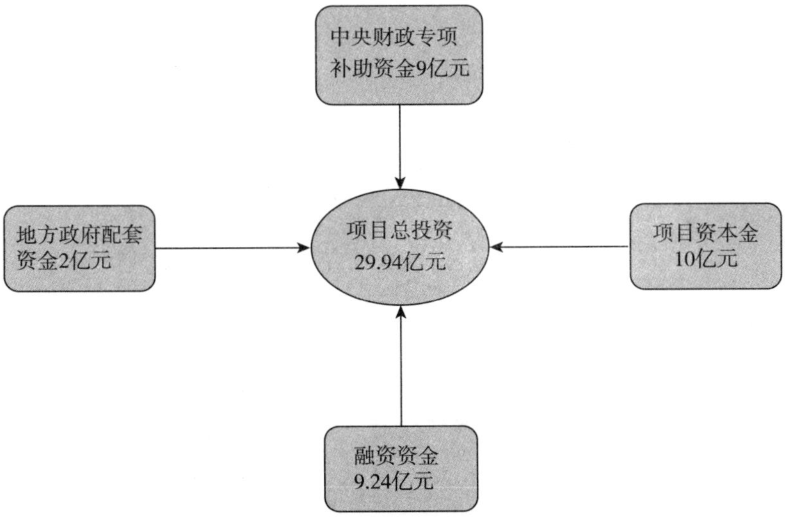

（四）项目合同体系图

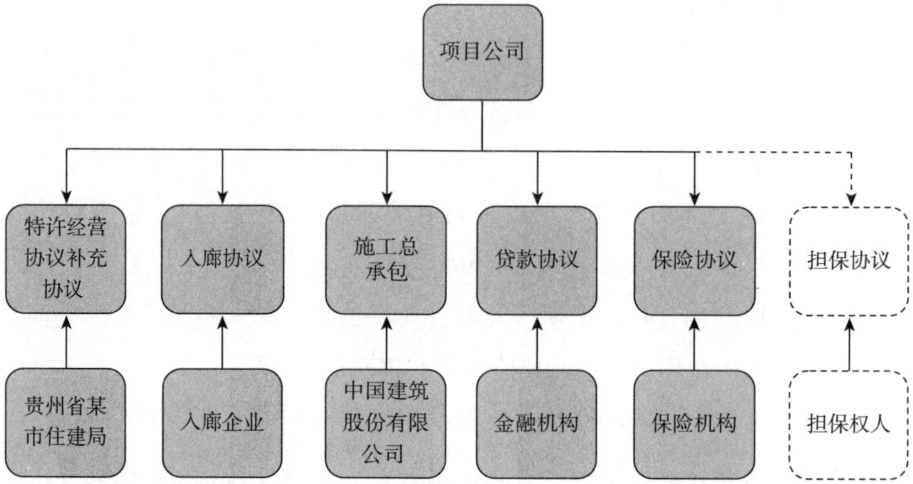

（五）项目交易架构图

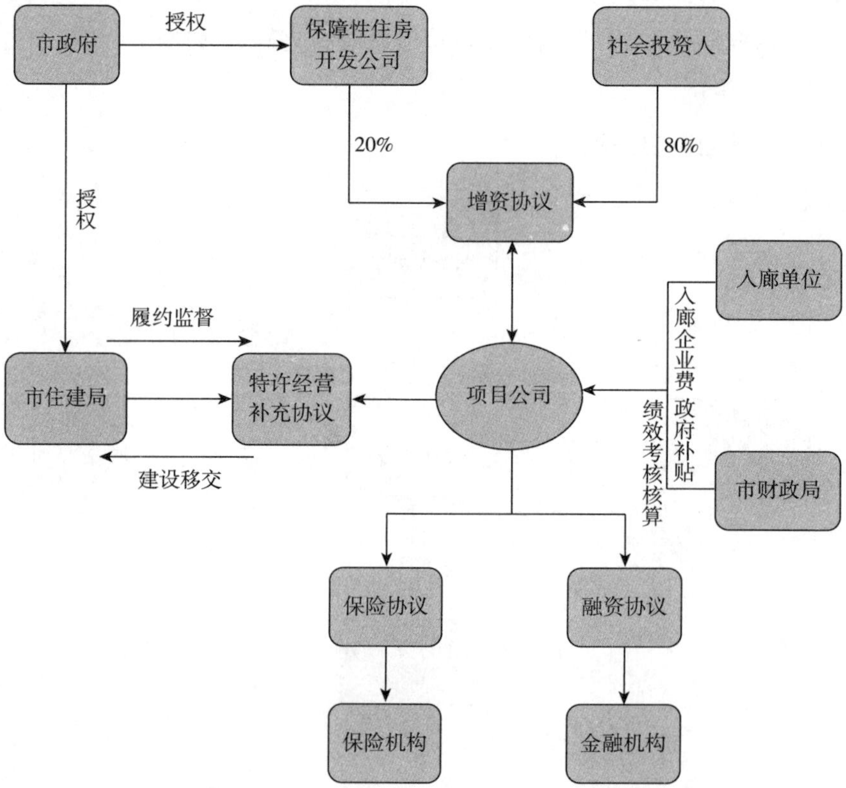

（六）项目主要特点

1. 招标时项目公司已成立，社会投资人通过增资扩股项目公司的形式成为项目实施主体。本项目在公开招标选择社会投资人前，贵州省某市政府授权住房开发公司出资 7 亿元（认缴，未实际出资）已成立项目公司，社会投资人需要以增资的方式成为项目公司的股东。按照政府方安排，增资完成后，项目公司注册资本由 7 亿元变更为 10 亿元，社会资本方以现金增资 8 亿元，占项目公司股比 80%；住房开发公司实际出资 2 亿元，占项目公司股比 20%。

2. 本项目社会投资人和施工总承包一次招选。本项目采用公开招标的方式选择社会投资人，并且项目公司可与中标社会投资人直接签署施工总承包合同，项目无须再进行施工总承包招标。本项目社会投资人和承包商一次招选的方式，避免了二次招标耗费的大量时间、资源和精力，又满足了社会投资人通过投资带动施工主营业务，除追求合理投资利润外，关注施工利润的诉求，同时也符合国家关于招标投标法律法规的规定，实现了合法性和经济性的有效统一。

3. 社会投资人在项目中缴纳的税费有最高限额。本项目特许经营协议约定，贵州省某市政府给予项目公司的可行性缺口补贴不征收营业税和所得税，并且项目在运营期间，如果由于国家税收政策等原因导致项目公司缴纳营业税和所得税以及相关附加税超过了每年 223 万元，超出部分由政府方核实后在支付当年政府可行性缺口补贴时，调增相应数额一并支付。

（七）项目主要法律问题分析

1. 社会资本方以增资方式进入项目公司需尽职调查的问题

本项目的项目公司在项目招标前已经成立，中标的社会资本方增资进入项目公司，而项目公司是否合法成立，股权、资产是否清晰，是否存在重大债权债务，是否存在诉讼仲裁、行政处罚，股东是否实际履行出资义务等问题直接关系到社会资本方增资项目公司的定价问题，成本和费用的控制问题，可能面临的连带责任问题等。为规避不确定性和未知性带来的风险，应对项目公司进行法律和财务尽职调查。

2. 社会投资人对项目公司的增资扩股需要履行国资审批程序

本项目在招标时，项目公司已成立，在本项目选择中标社会投资人后，如果要实现政府方设置的“项目公司注册资本由7亿元变更为10亿元，社会投资人以现金增资 8 亿元，占项目公司股比 80%；住房开发公司实际出资 2 亿元，占项目公司股比 20%”目的，住房开发公司和中标社会投资人需要采取增资 + 转让项目公司股权的形式。而根据《企业国有资产监督管理暂行条例》《企业国有产权转让管理暂行办法》等法律法规，国有企业进行增资扩股、转让产权等涉及放弃国有控股权的产权变动行为的，应当在依法设立的产权交易所公开进行并履行资产评估、国资审批等手续。本项目的项目公司是由贵州省某市政府授权住房开发公司设立的国有独资公司，其进行增资扩股和股权转让，应当履行资产评估、进场交易、国资审批等程序。

3. 关于本项目特许经营协议中缺陷责任期的问题

根据我国《建设工程管理条例》《建设工程质量保证金管理暂行办法》的相关规定，缺陷责任期自工程通过竣工验收之日起计算，一般为 6 个月、12 个月或 24 个月，而本项目特许经营协议规定缺陷责任期从项目设施移交之日起算，即项目设施在运营 28 年移交给政府之后，项目公司还要对项目设施履行保修义务。这样的规定在许多地方的 PPP 实践中政府方都会要求，但实际上其既不符合我国建设工程法律法规的相关规定，从合同平等交易这个角度对社会资本方也显失公平。实践中，建议社会资本方与政府方进行沟通，取消缺陷责任期从项目设施移交之日起算的规定，而修改为从竣工验收合格之日起算。或者与政府方协商，预估缺陷责任期可能发生的保修费用并将该费用计入项目运营维护费用中或政府补贴数额中。

4. 关于项目社会投资人和施工总承包商一次招选的问题

根据我国《政府采购法》《政府采购法实施条例》的规定，采购人采购货物或者服务应当采用公开招标的方式，采用公开招标以外的采购方式的，应当在采购活动开始前获得设区的市、自治州以上人民政府采购监督管理部门的批准。我国《招标投标法实施条例》第 9 条规定，已通过招标方式选定的特许经营项目投资人依法能够自行建设、生产或者提供的，可以不进行招标。本项目实施过程中，贵州省某市住建局通过资格预审和公开招标的方式选择社会投资人，并且由中标社会投资人作为本项目特许经营的施工总承包商，社会投资人和施工总承包商一次招选符合法律法规的规定。但在PPP实践操作中，还存在着许多以非招标方式（竞争性谈判、竞争性磋商、直接授予等方式）选择社会资本方的PPP项目，这些PPP项目工程施工是否需要招标，是否可以直接授予具有资质的社会资本方直接施工，存在较大的争议。根据我国建筑施工法律法规的规定，当事人应当将签署的施工合同送工程所在地的县级以上地方人民政府建设行政主管部门备案。在PPP实际操作中，为避免项目工程施工合同无法备案，影响效力，稳妥起见，通常建议社会资本方与政府方建设部门进行沟通，就项目工程施工是否必须招标以及施工承包合同备案事宜进行核实确认。

5. 关于政府方一票否决权的问题

PPP项目是关乎社会公众利益或公众安全的基础设施和公共服务项目，政府方通常在项目公司股东会或董事会决议中要求对公共利益或公共安全或重大事项具有一票否决权，例如本项目中，贵州省某市住建局对于项目公司的重要人事任免、大额资金支付、重大事项决策等具有一票否决权，但什么是公共利益、公共安全，哪些是重大事项又语焉不详，无法界定明确，而模糊的界定容易产生政府方随意解释，利用一票否决权侵害社会资本方利益的情形。在实践操作中，为了尽可能保护社会资本方的利益，解决政府方一票否决权的建议通常是与政府谈判，请政府方在协议中明确列明哪些事项是公共利益、公共安全或重大事项，如果政府方也无法界定清晰，建议删除一票否决权的约定，而改为股东会、董事会所做的决议不得侵害公共利益和公共安全。

B. 黑龙江省某市地下综合管廊PPP项目

（一）项目概况

为确保黑龙江省某市地下综合管廊建设科学合理、切实可行，按照统一规划、统筹组织、形成规模、建成网络的原则，对建设方案进行反复论证，初步确定了综合管廊建设内容和工期安排。确定了红旗大街区域、哈南工业新城区域、临空经济区域 11 条 25 千米综合管廊建设项目，其中主城区建设 13 千米，新城区建设 12 千米[①]，工程静态投资 28 亿元。争取达到两年初见成效、三年实现运营的总体目标。2015 年，完成地下综合管廊建设 8.53 千米，主城区完成南直路、宏图街、长江路 5.78 千米综合管廊建设，新城区完成哈南九路 2.75 千米综合管廊建设，投入运营使用，新城区管廊将结合道路工程建设，同步组织实施。2016 年，完成综合管廊建设 16.98 千米，主城区完成红旗大街 7.5 千米综合管廊工程建设，新城区完成哈南十二大道、十五路、十七路、临空第三大道、临空六路 9.48 千米综合管廊建设。2017 年，组织地下综合管廊项目公司对已经建成的综合管廊进行运营、管理和维护，配合国家对综合管廊建设运营情况进行考核。

另外，投资人需在建设期支付建设期利息 0.23 亿元，其中主城区 0.17 亿元，新城区 0.06 亿元。

由于主城区的地下综合管廊建设面临交通和临时施工场所问题，采用的施工工艺有所区别。主城区拟采用叠合整体式工艺施工，新城区采用传统的现场浇筑工艺施工。为了保障项目顺利招标，采取主城区和新城区管廊建设分开招标的方式。

（二）项目运作方式

根据财政部和住建部联合印发的《关于市政公用领域开展政府和社会资本合作项目推介工作的通知》（财建〔2015〕29 号）文件精神，本项目采取“投资、建设和运营维护一体化 + 入廊单位付费 + 政府补贴”的运作方式。

1. 由市城乡建设委员会作为招标人，通过招标方式，选定社会资本。市政府指定市建设集团有限公司与社会资本共同成立项目公司。地下综合管廊工程属于公益性项目，通常政府对关系公共利益和公共安全的事项（如股权变更时，受让方不满足合同约定的技术能力、财务信用、运营经验等基本条件；缩减运营维护经费等）享有一票否决权。参照国内其他公

① 倪伟龄：《哈尔滨投资百亿建地下管廊工程　今年将再完成 11.42 千米》，载 http://paper.ce.cn/jjrb/html/2015-10/12/content_278906.htm.

益性项目的做法，市建设集团有限公司以一元持有项目公司金股（无实际经济价值，权益主要表现为否决权而非收益权或其他表决权，金股通常作为1股）。市建设集团有限公司也可根据自身经营意愿，通过自筹资金增加自身股权比例，获取收益分成。

2. 项目公司负责融资、建设和项目设施的运营维护。项目公司与入廊单位签订《入廊协议》。

3. 项目建成投入使用后，在项目合作期限内，项目公司根据市政府及价格主管部门出台的收费政策对入廊单位使用地下综合管廊进行收费（包括入廊费和管廊运行维护费收入）。政府按照设施使用的绩效考核情况分期支付财政补贴，合作期满后项目设施无偿移交给政府指定机构[①]。项目结构图如下：

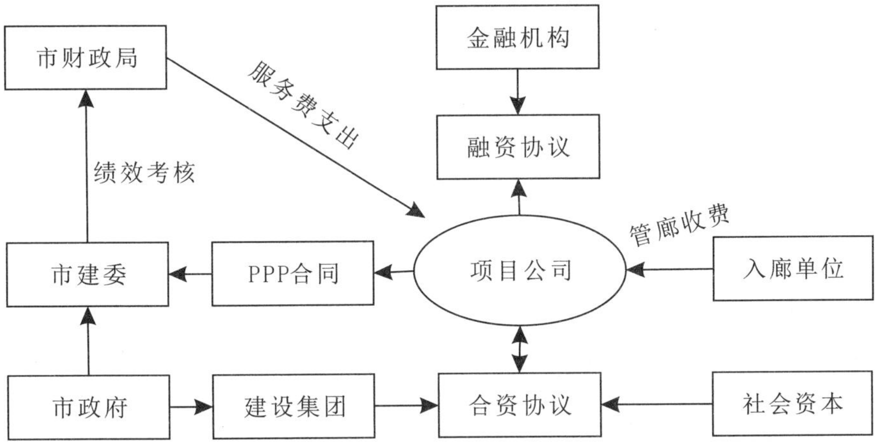

（三）可行性分析

本项目采取PPP模式，不仅可以减轻黑龙江某市政府的债务负担，减缓地方融资平台压力，还能有效促进政府职能转变，有利于项目的总体规划和监管；对社会资本来讲，拓宽了社会资本发展空间，进一步激发非公有制经济的活力；对社会公共服务来讲，通过“让专业的人做专业的事”，提高公共产品供给效率和服务质量。PPP模式与传统政府采购模式相比，可以在一定程度上优化项目的风险分配。

① 《哈尔滨市城乡建设委员会哈尔滨市地下综合管廊建设工程项目PPP模式社会资本招标成交公告》，载http://www.ccgp.gov.cn/cggg/dfgg/cjgg/201510/t20151008_5935207.htm

在传统政府采购模式下，决策及其他因素，经常导致政府分担较多的风险。在 PPP 模式下，按照风险分配优化、风险收益对等和风险可控等原则，通过合作各方平等协商，有利于在政府和社会资本之间形成合理的风险分配机制。

同时，PPP 模式也可以在一定程度上提高项目的运营效率。传统政府采购模式通常将建设和运营分别交给不同的机构来负责，而 PPP 模式的建设和运营通常由社会资本组建的或社会资本与政府合资组建的项目公司来统一负责，这也有利于降低管廊运营成本、提高服务效率。

C. 吉林省某市地下综合管廊 PPP 项目

（一）项目概况

项目内容包括：新建 35 条共 61.5 千米地下综合管廊及 29.98 千米随管廊新建市政道路。项目总投资为 63.67 亿元，其中地下综合管廊投资 56.37 亿元，新建随廊道路投资 7.29 亿元。建安费比例为总投资的 80%。项目建设期为 5 年，运营期为 25 年（道路为 15 年）。

（二）项目背景

吉林省某市地处松辽平原腹地，为吉林省下辖的地级市。是东北军事重地，亦是东北地区重要的交通枢纽和物流节点城市。吉林省作为全国地下综合管廊建设唯一试点省，该综合管廊项目又作为吉林省首个以 PPP 模式实施的项目，受到省、市两级的高度重视。

（三）项目进展

1. 2015 年 8 月，该综合管廊试验段进行施工总承包招标，第四公路工程局成功中标。

2. 2015 年 9 月 29 日，项目入选财政部第二批 PPP 示范项目库。

3. 2016 年 1 月，中交第四公路工程局有限公司与中国铁路通信信号集团公司、中国二十二冶集团有限公司、中国三冶集团有限公司、中国铁建大桥工程局集团有限公司就本项目合作共同与吉林省某市政府达成初步意向，上述几方拟组建联合体。

4. 2016 年 1 月 29 日，吉林省某市住房和城乡建设局发布该项目《资格预审公告》，以四公局为牵头人的联合体，参与资格预审，并于 2 月 24 日顺利通过。2016 年 2 月 25 日，吉林省某市住建局发售《招标文件》，并于 3 月 22 日开标，联合体于 3 月 30 日成功中标。

5. 2016 年 4 月 21 日，吉林省某市获得国家地下综合管廊试点城市竞争性评审第三名，根据财政部《关于开展中央财政支持地下综合管廊试点工作的通知》，将对地下综合管廊试点城市给予专项资金补助，共计三年，每年 3.6 亿元，合计 10.8 亿元。

（四）项目交易结构

项目采用“PPP+ 入廊费及维护费保底 + 可行性缺口补贴”的合作模式。由吉林省某市城市发展投资控股有限公司作为政府方出资代表与中选的社会投资人签署《合资协议》，在吉林省某市共同出资设立项目公司，项目公司注册资金为 12.73 亿元（暂定，后期将根据批复的概算总投资进行调整。注册资金占总投资的 20%，与项目资本金比例一致）；其中市城投以已建成的管廊实物作价 2.55 亿元出资，持股 20%；社会资本方自有资金出资 10.19 亿元，持股 80%。项目公司通过银行贷款解决剩余 80% 的建设资金。项目结构图如下：

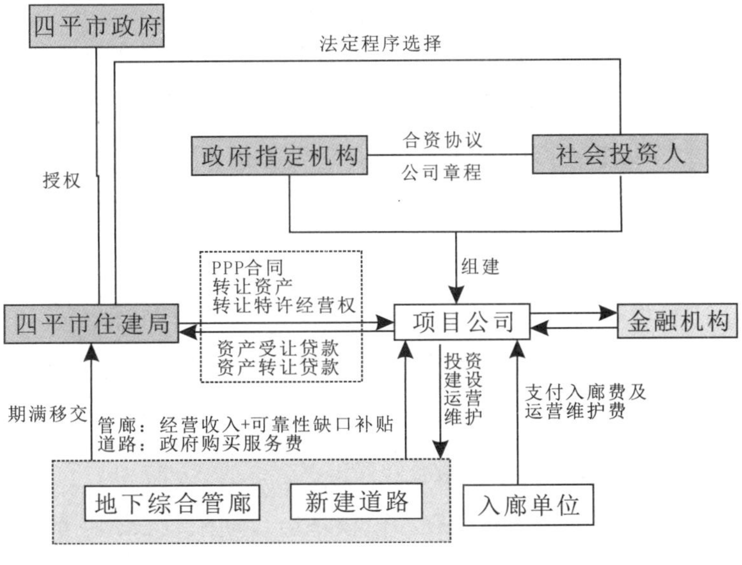

合作流程说明：

1. 市政府授权市住建局作为项目的实施机构，通过法定程序选择符合条件的社会资本。

2. 中选社会资本与市政府指定机构在吉林省某市成立合资公司（“项目公司”或“SPV 公司”），注册资金不少于 12.73 亿元，双方股比 8:2。

3. 项目公司通过法定程序以不低于资产评估值的价格有偿受让在建工程资产（4.3 亿元）。

4. 市住建局与项目公司签订《PPP 合同》，授予项目公司特许经营权，负责本项目涉及管廊及市政道路的续建、新建工程的投资、建设、运营和维护。

5. 项目公司在运营期，运营和维护地下综合管廊，依法向入廊管线单位收取管线入廊费（简称“入廊费”）和管廊运营管理费（简称“运管费”），并获得政府给予的可行性缺口补助；运营和维护道路及附属设施，依法获得政府购买服务费；以上收入用于弥补建设成本、经营成本、归还债务本息并获取合理投资回报。

6. 在特许经营期满后，项目公司将所有项目设施无偿完好无抵质押地移交给市住建局或其指定机构。

（五）项目融资结构

融资方式总体来讲有两种：股权 & 债权。股权融资在类似项目中主要方式是明股实债的方式对股权出资部分进行融资，用于财务出表。该种融资方式的成本一般高于银行贷款，而且融资方通常要承担连带责任，且要协调政府同意，因此特许经营类项目采用此种方式融资障碍比较多，操作难度大。

传统的特许经营权质押，通过银行贷款方式进行融资，成本低，期限长，比较常用。但银行对类似项目的放款条件有合法合规、政策审核、政府资信等级及项目使用者收费评估等多方面的要求，建议在项目前期引入银行一同参与策划项目，避免融资风险。

目前还有国开行的长期股权和债权基金。期限较长，一般为 15 年以上，成本低于2%，可用于股权投资和债权投资。使用该资金的门槛也比较高，通常要国家发展改革委审批。此项融资方式也适用于一些国家或省级重点项目。

本项目除中央财政10.8亿元和项目公司的股本金12亿元之外，剩余40.67亿元由项目公司以特许经营权作为质押担保，向国家开发银行贷款的方式解决融资。

（六）项目收益结构

收入：使用者付费+可行性缺口补助（用户+政府）。

使用者付费包括：入廊费和管廊运营维护费。

计算原则是：因入廊费用同入廊的管线和使用费试行标准有关，强制入廊需政府介入。入廊费用由政府计算并固定，运营过程中真实的入廊费用同政府计算的入廊费用对比，如果不足，由政府补缺，如果超出，超出部分属于政府，相应扣减可行性缺口补助。日常维护费同样采取政府保底的模式。可行性缺口补助的金额通过计算得出。通过确定项目公司每年的总成本费用，并通过计算项目公司收入，确定在满足社会资本方最低资本金内部收益率要求的情况下，政府需要支付给项目公司的可行性缺口补助金额。通过可行性缺口补助，确保社会资本方运营期内资本金内部收益率满足一定要求。

成本：运营维护成本、财务成本、折旧摊销等。

收益：（投融资利差，设计施工收益、运营期收益）。

通过合同的回报机制设计，确定社会投资者的收入。通过合同投资额计价原则（定额、调差、变更）等条款设计，确保建设期收益。

（七）项目风险结构

合理分配风险原则，风险防控，PPP合同明确合同组成、优先顺序、甲乙方责权利、回报机制、定价原则和风险分配原则。

明确了合同组成，包括：定义和解释；项目的范围和期限；前提条件；项目的融资；项目用地；在建管廊工程转让；项目的建设；项目的使用；项目的维护；股权变更限制；付费机制；履约担保；政府承诺；保险；守法义务及法律变更；不可抗力；甲方的监督和介入；违约、提前终止及终止后处理机制；项目的移交；适用法律及争议解决；合同附件等内容。

明确了风险划分原则。按照风险分配优化、风险收益对等和风险可控等原则，项目投资、建设、财务和运营维护等商业风险由社会资本方承担；法律、政策等风险由政府方承担，如因国家税收政策、法规变化导致的税负增减（包括“营改增”），对项目涉及的特许经营权等政策、法规变化导致的项目公司运营期限或运营收入减少等；项目审批手续办理、不可抗力等风险由政府和乙方合理共担。

明确了合同构成及优先次序。明确合同附件构成合同的一部分，与合同具有同等效力并应与合同主文一并阅读和解释。合同的变更或补充达成的变更或补充协议构成本合同的一部分，合同的变更或补充协议与合同的内容不一致的，以变更或补充协议的约定为准。

（八）总结

总体来看，本项目交易结构清晰，股权比例、出资权责分配合理，政府补贴高、融资易解决，收入有保障、收益情况较好，整体风险可控。

D. 河北省某市地下综合管廊 PPP 项目

（一）项目背景

依据河北省某市总体规划的要求，为了满足河北省某市经济快速发展的需要，拓展城市发展空间，将全面加快正定新区开发建设步伐，近年重点抓好 30 平方千米起步区的开发建设。正定新区位于滹沱（hū tuó）河北岸，正定古城东侧地区，总面积约 135 平方千米。河北省某市紧紧围绕“三年出形象、五年出规模、十年成新城”的总体目标，锁定“低碳、生态、智慧”的定位，全面启动正定新区 30 平方千米的核心起步区建设，努力把正定新区打造成财智要素集聚、功能多元复合、生态人文和谐、水绿交融共生的创新动力之城、宜居活力之城和滨水魅力之城，使之成为体现繁华舒适、现代一流石家庄形象的新地标。

正定新区为新建城区，原用地为村庄及农用地，地下市政管网几乎没有，现状土地已基本完成收储，处于基础设施建设阶段。根据区域控制性详细规划，区域内共需敷设给水、再生水、雨水、污水、燃气、供热、电力、通信、南水北调输水管等管线，并预留集中供冷管位。正定新区起步区主干路下规划管线密集，如采用传统敷设方式，地下空间利用率低，后期维护运营成本高，不适宜新区发展定位的要求，根据区域控规，需在主干路下建设综合管廊，形成层次化、骨架化、网格化的综合管廊系统，以满足除排水、燃气外的其他管线敷设需求。

依据近期国务院、国家发展改革委、财政部等部委以及河北省、河北省某市出台的有关政策法律法规，河北省某市管委会为缓解财政压力，筹集项目建设所需资金，提高正定新区地下综合管廊的建设水平、建设速度和运营管理水平，提升正定新区基础设施的整体服务水平，结合正定新区实际情况，决定采用政府和社会资本合作（PPP）的模式运作本项目，充分吸引社会资本参与本项目的投资、建设和运营维护。

（二）项目建设内容及规模

依靠正定新区主干路路网规划，建设北京大街、天津大街、迎旭大道、柏坡大道、隆兴大道、上海大街和西藏大道 7 条道路下，共建设 36.23 千米长地下市政综合管廊，满足区域主干线路（给水、再生水、供热、电力、通信等管线、线缆）的敷设需求。同步配套给排水、照明、检测、监控、消防、通风等设施。各条综合管廊具体情况，考虑已实施项目及新建项目布局特点、审批工作、施工管理等因素，将未来拟建成的综合管廊划分为 9 个项目。

本项目的计划建设期为 2.5 年。

起步区范围综合管廊工程（约 24.63 千米）的建设主体为河北省某市滹沱新区投资开发有限公司（以下简称“滹沱投资开发公司”），项目于 2012 年开始建设，目前起步区内已开工建设综合管廊约 19 千米（北京大街、天津大街、迎旭大道、隆兴大道、上海大街），其中主体工程已完工约 15 千米（北京大街、天津大街、迎旭大道、上海大街）。

根据河北省某市经济发展局文件，起步区范围综合管廊工程总投资合计约 23 亿元。目前已投资约 15.76 亿元。

（三）项目运作模式

经新区管委会研究决定，将正定新区起步区范围综合管廊、东通干线综合管廊和北延干线综合管廊捆绑实施，采用政府和社会资本合作（PPP）模式投资、建设、运营和维护正定新区综合管廊项目。具体运作模式如下：

1. 通过法定程序选择的境内外投资人，与浩运建设投资公司签订《合资经营合同》和《公司章程》，双方按照一定股权比例在河北省某市合资组建特许经营项目公司；

2. 新区管委会将滹沱投资开发公司拥有的起步区范围综合管廊所有在建工程资产划转到浩运建设投资公司名下，由浩运建设投资公司通过法定转让程序再将起步区范围综合管廊所有在建工程资产转让给项目公司，项目公司向浩运建设投资公司支付资产转让价款；

3. 正定新区管委会与项目公司签订《特许经营协议》，授予项目公司本项目的特许经营权；

4. 项目公司负责起步区范围未完工综合管廊、东通干线综合管廊和北延干线综合管廊的投资与建设；

5. 在整个特许经营期内，由项目公司负责运营和维护所有管廊（包括起步区范围综合管廊、东通干线综合管廊和北延干线综合管廊）项目设施，并取得相应收入；

6. 在特许经营期期满后，将所有管廊项目设施完好无偿移交给新区管委会或其指定机构。

（四）特许经营合同主要条款

依据本项目的建设特点，同时为了进一步降低投标报价水平，建议特许经营期为 30 年（不含建设期）。特许经营期为特许经营合同生效日起至特许经营合同生效日第 30 个周年结束之日。

经市政府授权，新区管委会与项目公司签署特许经营合同，并授予项目公司以下特许经营权：

1. 在特许经营期内，自行承担相关费用、责任和风险，负责起步区范围未完工综合管廊、东通干线综合管廊和北延干线综合管廊的投资与建设；

2. 负责所有综合管廊项目（包括起步区范围综合管廊、东通干线综合管廊和北延干线综合管廊）的运营和维护，向入廊用户收取管廊服务费等费用，并行使和享有《特许经营合同》项下约定的其他权利和权益；

3. 在特许经营期期满时，将所有综合管廊项目设施完好无偿移交给新区管委会或其指定机构；

4. 项目公司在特许经营期内独家享有特许经营权，新区管委会在特许经营期内不会以任何方式将全部或任何部分的特许经营权授予项目公司以外的任何其他人。

特许经营期满后，项目公司应向新区管委会或其指定机构完好无偿移交地下综合管廊项目设施。在特许经营期期满前 36 个月，新区管委会或其指定机构和项目公司应共同成立移交委员会，负责过渡期内有关特许经营期届满后项目移交的相关事宜。

本项目的移交范围、移交标准、移交验收程序、移交日项目设施的状况、保险的转让、承包商的责任、合同转让、技术转让、培训义务、风险转移、移交费用等具体条款将在《特许经营合同》中编制。

（五）保障措施

新区管委会负责协调相关入廊用户，与新区管委会签订入廊协议，并出台强制性入廊政策，以保证本项目的正常运行不受影响。

新区管委会适时建立财政补贴政策、风险分摊制度、绩效指标及评价机制等，保障和促进地下综合管廊的稳定运营。

新区管委会及政府相关主管部门应根据各自职责，对正定新区地下综合管廊项目涉及的发改、财政、国土、规划、建设、价格、税收、环境保护等管理和审批事项，为项目公司提供相应的支持和保障。

在《特许经营合同》的实际执行过程中，新区管委会和项目公司建立定期的协商和评价制度，在公平合理、友好协商的基础上，解决协议实际执行中遇到的问题。双方达成一致的，将作为《特许经营合同》的补充条款。

E. 海南省某市地下综合管廊 PPP 项目

（一）项目基本情况

1. 项目类型

在建及新建项目打包。

2. 项目所在地

本项目所在地为海南省某市。

3. 项目所属行业

本项目包含 43 个地下综合管廊子项目，属于市政公用事业。

4. 实施背景

某市是全国首批城市地下综合管廊试点城市之一。本项目是某市地下综合管廊近期建设项目，即 2016~2020 年拟实施的项目。本项目的实施对于避免由于敷设和维修地下管线频繁挖掘道路而对交通和居民出行造成影响和干扰，降低日常检修维护费用，减少资源浪费，提高管线安全建设和运行管理水平，保障城市公共安全具有重要意义。

5. 建设运营内容

建设内容包括43个子项目，共96.47千米[①]。某市入选全国首批地下综合管廊试点城市，根据《关于开展中央财政支持地下综合管廊试点工作的通知》（财建〔2014〕839 号），某市将获得 12 亿元（2015—2017，每年 4 亿元）的中央财政资金用于本项目建设。

6. 项目总投资

本项目估算总投资 76.28 亿元，其中：工程费用 60.11 亿元，其他费用（含征地拆迁费用）16.17 亿元。

---

① 黎光:《获首批试点城市资格　海口未来三年建 43 千米地下管廊综合管廊》，载 http://www.hkup.gov.cn/imgshow.asp?Id=9651&Page=1

（二）项目前期工作情况

1. 立项批复

《关于同意 ××× 经济开发区地下综合管廊——××× 二期项目建议书的复函》（× 发改投资函〔2015〕1781 号）；

《关于同意 ×× 市地下综合管廊试点工程立项的复函》（× 发改投资函〔2015〕599 号）；

《关于同意 ×× 市地下综合管廊（2016—2020）一期工程项目建议书的复函》（× 发改投资函〔2016〕497 号）。

2. 环评批复

《关于批复 ×× 市地下综合管试点工程项目（2015）环境影响报告表的函》（× 环审〔2015〕614 号）；

《关于批复 ×× 市地下综合管试点工程项目（2016）环境影响报告表的函》（× 环审〔2015〕686 号）；

《关于批复 ××× 经济开发区地下综合管廊——××× 二期项目环境影响报告表的函》（× 环审字〔2016〕40007 号）；

《关于 ×× 市地下综合管（2016—2020）一期工程项目有关环保审查的复函》（× 环审〔2016〕101 号）。

3. 可研批复

《关于同意 ×× 市地下综合管试点工程（2015）可行性研究报告的复函》（× 发改投资函〔2015〕784 号）；

《关于同意 ×× 市地下综合管试点工程（2016）可行性研究报告的复函》（× 发改投资函〔2015〕853 号）；

《关于同意批复 ×× 经济开发区地下综合管廊项目可行性研究报告的复函》（× 发改投资函〔2016〕107 号）；

《关于同意 ×× 市地下综合管（2016—2020）一期工程可行性研究报告的复函》（× 发改投资函〔2016〕569 号）。

（三）项目 PPP 实施情况

2016 年 5 月 27 日，某市 PPP 中心组织了本项目《PPP 实施方案》及物有所值和财政承受能力论证的评审会；

2016 年 6 月 14 日，本项目《PPP 实施方案》和《采购文件》获得某市政府专题会议批复，见某市人民政府《研究 ×× 市地下综合管廊 PPP 项目等问题》的专题会议纪要（〔2016〕198 号）；

2016 年 6 月 14 日，发布本项目竞争性磋商公告，吸引了 12 家实力雄厚的社会资本（大部分为央企）报名，最终 5 家社会资本递交响应文件参与磋商；

截至目前，本项目已完成社会资本采购，成交结果已在中国政府采购网、×× 市公共资源交易网、×× 市人民政府网等媒体公告。双方签订协议后，将立即成立项目公司承接在建的 6 个子项目的续建工作，其他项目也将同时开工建设。

（四）风险分配

1. 主要风险分配框架

某市地下综合管廊项目 PPP 模式运作时，按照风险分配优化、风险收益对等和风险可控等原则，政府和社会资本谁对哪种风险更有控制力，谁就承担相应的风险，以此达到降低项目在整个建设和运营周期内所面临的各种风险。

结合本项目投融资结构及项目自身特点，通过协议约定，形成如下风险分配框架：

（1）政治、法律、政策等宏观层面的风险，主要由政府承担；政府决策失误风险，规划及相关设计、建设标准变更风险，投资诱因不足导致采购失败风险等由政府承担；作为准经营性项目，本项目的最低需求风险由政府承担。另外，政府对土地（包括施工临时用地）获得风险具有最强控制力，所以该风险也由政府承担。

（2）原则上，融资期、建设期、运营期的风险由主要社会资本方承担，包括但不限于：投资建设期的融资不能按时到位风险、融资成本过高风险，工期延误风险（非社会资本方原因导致的情况另行约定）、建设质量风险及财务风险等，运营期的运营效率风险、服务质量风险以及运营成本超支风险等。

（3）不可抗力风险是不可避免和不可控制的，所以由政府和社会资本合作方共同承担。通货膨胀风险由双方分担，CPI指数变化作为调价因素之一。

2. 风险防控措施

本项目风险防控措施如下表所示：

风险	风险因素	防控措施
政策法律风险	法律变更	设置一般补偿条款，对因法律变更导致项目公司经营成本增加或资本性支出增加超过一定范围时，政府予以适当补偿
	合同文件风险	由政府方聘请专业法律顾问起草相关法律文件初稿，在双方协商一致并经政府法制部门审核后签署
金融风险	利率风险	利率风险主要由政府承担
建设风险	政府决策审批延误风险	作为全国试点城市项目，政府设置绿色通道，加快决策和审批
	土地获得风险	土地采用行政划拨，由工程所在区政府负责征地拆迁
	工程变更	明确工程变更遵循原则和程序，鼓励优化设计工程变更，控制不当或不必要的工程变更
	融资风险	项目公司承担，目前已有意向融资渠道
	工期延误	明确开工完工时间，对因项目公司原因导致的工期延误设计严厉的惩罚措施
	工程质量风险	政府聘请工程监理，明确工程竣工验收标准，项目公司负责后期运营，承担工程质量风险
合作风险	合作风险	签订规范的《PPP项目协议》《股东协议》，制定《公司章程》，明确双方权利义务关系，明确争议解决途径、退出机制及决策机制
	治理结构风险	设置合理的项目公司治理结构，明确政府董事在涉及公共安全、资产安全、突发事故、公共利益等重大事项时的绝对决策权
市场运营风险	市场风险	政府出台强制入廊政策及相关配套政策，推动管线入廊；发布入廊费收取标准
	费用支付风险	政府将可行性缺口补贴纳入财政预算；政府承诺若项目公司无法按标准收取入廊费时给予适当补贴
	资产安全风险	要求项目公司购买财产险及其他适用保险，以避免、转移由于不可抗力的发生给项目造成的损失；政府方董事对公司对外担保、抵押事项等资产安全有绝对决策权
	服务质量风险	市住建局除按协议约定对项目公司进行监管，还可聘请第三方对项目进行中期评估；公布项目运行状况接受公众监督
不可抗力风险	不可抗力风险	不可抗力风险由双方共同承担

（五）项目运作方式

1. 项目具体运作方式

项目采用 DBOT 模式（PPP 模式的一种）实施，具体来说，某市人民政府（以下简称“市政府”）授权某市住房和城乡建设局（以下简称“市住建局”）作为本项目的实施机构，以竞争性磋商方式选择一家社会资本；由成交社会资本与某市地下综合管廊投资管理有限公司（以下称“市管廊公司”）签署《股东协议》，双方合资在某市成立项目公司。成交社会资本以货币资金出资 12 亿元，持有项目公司 80% 的股权；市管廊公司作为政府出资代表出资 3 亿元，持有项目公司 20% 的股权。某市住房和城乡建设局代表市政府与项目公司签署《× 市地下综合管廊 PPP 项目协议》，授予项目公司特许经营权，由项目公司负责某市地下综合管廊项目的投融资、建设以及维护和运营。

项目公司通过经营本项目获得管线入廊费、日常维护费、政府支付的项目可行性缺口补贴、其他经营性收入等方式收回投资并取得合理回报。

项目公司的特许经营期暂定为 20 年，自《PPP 项目协议》生效之日计起。特许经营期满后，项目公司应将项目设施完好、无偿移交给市政府或其指定的接收机构。

2. 合作范围

本项目合作范围包括某市 2015—2020 年在建及拟建的地下综合管廊，根据相关规划和可研报告，建设管廊 43 条，共计 96.47 千米，估算总投资 76.28 亿元。实施过程中，政府方有权根据实际情况调整子项目的个数、构成，以及建设时序。

3. 合作期限

本项目合作期为 20 年（含 5 年建设期），自《PPP 项目协议》生效之日计起。政府协助项目公司开展管线入廊工作。合作期限届满后，项目公司将项目设施完好、无偿移交给市政府或其指定的接收机构。

4. 资产权属

合作期间，本项目产权始终归属于政府方，项目公司享有本项目设施的经营权及基于该经营权的收益权。

（六）项目交易结构

1. 交易结构概况

某市政府授权市住建局作为本项目的实施机构，以竞争性磋商方式选择一家社会资本；由成交社会资本与市管廊公司合资在某市成立项目公司。成交社会资本以货币资金出资 12 亿元，持有项目公司 80% 的股权，市管廊公司作为政府出资代表以在建工程作价出资 3 亿元，持有项目公司 20% 的股权。

某市住房和城乡建设局代表市政府与项目公司签署《 × 市地下综合管廊 PPP 项目协议》，授予项目公司特许经营权，由项目公司负责某市地下综合管廊项目的投融资、建设以及维护和运营。

项目公司通过经营本项目获得管线入廊费、日常维护费、政府支付的项目可行性缺口补贴、其他经营性收入等方式收回投资并取得合理回报。

项目公司的特许经营期暂定为 20 年，自《PPP 项目协议》生效之日计起。特许经营期满后，项目公司应将项目设施完好、无偿移交（或股权免费移交）给市政府或其指定的接收机构。

本项目交易结构见下图：

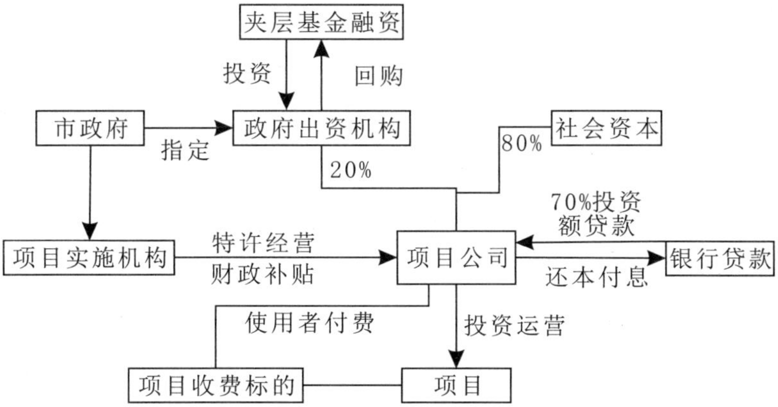

2. 回报机制

（1）建设期内（2016—2020 年）回报机制

项目建设期（2016—2020 年），根据项目公司当年投资（以跟踪审计确认的投资额计）扣除财政补助资金后按 4.9% 的回报率计算项目公司的投资收益。第一年的投资收益 =（第一年投资—第一年财政补贴）×4.9%；第二年的投资收益 = 第一年的投资收益 +（第二年投资—第二年财政补贴）×4.9%，以此类推。

建设期内，市政府将制定强制入廊政策并研究确定入廊费收费标准。建设期间，市政府将以收取的入廊费作为支付项目公司投资回报的来源，收取的入廊费不足支付的部分，由市财政补足。

建设期内（2016—2020 年），部分管线将交付使用，项目公司应对其进行正常的维护运营。其日常运营维护费由政府审定后确认，项目公司向管线单位收取，不能足额收取的，差额由政府全额补足。

（2）运营期内（2021—2035 年）回报机制

运营期间，项目公司将通过两种途径取得经营收益：其一是通过收取入廊费以及政府支付的可行性缺口补贴取得预期的投资收益；其二是通过收取运维费取得运营收益。

项目公司根据其报价（自有资本年化收益率）水平取得投资回报。主要来源是收取的入廊费，入廊费不足以覆盖投资本息（含支付融资本息和弥补资本金及收益两部分）的部分，由市财政以可行性缺口补贴形式补足。项目公司应按照政府制定的标准向入廊管线单位收取入廊费。实际收取的入廊费与应收入廊费有差距的，政府承担其中的 98%，项目公司承担其中的 2%。

运营期内（2021—2035 年），市政府将根据建设期内日常维护费情况测算并制定年度运营维护费单价标准，由项目公司向管线单位收取。实际支付给项目公司的运维费根据中标社会资本的报价水平确定。项目公司收取的运维费不足以弥补报价要求的运维费的，差额部分的 98% 由政府补足。运营维护费与绩效考核挂钩。

（七）付费机制

政府根据中选社会资本的各项报价，按照下述办法计算运营期内每年应付项目公司的费用。

1. 应付可行性缺口补贴

（1）计算项目实际投资额

项目实际投资额 = 审计结算的工程投资额 ×（1– 成交社会资本报价确定的工程下浮率）+ 审计确认的工程其他费用

（2）计算融资总金额

融资总额 = 项目实际投资额 – 政府补贴 – 项目公司实收资本

（3）计算应付的项目年度可用性服务费

年度可用性服务费 = 平均每年应付融资本息（以 4.9% 折现率计算的融资金额的 15 年等额年金）+ 平均每年应付自有资金的本金和收益（以成交社会资本报价确定的自有资金年化收益率为折现率计算的资本金的 15 年等额年金）

（4）计算应计入廊费

应计入廊费 = 按入廊费标准计算的应收入廊费 – 应收未收的入廊费 ×2%

（5）计算应支付的可行性缺口补贴

政府每年应付可行性缺口补贴 = 应付可用性服务费 – 应计入廊费

政府可行性缺口补贴每半年支付一次。第一次支付时点为进入商业运营期 6 个月届满后 15 日内。当期可行性缺口补贴 = 经调整后的年可行性缺口补贴 /2。

2. 计算应付的运维费

运营期内，按照社会资本报价的运维费单价（分不类舱室同类别的舱室），分别乘以各类舱室的长度，即可计算出各类管线全部入廊情形下的应付运维费。当实际收取的运维费不足时，缺口部分的 98% 由政府补足。

（八）投融资结构

1. 投融资结构

本项目总投资 76.28 亿元。中央财政补贴 12 亿元（其中 9 亿元作为补贴，3 亿元投入在建工程作为出资），省财政补贴 12 亿元，项目公司资本金出资 15 亿元。其余 40.28 亿元通过项目公司进行债权融资。

2. 融资方式

本项目将通过银行贷款进行融资。项目公司在取得政府许可批准的前提下可依特许经营权而享有的收益权向提供融资的合法债权人按程序依法提供质押担保。所融资金应全部用于本项目投资（含征地和拆迁补偿）、建设和运营。市政府有义务为项目公司提供融资所需资料及文件，但不提供融资担保。未经市政府同意，项目公司不得将项目资产、设施、设备转让和抵押。若未来项目公司不能顺利完成项目融资的，社会资本方应采取股东贷款、补充提供担保等方式以确保项目公司的融资足额到位。

在项目建设融资过程中，项目公司应配合市政府优先使用中央和省财政的补贴资金。

（九）项目绩效考核

运营期内，政府方将组织相关专家对项目公司的运营维护情况进行日常考核评估，考核方法按照某市政府制定的地下综合管廊绩效考核的相关规定执行。

绩效考核采取日常考核、定期考核和抽检抽查相结合的方式，主要从两个方面开展：一是项目公司拟定规章制度和管理措施执行考核，二是综合管廊维护的监督检查考核。考核结果直接与运营维护费标准挂钩。

（十）本项目示范意义

本项目是国家首批地下综合管廊示范项目，也是海南省唯一的地下综合管廊 PPP 项目，将对我国其他地市加快推进地下综合管廊建设有一定的带动性。同时本项目的快速落地，将为采用 PPP 模式引入社会资本进行地下综合管廊投资、建设、运营，提供示范意义。

本项目交易结构具有一定的开拓性和创造性。本项目政府方出资代表是政府绝对控股，夹层基金、各管线单位共同出资组建的有限责任公司，体现政府主导，充分利用金融支持，入廊管线单位参与的理念，有望能为解决地下综合管廊投资压力大，入廊率低，入廊收费难等难题做一次成功探索。

参考文献

[1] 周兰萍：《PPP 项目运作实务》，法律出版社 2016 年版。

[2] 曹珊：《政府和社会资本合作（PPP）项目法律实务》，法律出版社 2011 年版。

[3] 于晨龙、张作慧：《国内外城市地下管廊的发展历程及现状》，载《建设科技》2015 年第 17 期。

[4] 王恒栋：《上海市：积极创新，不断提升综合管廊建设水平》，载《建设科技》2015 年第 17 期。

[5]《综合管廊建设之政策发展篇》，载中国工程建设网：http://www.chinacem.com.cn/ppp-zcfg/2015-11/200150.html。

[6] 倪伟龄：《哈尔滨投资百亿建地下管廊工程　今年将再完成 11.42 千米》，载 http://paper.ce.cn/jjrb/html/2015-10/12/content_278906.htm。

[7]《哈尔滨市城乡建设委员会哈尔滨市地下综合管廊建设工程项目 PPP 模式社会资本招标成交公告》，载 http://www.ccgp.gov.cn/cggg/dfgg/cjgg/201510/t20151008_5935207.html。

[8] 黎光：《获首批试点城市资格　海口未来三年建 43 千米地下管廊综合管廊》，载 http://www.hkup.gov.cn/imgshow.asp?Id=9651&Page=1。

[9]《六盘水市市委、市政府召开城市地下综合管廊建设专题会》，载 http://www.gzlps.gov.cn/art/2015/7/1/art_18581_662687.html。

[10] 谢映霞：《权威解读〈关于推进城市地下综合管廊建设的指导意见〉》，载 http://www.standardcn.com/article/show_advise.asp?Id=57499。

编后记

PPP 管理模式已经被应用到政府投资项目的各个方面，特别是基础设施和公共服务两大领域。综合管廊也是政府鼓励采用 PPP 模式的一个重要领域，在综合管廊示范城市项目中，特别给予了奖励政策。应该说，综合管廊项目也是特别适合 PPP 管理模式的一个领域，一方面项目边界特别清晰，另一方面投资规模特别大，生命周期长，不仅仅需要大量的资金支持，也需要高效的运营管理。基于此，本书编辑了大量相关资料，以供读者参考。当然，由于资料所限，关于综合管廊运营创新的资料并不多，在这方面可能会影响到一此实际操作者的需要。希望未来综合管廊运营管理者不断努力，加大创新力度，以确保管廊以尽可能减少财政支付的情况下实现可持续发展。

本书编写人员如下：易斌负责本书的第一、二章，王景森负责第三、四、五和七章，高磊负责第六、九章，娄燕妮负责第八章，孟凡玲负责总协调。由于才疏学浅，难免有错漏，作者文责自负，也恳请读者不吝赐教。

另外，特别感谢本书责任编辑肖小琴主任，没有她的鞭策和辛勤的编辑工作，本书不会这么快与读者见面。

孙洁

2017 年 8 月

图书在版编目（CIP）数据

PPP模式与综合管廊／孙洁主编．--北京：经济日报出版社，2017.9

ISBN 978-7-5196-0159-1

Ⅰ．①P… Ⅱ．①孙… Ⅲ．①政府投资-合作-社会资本-应用-基础设施建设-研究-中国 Ⅳ．①F299.249

中国版本图书馆CIP数据核字（2017）第162541号

PPP模式与综合管廊

作　　者	孙　洁
策划编辑	肖小琴
责任编辑	淡　霞
责任校对	武春玲
出版发行	经济日报出版社
社　　址	北京市西城区白纸坊东街2号A座综合楼710
邮政编码	100054
电　　话	010-63584556（编辑部）　63516959（发行部）
网　　址	www.edpbook.com.cn
E-mail	edpbook@126.com
经　　销	全国新华书店
印　　刷	北京文昌阁彩色印刷有限责任公司
开　　本	710×1000 mm　1/16
印　　张	19.75
字　　数	280千字
版　　次	2017年11月第一版
印　　次	2017年11月第一次印刷
书　　号	ISBN 978-7-5196-0159-1
定　　价	78.00元

版权所有　盗版必究　印装有误　负责调换